网络安全系列图书

社交网络舆情分析

——演化规律及其干预

韩益亮　朱率率　等著

西安电子科技大学出版社

内 容 简 介

本书围绕社交网络中的舆情问题，按照理论基础、分析技术和干预策略三个方面展开讨论。其中，理论基础(第一、二、三章)包括社交网络舆情的发展背景和核心概念，社交网络舆情信息基本描述方法，社交网络舆情信息传播规律等内容；分析技术(第四、五、六、七章)包括基于内容的社交网络舆情分析技术，基于社交网络结构演化的舆情规律分析，基于语义信息的社交网络舆情规律分析，社交网络谣言传播建模分析等内容；干预策略(第八章)主要包括技术干预和策略管理两方面的内容。本书参考社交网络舆情的最新研究进展，力求理论有基础，技术有支撑，策略有依据，以使读者在社交网络舆情分析和管理方面形成从基本概念到技术落实的完整知识结构。

本书可作为网络安全、舆情管控方面科技工作者的参考书，也可供高校网络安全专业教学使用。

图书在版编目(CIP)数据

社交网络舆情分析：演化规律及其干预/韩益亮等著. —西安：西安电子科技大学出版社，2022.7
ISBN 978-7-5606-6540-5

Ⅰ. ①社… Ⅱ. ①韩… Ⅲ. ①互联网络—舆论—研究 Ⅳ. ①G206.2

中国版本图书馆 CIP 数据核字(2022)第 105403 号

策　　划　李惠萍
责任编辑　阎　彬
出版发行　西安电子科技大学出版社(西安市太白南路 2 号)
电　　话　(029)88202421　88201467　　邮　　编　710071
网　　址　www.xduph.com　　电子邮箱　xdupfxb001@163.com
经　　销　新华书店
印刷单位　陕西天意印务有限责任公司
版　　次　2022 年 7 月第 1 版　2022 年 7 月第 1 次印刷
开　　本　787 毫米×1092 毫米　1/16　印张　13.75
字　　数　319 千字
印　　数　1～2000 册
定　　价　34.00 元
ISBN 978-7-5606-6540-5/G
XDUP 6842001-1

前　言

社会舆情是人类社会治理过程中的一类特殊产物，是众多参与者对社会现象的集中性表达，包含了最广大人民对政治、经济、文化等全方位、多维度的认识和反映。“一言可以兴邦，一言可以丧邦”充分体现了做好舆情工作的重要性。从规模上看，目前的社会舆情主要是指社交网络舆情。社交网络平台，如即时聊天平台、朋友圈平台、微博平台、直播平台、游戏平台、点评平台等，为普通人的生活提供了前所未有的便利。但与此同时，突发事件发生后，借助社交网络平台，各种各样的谣言、小道消息、负面情绪肆意传播，给社会安全和人民生活稳定带来了极大的挑战。为了提高全社会各方面依法应对突发事件的能力，我国颁布了《中华人民共和国突发事件应对法》，同时在网络信息传播领域也颁布了一系列政策性文件，明确了网络空间中威胁公共安全的行为及对应的处置与管理策略。

网络舆情传播研究的范围广泛、内容众多，如应急策略研究中的信息融合、分析和处理，网络结构研究中的社交网络信息传播、动力学演化，自然语言研究中的语义识别、分析等。美国国家科学基金会(NSF)明确资助的公共安全大类对舆情传播与应急管理有详细的分类;我国在《国家中长期科学和技术发展规划纲要(2006—2020 年)》中将信息产业和公共安全都列入科技发展的 11 个重点领域之中。

为了系统梳理以社交网络为代表的新媒体发展及其中的舆情传播规律，完善相关理论和技术，本书以现有的舆情传播理论和技术为基础，围绕社交网络中舆情传播的概念、工具和方法，通过完整、系统的理论体系将舆情的传播与治理技术呈现出来。

本书作者在国家社科基金“总体国家安全观下的网络舆情态势感知及应用研究”、全军军事科学研究课题以及武警工程大学科研创新团队基金(2018KYTD05)的支持下开展了多年的社交网络舆情规律探索，本书内容是作者前期积累和研究成果的体现。本书从社交网络的理论和技术出发，重点围绕社交网络的结构发展演化、舆情内容的分析与处理、社交网络舆情生成与传播机制、社交网络舆情传播动力学理论、社交网络舆情传播分析与干预技术等方面，描述了社交网络中舆情发生、形成、传播的机制，并进行了仿真验证，同时在管理和政策层面也做了一定的介绍。本书兼顾了社交网络的拓扑结构特点、传播动力学等结构化规律和以舆情内容分析为中心的自然语言处理、情感分析等非结构化规律，使关于社交网络舆情传播的研究更加符合现实情形，理论体系更加完善。

本书的主要编著者为韩益亮、朱率率，王伟和吴旭光也参与了本书的研究和编写工作，李晓龙、张德阳、贾汉、陈旭等研究生完成了本书大量的模型建立和仿真实验工作。

新媒体技术的发展日新月异，社交网络作为融合型媒体，其技术发展更是一日千里，许多理论和方法时效性强，代谢速度快，成稿之时，难免有疏漏之处，敬请各位读者批评指正。

作　者

2022 年 4 月

目　　录

第一章 绪 论

随着社交媒体技术的快速发展，人与人之间通过社交媒体建立联系，构成了社交网络。社交网络的兴起与发展使得网络舆情可以在极短的时间内迅速产生与演化，可能会对社会安全、稳定造成一定影响。因此，系统研究社交网络舆情传播规律具有重要意义。本章从社交网络的基本理论出发，介绍了社交网络的常见类型、特点和组成要素。在此基础上，引入了舆情的基本概念和社交网络中舆情群体的生成理论，为分析社交网络中的舆情规律做好了充分的理论铺垫。最后，简要介绍了社交网络舆情的发展现状及面临的挑战。

1.1 社交网络的基本理论

1.1.1 社交网络的兴起

社交网络(Social Network)是指由个体和个体之间的相互关系所构成的一种社会性网络结构。其中个体(也称为节点、实体或行动者)可以是组织、个人等不同含义的实体或虚拟个体；而个体之间的相互关系可以是亲友互动、在线交易、消息收发等多种不同关系。社交网络的概念最早由英国人类学家拉德克利夫-布朗(Alfred Radcliffe-Brown)于1940年在《论社会结构》一文中提出。传统的社交网络通常与地域和职业相关，主要是指个人通过亲属关系或工作关系建立起来的“线下社交网络”，例如科研著作合作关系和演员合作关系。随着互联网技术的迅速发展，人们进入了目前仍在迅猛发展的在线社交网络(Online Social Network，OSN)时代。与传统的社交网络不同，在线社交网络突破了地域和职业的局限，具有规模海量、异构多维、传播快速、非线性演化等特征，因此在分析方法和计算模型上都与传统社交网络有很大差别，这为计算机科学、社会学、信息科学带来了新的机遇与挑战。

随着计算机科学和信息科学的不断发展，互联网已经全面跨入以用户生成内容为主要特征的Web 3.0时代。在Web 3.0时代，即时互联、博客、微博、网络论坛、维基百科、在线交友网站等各种类型的在线社交网络应用如雨后春笋般不断涌现并迅猛发展，对人们的信息共享方式产生了深远的影响。广大网民由信息接收者转变为信息发布者和传播者，以抖音、快手等短视频分享为代表的移动社交应用使得人们所发布的信息以极快的速度传播到社会各个角落。在研究工作中，往往将现实世界中的人抽象为社交网络中的节点，将人和人之间的关系抽象为社交网络中的边。通过对社交网络的拓扑结构和节点关系等方面的分析，研究人员可以了解并揭示网络上互联关系的本质。

社交网络中的信息传播特指以社交网络为媒介进行的信息传播过程。研究社交网络中的信息传播规律，能促进我们对社交网络的认识，所得研究成果还能在市场营销、社会舆论监控、信息推荐等诸多领域发挥重要作用。从国家安全、社会治理方面来看，社会团体和国家管理机构可以根据信息传播的特点和规律，发挥社交网络的信息传播优势，维护国家安全，提高管理效率和管理透明度，同时，也可以根据社会和谐发展的需要进行一定的信息筛选、过滤和清理，合理引导社会舆论。因此，研究、归纳社交网络中的信息传播规律具有重要的理论和现实意义。

1.1.2 社交网络的种类与特点

传统意义上的社交网络表现为在特定的社会环境下人与人之间发生的一系列双向社会关系。随着基于互联网的社交媒体，如微信、微博、Twitter、Facebook 等社交平台的出现和广泛使用，社交网络的依托载体发生了质的变化，同时其演化发展也表现出了新的特点。

1. 社交网络的种类

根据网络连接时效性的不同，社交网络可以分为两类：一类是“离线”社交网络，指所有不使用互联网社交媒体而产生的社交网络，例如各类学术团体；另一类是“在线”社交网络，指由互联网社交媒体中的用户和这些用户之间的关系共同组成的社交网络，例如，知乎、领英等社交平台。若无特殊说明，本书后续内容中的“社交网络”均指“在线社交网络”。

根据功能的不同，目前社交网络普遍分为以下几类：

(1) 微博客类社交网络。这类社交网络以提供微博客服务为主，如 Twitter、新浪微博、CSDN、LOFTER、知乎、百度贴吧等。

(2) 在线交友类社交网络。这类社交网络以提供在线社交关系服务为主，如 Facebook、Instagram、Linkin 等。

(3) 即时通信类社交网络。这类社交网络以支持人们的在线即时通信为主，如微信、QQ、易信、Skype、WhatsApp 等。

(4) 共享空间等其他类社交网络，如 QQ 空间、论坛、视频分享、社会书签、在线购物等。

根据网络结构的不同，社交网络又可分为以下几种类型。

1) 小世界网络

同其他类型网络(生物或者科技网络)相比，社交网络在具有较短的平均路径长度的同时，还具有高聚类系数。Stanley Milgram 在 1969 年通过“包裹邮寄”实验首次发现社交网络的“小世界现象”。1998 年，Watts 和 Strogatz 提出同时具有较短平均路径长度和高聚类系数的小世界特征网络模型，即 WS 小世界网络模型，其构造规则如下：

(1) 从一个规则的、节点数为 N 的最近邻耦合网络开始，网络中每个节点都和与它左右相邻的 $k/2$ 个节点相连，k 是偶数，如图 1-1(a)所示。

(2) 网络中已有的边以概率 P 进行重新连接，即保证已有边的一个端点不变，改变另一个端点，如图 1-1(b)所示。在随机化重连的过程中，任意两个节点之间不发生重连。

2) 无标度网络

无标度网络(Scale-Free Network)是指节点度呈现幂律分布的网络，即网络中大部分节点的度值较低，而少数节点占有大部分的边。1999 年，Barabási 和 Albert 依据幂律分布

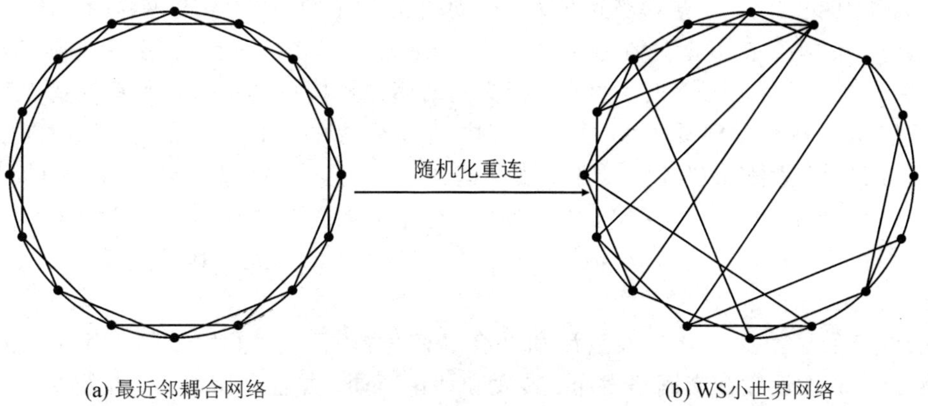

图 1-1　WS 小世界网络的构造

产生机制提出了 BA 无标度网络演化模型，并且发现大量真实存在的网络都具有无标度特性。Onnela 等人通过对大规模电话社交网络的研究发现节点度存在幂律分布，且网络中的局部集团通常围绕在节点度较高的节点周围。此外，社交网络如 Facebook 和 Twitter 等，均具有节点度呈幂律分布的特点。无标度网络的构造规则如下：

(1) 从一个初始节点数量为 n 的网络开始，每次引入一个节点，该节点同时与网络中 $n_0(n_0 \leqslant n)$ 个节点产生连接。

(2) 新加入的节点(度值为 k_j)以 P_i 的概率与网络中的节点(度值为 k_i)连接，且满足关系式：

$$P_i = \frac{k_i + 1}{\sum_j k_j + 1} \tag{1-1}$$

2. 社交网络的特点

不同类型的社交网络在传播速度、功能、规模和时效性等方面表现出不同的特点。与传统的 Web 应用及信息媒体应用相比，社交网络应用具有以下四个主要特点：

(1) 信息的发布和转载便捷迅速。用户可以通过智能手机、平板电脑等移动通信设备随时随地发布和转载信息。2014 年 12 月 6 日 18 时 20 分，云南普洱市发生 6.6 级地震，新浪微博仅在 1 分钟后就发布信息。

(2) 信息传播速度快、范围广。消息一经社交网络发布就被系统自动推送给所有关注者或感兴趣的用户。在新浪微博等微博客类社交网络中，“关注-被关注”关系使得信息一旦被关注者转发，就有可能传播到下一批关注者，呈现“核裂变”式的几何级数扩散态势，导致社交网络成为当前网络舆情的聚集地和爆发地。

(3) 意见领袖的平民化。与传统媒体相比，社交网络中的普通用户均有机会通过“爆料”或“网上集会”的方式成为意见领袖，即成为在突发事件发布、传播、炒作等环节中的“重要推手”。

(4) 用户规模大，增长速度快。艾瑞咨询 2019 年 8 月的统计数据显示：电脑(PC)端社交网络应用月度覆盖人数为 14.7 亿，相对 2014 年同比增长 210.7%，环比增长 0.8%；移动端社交网络应用(App)月度覆盖人数为 22.0 亿，相对 2014 年同比增长 1035.7%。从数据可以看出，移动端社交网络用户规模迅速扩大，移动端社交网络已成为社交网络的主流形式。

当前，社交网络应用正处在蓬勃发展期。在国外，市场研究公司 Global Web Index 2019 年发布的社交网络研究报告显示，社交网络用户规模持续扩大，尤其是基于手机 App 的社交网络用户数量呈现爆炸式增长，其中增长最快的是以“全维度”著称的社交 App Facebook(用户规模增幅达 57%，用户数量达到 13.0 亿)和以即时通信为主的 WhatsApp (瓦茨普)(用户数量达到16.2 亿)。国内方面，根据艾瑞咨询的数据，截至 2020 年 1 月，PC 端和手机端社交网络应用月度覆盖人数分别为 2.7 亿和 12.0 亿，其中微信的活跃用户就达到 11.2 亿人。

社交网络的蓬勃发展对个人生活和社会经济发展都产生了积极的作用。个人生活方面，越来越多的人通过社交网络发布、转发和评论新闻，并且利用博客、在线交友网站和网络相册共享日志、照片和视频等信息。人与人之间的交往方式突破了地域和社会地位的限制，来自世界各地、不同阶层的人都可以在网上讨论和传播各类话题。社会经济发展方面，社交网络改变了企业营销手段和经济发展模式。2019 年 2 月，美国企业网络 Merchant Circle 对美国 8456 家小型企业的随机抽样调查分析显示，分别有 70%和近 40%的当地企业使用 Facebook 和 Twitter 进行市场营销。截至 2020 年 1 月 1 日，国内主要的金融、汽车、能源、旅游、娱乐等公司都推出了自己的微信、抖音、微博公众号或推广号，利用社交平台开展营销业务成为现代企业的标准做法，也为社交网络发挥巨大经济潜能找到了途径。

综上，越来越多功能丰富的社交网络应用在人们日常生活和企业发展中扮演着重要的角色，成为人们生活和企业发展的重要工具，极大地改变了人们的生活方式和社会经济发展模式。

1.1.3 社交网络的研究层次划分

社交网络一般具有自组织、自然发生和关系复杂等特性，构成社交网络的各个要素在全局一致性的模式中表现更为明显，且随着社交网络规模的扩大，这些模式所体现的规律也变得更加突出。尽管如此，对于全局社交网络的分析，依然存在诸多难解的问题。首先，获得世界上所有人之间的关系是不太可能实现的。其次，社交网络包含太多的信息，且大多数信息本身没有太多的信息量。实际上，计算能力、伦理问题和费用等方面的限制，使得社交网络分析所涉及的内容比较有限。为了提高针对性，一般将社交网络的分析层次分为微观、中观和宏观三个层次，再按照每个层次的特点进行深入分析。

1. 微观层次

在微观层次上，典型的社交网络研究是从一个特定的社交环境中的个体开始，或者从一个规模较小的社团开始，以滚雪球的方式进行追踪的。一般微观层次包括二元层次、三元层次、角色层次和子集合层次。二元层次研究社交网络中两个个体之间的关系，其侧重点是社交网络中关系的结构、指向和相互影响程度等；三元层次在二元层次的基础上增加一个个体，形成一个三元组，这个层次的研究主要关注平衡和转移性等因素，以及社会公平性和互惠关系等方面。角色层次是社交网络中最小的分析单元，角色在社交网络中是一类个体，这个层次的研究聚焦在规模、关系强度、密度、中心性、影响力，以及角色的隔离、联络人和关系桥梁等方面。角色层次广泛应用在社会心理学研究、人类的亲属关系分析和家族系谱分析中。子集合层次的研究起始于微观层次社交网络分析，同时也会涉及中观层次的分析，研究时主要关注个体之间的距离和可达性、派系、有影响力的子团体，以及其他涉及各层次的动作和行为。

2. 中观层次

一般的中观层次理论针对处在微观层次和宏观层次之间的对象，涉及揭示微观层次和宏观层次之间关系的分析。中观层次网络具有较低的密度，可能呈现不同于微观层次网络的因果过程。中观层次网络包括组织层次网络、随机分布网络和无标度网络。具备集体目标的网络组织通常称为官方组织，这个层次网络主要关注组织内部和组织之间正式的或非正式的联系。组织内部常常包含多层次分析，特别是较大的组织内部(具有多个分支、特许运行机构或自治的部门)。这种情况下，中观层次侧重构造工作组级或者组织层次，并研究两个组织结构之间的相互影响和作用。

早期的社交网络采用的最好的分析方法是指数级的随机图模型，这个模型能有效地代表通常观察到的人类社交网络的结构，可用于研究人类社交网络中基于度的结构效应、互惠性和转移性。随机图模型是建立在既定的角色集合上的概率模型，它一方面允许泛化到受限制的微观网络的二元独立假设，分析微观层次网络的统计特性；另一方面允许在社会行为的理论基础上建立社交网络，研究宏观层次网络的传播特性。

3. 宏观层次

宏观层次一般对网络中交互的结果进行分析，例如通过跟踪经济或其他资源在大量的人群中交互的结果，分析得到经济运行情况或资源的流转情况。大规模社交网络和复杂网络的运行规律即宏观层次的研究对象。在社会行为科学、经济学等领域，大规模社交网络在某种程度上是宏观层次的同义词，且在计算机科学和互联网领域中应用比较多。大多数大规模社交网络均显示出复杂网络的特性，这些特性包括网络拓扑结构的价值特征、元素间非常规非随机的复杂连接模式、节点度的幂律分布特性、高聚簇效应，以及节点之间的相配性和不相配性等。

1.1.4 社交网络的基本参量

社交网络的基本参量是定量描述和分析其表现特征所依赖的物理变量，不同类型的网络所依赖的物理变量侧重点有所不同。核心的基本参量包括以下几种：

1. 节点

节点表示组成网络的个体。在社交网络的研究中，通常将互联网中的个体概括为网络中的一个节点。

2. 边

边在社交网络的研究中表示节点之间的相互联系。如果社交网络中两个个体之间有关系(例如关注关系、好友关系等)，那么个体的节点间的相互关系便可以通过边来表示。边的基本类型包括有向边和无向边。

3. 社区

社交网络作为现实世界中人际关系在网络虚拟世界的延伸，其发展也呈现“物以类聚，人以群分”的特点。具有共同兴趣爱好的个体会逐渐汇聚到一起形成一个群组，群组结构是社交网络中重要的结构形式。如果运用图论的观点，就会发现子图内部的节点之间关系紧密，而子图之间的节点关系稀疏，这些子图就构成了社区。

4. 节点度

节点度是网络的局部属性，指某节点与其他节点之间边的数量。节点度是社交网络中使用最频繁的指标之一，它既可以用来描述节点的中心性，也可以用于描述节点在网络中的重要程度和影响力，其计算公式为

$$k_i=\sum_{j=1}^{n}e_{ij}(i\neq j) \tag{1-2}$$

其中，n 表示网络中的总节点数；k_i 为节点 i 的度值，k_i 越大，节点越重要；e_{ij} 表示节点 i 和节点 j 之间相连的情况，当两节点相连时，$e_{ij}=1$，当两节点不相连时，$e_{ij}=0$。

5. 平均度

平均度表示网络中所有节点度的算术平均值，其计算公式为

$$\langle k\rangle=\frac{1}{n}\sum_{i=1}^{n}k_i \tag{1-3}$$

其中，n 表示网络中的总节点数，k_i 表示节点 i 的度值。网络平均度的大小描述了网络节点间连边的平均疏密程度。

6. 特征向量中心性

一般认为一个节点的重要程度与邻居节点的重要程度息息相关，即对于一个节点来说，如果该节点与很多本身具有较高中心性的节点连接，那么该节点就具有较高的重要程度，这就是节点的特征向量中心性，其计算公式为

$$E_i=\frac{1}{\lambda}\sum_{j=1}^{n}e_{ij}k_j \tag{1-4}$$

其中，n 表示网络中的总节点数；k_j 表示节点 j 的度值；λ 是由 e_{ij} 构成的 $n\times n$ 阶矩阵的最大特征值，是一个常数。特征向量中心性值的大小与邻居节点有关，邻居节点的数量越多，则该节点的特征向量中心性越大。

7. 接近中心性

接近中心性是节点到其他节点最短路径的平均长度。某节点到该节点以外节点的平均距离越近，它的中心性越高。接近中心性的计算公式为

$$L_i=\frac{n}{\sum_{j=1}^{n}d_{ij}} \tag{1-5}$$

其中，d_{ij} 表示以节点 i 为起点、以节点 j 为终点形成的最短路径上所包含边的数量。L_i 值越大，表明节点 i 所处位置越接近网络中心，节点 i 在该网络中越重要。

8. 介数中心性

介数中心性指的是节点处在另外两个节点最短路径上的次数，反映节点在整个网络的信息传输过程中的重要程度。其计算公式为

$$B_i=\sum_{j\neq i\neq k\in V}\frac{g_{jk}(i)}{g_{jk}} \tag{1-6}$$

其中，V 为所有节点的集合，$g_{jk}(i)$表示节点 j 和目标节点 k 之间所有经过节点 i 的最短路径的条数，g_{jk} 表示节点 j 和节点 k 之间所形成的所有最短路径的条数。介数中心性表明，如果节点 i 在网络中作为其他任意两个节点的必经之路，则节点 i 在该网络中具有重要地位。介数中心性的值与节点重要性成正相关关系。

9. Harmonic 中心性

Harmonic 中心性是基于网络中节点间最短距离的一类中心性算法，其计算公式为

$$c_{\mathrm{H}}(x_i)=\frac{1}{n-1}\sum_{i\neq j}\frac{1}{\operatorname{dist}(x_i, x_j)} \tag{1-7}$$

其中，n 表示网络中的总节点数；$\operatorname{dist}(x_i, x_j)$表示网络中 i、j 两个节点之间的距离，当两节点不相连时，$\operatorname{dist}(x_i, x_j)$取无穷大。

上述社交网络的基本参量在后续章节中陆续都会用到，各个参量的应用方法在第三章和第五章的网络结构和传播模型实例中均有体现，各个参量的作用后续也有更进一步的阐述。

1.2 社交网络舆情的基本理论

1.2.1 社交网络舆情的兴起

关于舆情的定义，向来众说纷纭。《辞源》里将“舆情”定义为“民众的意愿”，而《现代汉语词典》里“舆情”被定义为“公众的意见和态度”。有学者认为，舆情是在一定的社会空间内，围绕中介性社会事项的发生、发展和变化，作为主体的民众对作为客体的国家管理者产生和持有的社会政治态度，这里对舆情的主客体和舆情的本质进行了说明。从传统的社会学理论上讲，“舆情”即“民意”，是指民众受到某事件的刺激而对该事件或相关事件所产生的社会政治态度。当这种态度以信息的形式反映在网络世界中时便形成了网络舆情。

网络舆情信息通常是人们在因特网中发表和传播的舆情信息，这种舆情信息以文字性言论为主，也包括图片以及音视频文件等。这些舆情信息的生产者就是网络公众群体，也是舆情信息发生的主体。对网络群体的行为进行监测，以及对群体产生的舆情信息进行分析，正是舆情管理者的重要工作。因此，研究网络群体的产生规律，用现代的技术手段处理、管理网络舆情信息，对政府部门以及社会主体来讲都是不可忽视的重要课题。

移动互联网时代，各种媒体形态不断出现，人们的交流方式也在不断扩展。随着我国微博、微信平台的发展，以信息共享为特色的参与式信息交互平台得到了迅猛发展，这些平台为使用者带来了前所未有的便捷。目前国内知名的社交网络平台均集中于门户网站，例如新浪微博、微信朋友圈、抖音社区等。根据 2020 年 9 月中国互联网络信息中心发布的第 46 次《中国互联网络发展状况统计报告》，截至 2020 年 6 月，我国手机网民规模达 9.32 亿人，较 2020 年 3 月增长 3546 万人，网民使用手机上网的比例达 99.2%，与 2020 年 3 月基本持平。

自 2010 年之后，在规模和影响力上，社交网络媒体的舆情传播已经明显超越了传统网络舆情的传播，以微博、微信为代表的社交媒体成为最具有生命力的网络舆论主阵地。其舆情传播呈现出以下几种趋势。

趋势一，观点意识增强，观点分歧加大，很多新媒体观点与传统媒体的观点普遍存在分歧，甚至对立；

趋势二，网民有组织性地发表观点，深入剖析舆论背后真相的动力更强，并直接作用于事件的现实发展；

趋势三，“意见领袖”作用更加突出，以“直播”为主的独立报道个体数量呈爆炸式增长，其影响力也迅速增强。

这些新趋势带来了诸多传统媒体不具备的优势，例如，事件报道更加透明，实时性更强，舆论热点更容易受到跟踪监管；但同时也带来了不少副作用，例如，网络炒作盛行，社会公共管理压力加大，传统价值观受到前所未有的挑战，甚至出现了社会意识形态分化的迹象。

社会事件的频繁发生，加上信息传播和交流的便捷，让人们对社会事件更加关注。不仅如此，人们更希望参与到信息的发布中去，而不单做信息的接收者。某一类社会事件引起广泛讨论和传播时就演变成了舆情，网络舆情指在网络环境下，受众对于现实或虚拟社会中所表现出的现象而表达出的情绪、倾向意见。越来越多的社会热点事件是第一时间通过微博爆料而引起全国普遍关注的，比如“优衣库事件”“青岛大虾”“马航事件”等公共舆情事件都是通过微博这个平台在短时间内得到了广泛的传播和极大的关注度。大多数人不满足于仅仅从网络上获取信息，他们更希望参与消息的发布，表达自己的观点和想法，而微博给大多数想参与舆情讨论的人提供了一个自由表达想法的平台。一个事件发生，最快引起反响的平台就是微博，新浪微博市场占有率超过 80%，以雾霾话题和二胎话题为例，在新浪微博中输入关键词“雾霾”和“二胎事件”，爬取 2015 年 6 月到 2015 年 12 月的所有关于雾霾和二胎事件的微博话题，按照话题提及度绘制时间曲线图，会发现与雾霾话题和二胎话题在百度搜索指数中的整体趋势一致。

全球互联网的飞速发展，使得网络舆情展示出了强大的影响力。在一些负面的社会民生或者突发事件产生后，广大受众对事件的迅速传播，使得事件的社会影响巨大甚至可能对社会稳定造成一定的危害。政府部门对这类负能量极强的社会民生及突发事件要及时进行干预、控制，阻断其传播，澄清真相，挽回损失，谋求对策。抓住舆情传播的主动权、话语权，制定针对性强的干预策略，是政府及有关管理者的一项重要的社会治理工作，其目的在于及时、快速地分析舆情，抓住舆情发生苗头，发现重点对象，维护网络舆情的稳定、健康发展。

网络舆情的发展规律具有模糊性和不确定性，分析者需要通过抽取群体社会网络特征及群体变化的特点与事件势态发展之间的关系，对事件爆发进行预警。其中定性信息有事件诱因(导火索)、群体的基本类型、事件的性质和区域范围、核心人物特点、社群的社会网络结构、同类群的合并、群体的利益关系、群体活动区的范围、相关网站链接关系、与公共秩序和安全发生矛盾等因素；具体数值信息数据包括诱因数量、相关网站数量、群数、参与人数、涉及面等。因此，描述群体突发事件信息的社群网络结构的特征是多类型的，既有数值信息数据，也有符号信息数据。分析网络舆情的规律，对网络舆情进行建模，全面掌握舆论动态、了解民声民意，能够为有关部门制定正确的舆论引导策略赢得宝贵时间。

网络舆情是在互联网平台的多种要素共同作用下发生的，其主要构成要素包含事件主客体和受众的情感、动作行为、倾向性等舆情因素。这里的网络主体的兴趣与价值取向往往成为引发网络舆情的重要前提。因此，网络主体的偏好是研究网络舆情中传播行为的一个重要入手点。

社交网络中的舆情信息是“网络舆情”的一种重要表现形式，它是网民(受众)与公共事务之间的关系受到某种事务性刺激源的激发，使得网民(受众)的情绪、态度和意见集中通过网络表达、传播的具体内容与方式。

社交网络舆情的形成过程如下：在社会上发生各类事件之后，民众对事件的关注、讨论形成了社会舆情，如果民众通过社交网络平台，如微博、微信或其他网络方式进行互动，就会在网络空间中形成社交网络舆情。社交网络舆情具体的形成过程如图 1－2 所示。

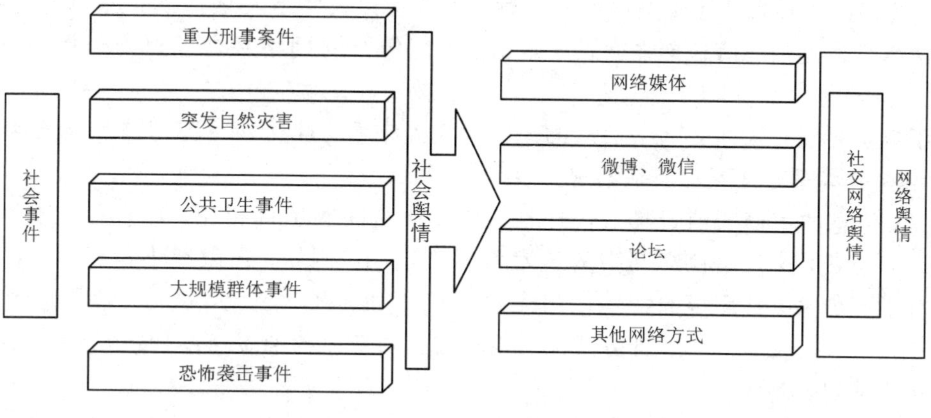

图 1－2　社交网络舆情具体的形成过程示意图

由图 1－2 可知，社交网络舆情是网络舆情的重要组成部分，代表着实时性最强的社会舆情，而社会舆情传播的驱动力则是各类突发的社会事件。同时，考虑到网络舆情的形成是一个不断发展变化的动态过程，在动态结构网络舆情的形成理论中，要经历散群阶段，这是舆论群体形成的基础，其特点是作为个体的网络舆情主体对事件(话题)的关注往往是出于自己的兴趣偏好，因此在研究对象上首先选择的是受众的偏好。从个体到舆论群体，是网络舆情发生的最基本的动态过程。其中，个体与群体、群体与群体之间的关系是通过对舆论事件(话题)的态度和偏好来维系的。

目前国内外对网络舆情的研究大多基于对历史数据进行量化描述，挖掘其中的信息，并不能够对未来舆情走向进行有效预测或者防范。基于这一点，研究的核心内容应放在对社交网络的文本信息的挖掘和舆情数据的组织上，针对社交网络环境研究有效的信息挖掘方法，这样才有可能为预测未来舆情的趋势打下基础。

1.2.2　社交网络舆情的特点及其基本规律

基于社交网络自身所具有的传播速度快、影响范围广、控制难等特点，社交网络环境下的舆情传播便相应地具备了以下特点。

(1) 传播主体的多元化。信息时代的到来，让每个人都有表达各种意愿、情绪的机会。在“人人都是记者”“人人都有麦克风”的氛围下，人们可以自由地通过论坛、微博、微信等社交网络平台公开发表自己的意见。

(2) 传播内容的碎片化。通信技术的高速发展，使手机功能逐渐强大，人们不仅能随时随地利用手机直播，还能通过手机将发生的事件即刻传播出去，再加上每个人对所发生事件的态度和看法后，信息会呈碎片化传播，而智能手机的普及，更是加快了信息碎片化传播的步调。

(3) 传播信息的交互性。社交网络为信息互动提供了平台，网民可以进行跨时空的相互交往，自由地表达意见，针对某一问题或现象提出自己的观点，也可以相互探讨与争论。

(4) 传播速度的瞬间化。社交网络时代，信息的传播摆脱了时空的限制，无论是文字、照片，还是音频、视频，只要愿意，就能够瞬间被传到网上。又由于社交网络舆情传播具有交互性，网民会针对出现的新信息进行交流，因此舆情进一步得到了快速的传播。

(5) 传播的难控性。社交网络的开放性、匿名性以及网络舆情传播自身具有的扩散性，使得舆情事件发生后，信息会在微博、微信、论坛等社交网络平台上瞬间传播而难以被精确控制。

基于以上特点，从社交网络信息的流动性角度来看，社交网络舆情信息在产生、传播、接收等环节中体现出以下三个基本规律。

首先，信息的生产与消费具有快速性。与其他互联网工具相比，信息在社交网络中快速地生产与消费，这是由社交网络的技术特质决定的。例如，在微博中信息以 140 甚至更少的字符生产出来，其简短的特性使信息易于接收和转发，因此，微博中信息流动也是快速的。传播技术的改变带动思维方式的转变，信息的获取与消费速度加快，导致了用户对信息的快餐式消费。

其次，信息的生产与消费具有不对等性。由于微博兼具私人和公共平台的性质，因此微博上的一部分信息是用户闲言碎语的唠叨或不具有特定目的的发言，即微博成为一部分用户表达自我、抒发情感、宣泄情绪的场所。一般来说，私语化的信息对众多的其他互联网用户来说是毫无意义、不具备任何价值的信息，然而微博的技术特质允许这种无意义的信息存在。这部分信息被大量生产，却基本上不会被消费，这就形成了信息的生产与消费的不对等性。

再次，信息的流动完全由用户主导。用户行为的自组织性在微博中体现得更为明显。用户一方面自己发布信息，另一方面也会关注其他用户的定制信息。用户定制信息的过程与信息的流动类似于用 RSS 阅读器定向订阅其他人的博客或某些网站的信息。例如，在微博、微信中，符合用户自己的兴趣或专业范围的信息会聚合到用户的主页上或转发出去，因而信息的流动完全是由用户的行为决定的。

因此，“网络舆情”是网络媒体或网民通过互联网，对社会某一个焦点问题、社会公共事务等所表现出来的具有一定影响力、有着明显倾向性意见的言论。与传统媒体相比，网络舆情还具备以下几点明显的特点：

第一，网络舆情是对社会某一焦点问题的反映，由于追求信息的时效性，网络舆情对事件本身的描述具有不完备性、不一致性，甚至具有完全失真的特性。

第二，网络舆情公开表达和传播不同主体对事件的态度和看法。当事件发生后，媒体、公众和网民都是通过一些公开的手段来表达自身对事件的看法、态度和处理建议，并通过传统媒体、互联网等平台进行传播，进而影响他人对事件的看法，扩大受众群体。

第三，网络舆情很容易和社会舆情关联到一起，网络舆情可以极大地催化社会舆情，使其发展节奏明显加快。同时，社会热点事件又会催生网络舆情话题，二者具有很强的互动性。

第四，传统媒体的相关报道通常会晚于社交网络上的信息发布、传播，所以社交网络已经成为继新闻、论坛之后的重要媒体平台。

1.3 社交网络舆情群体生成理论基础

1.3.1 社交网络群体理论

群体是通过社会互动或社会关系结合起来进行共同活动，并有着共同利益(追求、期望)的人类集合体。网络舆情发生时，网络舆情群体的产生主要包括的演变过程为：个体—散群—集群—舆论群体。通常需要经过很长的一段时间才能完全形成真正的舆论群体。突发事件的产生会有一定的概率使群众在短时间内为同一目标利益而聚集，并快速构成事件性舆论群体。总的来说，网络舆论群体的产生需要经历以下几个阶段。

1. 群体的散群阶段

散群阶段的显著特征为多因素的不确定性。群体中的成员不确定，那么群体的目的、结构就不确定，也就不存在明显的意见领袖。在形成状态上，成员之间彼此分离，互动较少，也没有群体的共同利益。这个阶段的主要特点是主体对事件(话题)的关注往往出于自己的兴趣或者其他个人目的，基于该特点可以发现潜在的群体。例如，各类同城交友群是典型的散群，可以根据群体成员的目的和兴趣对其进行结构分析或分类管理。

2. 群体的集群阶段

随着群体成员之间交流的不断密切，成员之间有了观点的持续互动与交叉，在这样的成员彼此关注加强的形势下，成员之间的关系越来越紧密。在这个阶段，成员之间的关系不是很稳定，意见领袖初步形成，但是其自身的地位还没有完全固化，只是起到代言人的作用。按照美国社会学家布卢默的说法，集群是一个与文化无关的群体，也是一个与道德无关的群体。例如，商品推荐群、产品售后交流群等都是集群。

3. 群体的准群体形成阶段

群体内成员经过彼此的意见交换，态度趋于一致。群体的成员间达到一定的默契程度，情感倾向明确。美国社会心理学家谢里夫认为，在一个群体当中，群体中成员对事物共同的判断准则是由群体中的个体之间互相影响而产生的，这个相互影响的过程使群体成员的判断稳定化。在这个过程当中，比较明显的结构特征是意见领袖与其他受众的稳定互动性。此时的意见领袖的态度和观点，已经可以起到引领这个群体的作用。例如，各类明星后援群、维权群等都是准群体。

4. 舆论群体的产生阶段

个体在群体中彼此认同，这是一个舆论群体形成的标志。群体中新思想的引入会引起成员的各种讨论，但是群体是有稳定结构的，这促成舆论的酝酿和升级，从而导致大规模舆情信息的传播。舆论群体的产生，伴随着群体成员从无序到有序的状态改变，产生的意见领袖利用言论的频繁互动、不断活跃的态势使得舆论得以快速发展。从舆论萌发到风起云涌，受众不间断地参与其中，促进舆论不断推进。

网络舆情从发生到发展的过程具备明显的目的性和周期性。舆论群体形成后，成员间围绕观点或利益目标产生凝聚力，这种力量体现在成员对舆论事件在意见和态度上彼此认同。无论是群体之间，还是群体与个体之间，意见、态度与偏好一致是这种认同度保持下去的基本条件。舆情事件本身的生命周期很大程度上决定了群体的生命周期。舆情事件本身得到解决后，有一部分成员关系因为围绕此事件的交往与合作而得到强化，变得更加紧密；有一部分成员则会慢慢退出群体，使得原有的群体规模缩小，甚至回到小群体的状态，有的群体则逐渐变得松散，最终解散。另外，意见领袖的行为也很大程度上影响了群体的生命周期，如果意见领袖脱离群体，那么群体将慢慢地失去活力或者不复存在。

群体成员关系的中止或瓦解最可能发生在突发事件性群体中，即当某事件结束时，该群体便随之解散。但有时，群体成员会不断地寻找新的兴趣点，并可能因为另一个舆论事件（话题）的发生而转移注意力，加入另一个群体。因此，舆论群体的结构往往是开放的、流动的。

1.3.2 社交网络的舆论领袖

舆论领袖（Opinion Leader）是与追随者相对应的意见发表个体。20 世纪 40 年代，舆论领袖一词由拉扎斯菲尔德在《人民的选择》里率先提出，其中也描述了信息流和影响流按照大众媒介至舆论领袖再至追随者的流动过程。社会学家约翰费斯克曾对舆论领袖作出如下的定义：舆论领袖作为媒介和社群之间的桥梁，把媒介中的现实转化为群体中的经验，他们会比群体中的其他成员更为重视媒介的信息，并且舆论领袖会把有关的信息向不与媒介接触的成员传达，在传递信息的时候，舆论领袖会对媒介中的信息进行筛选与解释。国内对舆论领袖的定义研究不是很多，至于网络舆情中的舆论领袖也没有明确的定义描述。一般认为，舆论领袖一词指的是群体中具有深刻影响和感染力的人。

显然，社会群体中的所有成员都扮演着一种社会角色，虽然这些角色可能不尽相同，但却彼此关联。社会群体中存在的意见的追随与被追随现象，必然导致某些角色成为领袖角色，作为该群体的领导。可以说，几乎所有的群体都有领袖，因此，领袖与追随者的结构可看作社会群体的一个重要特点。在动物群体中，如集体生活的狼群，一般都以最为健壮的雄性为群体的领袖，它们在群体生活中起着领导和支配的作用。与动物不同，人类群体的领袖需要由严格、规范的程序选举或推荐产生，即群体的领袖至少需要获得多数群体成员的一致认可。

但是，在社交网络中如何推选领袖，却没有一个简单明了或统一的规则可以遵循。最新的研究也没能找到有力的证据，证明社交网络群体领袖具有统一的、与众不同的“领袖品质”。实践证明，在社交网络中，此群体的领袖未必适合彼群体，同样领袖的地位也很难一成不变，但网络群体的领袖一般具备交流信息量大、连接关系复杂的特点，因此，在交流信息方面最活跃的成员最易成为群体的领袖，因为信息交流活跃者对群体的影响力大，在一定程度上更容易主导群体的行为。

从互联网的角度考虑，尽管大部分网民都持有自己的观点和态度，但在总体上却呈现出一种零散分布、缺乏凝聚力和突破点的状态，特别是在某一个事件突发初期，整体大众没有明确的目标的时候，大部分网民都会以旁观者的心态来关注事态发展。但是当出现了言辞激烈、观点鲜明准确、易激发群众的某个人或某一小群体时，便可能激起一股舆论的热潮，而其中使得浪潮出现和推动舆论发展的人就会成为准舆论领袖。显然，在这个过程中，舆论领袖可能是一个个体，也可能是一个小众群体，但是他们一定都会有自己的粉丝，虽然这种关系可能并不固定。随着事态的变化发展，准舆论领袖也许会淡出人们的视线，转而引发人们关注的会是一些有主见、文化水平较高的新的舆论领袖。这样的领袖一旦形成，他们的影响力会更为广泛、持久，当然他们也会不断关注事件的发展动态，进而发表文章或观点巩固自己的地位。在互联网不断发展和利益分化的今天，舆论领袖也会带有个人偏好、经济目的、政治目的等，并且他们的商业化趋势也变得越发明显起来。因此，即便是在小群体中，外向、自信、坚定、更为活跃、具有较强意志力的人也更容易成为群体的领袖。

根据领袖对群体所发挥的作用，许多社会学家将群体领袖分为两大类：一类是“工具型”的，另一类是“表意型”的。前者是指群体领袖可以引导成员采用各种工具、手段、方法达到目的，例如各类健身达人博主、理财大咖等；后者是指群体领袖能够在群体中创造良好、团结、和谐的氛围。显然对于一个优秀的群体，这两种群体领袖都显得十分必要，但是这两种群体领袖所需要的品质或能力却在某种程度上是对立的。单独一个群体领袖很难周全地引导、指挥一个群体，因而这两种群体领袖由不同的群体成员来担任显然更为理想。实际上，大多数稳定的舆论群体都有不止一个领袖存在。

群体领袖还可按照其领导作风分为独裁式、民主式和开放式三种。显然，从字面上可以很容易解释，独裁式群体领袖是指群体领袖在群体中拥有至高无上的领导和决策权力，负责分配、指导工作，且不容他人质疑；民主式群体领袖则带有更多的“表意型”成分，注重与其他成员平等地交换意见，通过良好的沟通提升成员的主动性和积极性，从而获得他们的认可和依从；而开放式群体领袖几乎不进行任何干预，群体成员具有最大的自由度和选择权，基本不受控制或约束，群体领袖只起到沟通、咨询和黏合的作用。显然，以上三种群体领袖的领导方式各有优劣，但是最终的效果如何要取决于这种领导方式的性质和实施的时间、地点，以及群体的共同需求。

1.3.3 社交网络舆情受众分析

受众首先是媒体使用者或参与者，研究他们的行为及其决定因素对研究社交网络舆情规律具有重要意义。在传播学领域，该研究内容属于受众分析(Audience Analysis)，其基本过程是受众得到的信息通过传播者编码发送过来，然后通过根据一系列主观意识或喜好进行译码的活动识别出信息，显然这个过程一定会受到受众心理因素的影响。根据这种心理影响，社交网络舆情受众分析分为偏好分析和情感分析两大类。

对受众偏好的分析常采用按节点数量统计特征分析和按行为变量特征分析两种方法，前者是以受众的年龄、性别、收入、种族、工作状况等可量化的标准为分析对象，而后者则是按照受众的行为规则和特点对受众进行分析。

分析受众偏好一般需要借助数据挖掘技术，即以受众的某几种或某几类兴趣偏好为核心点，紧紧围绕受众的喜好进行挖掘、讨论、分析。例如，利用统计分析工具，将与用户相关的节目、事件、舆论等数据映射为关注度、影响率等可度量的标准参量，从而建立用户与其偏好的对应关系。实际中，影响受众偏好的因素众多，主要有年龄、性别、学历、收入、好奇心等。首先，不同年龄的人群关注的事情一定不同，如青少年和老年人喜欢的电视节目一定不同；其次，性别因素也显得至关重要，在分析问题的过程中，男性与女性会因性别差异而产生不同的心理；再次，学历、收入等受众的本体属性也会影响受众的偏好，这主要是由于具有不同本体属性的受众看待问题的视角不同。

社交网络舆情受众的情感分析是舆情分析的另一个重要组成部分，也是获取社交网络舆情内容的主要手段之一。在语言文本中，有关情绪的词汇有很多，我们每天的生活也都离不开各种情绪的产生、交替。不同的体验将使参与者产生不同的情绪，这些情绪的基本类型包括积极的或消极的、基本的或混合的、强烈的或含蓄的等，但是具体如何分类描述，却始终没有一个统一的标准。

划分情绪的依据有很多，有一种取向就是按照两个维度对情绪进行划分：积极和消极。积极感情作用(Positive Affectivity)是指一些积极情绪，如希望、快乐、幸福等；而消极感情作用(Negative Affectivity)则是指某些消极情绪，如害怕、焦虑、愤怒、悲伤等。显然，积极的情绪有助于行为的推进，不仅可以增加个体与环境间互动的可能性，还能增加个体对环境的适应性，开阔视野，增加个体资源。例如，喜悦的情绪可以对竞争、超越极限和创新起到积极作用，兴趣可以激发探索、吸收新知识、扩大视野的主动性。相反，消极情绪则有助于行为退缩，如遇到危险甚至生命威胁的时候，人本能的害怕会帮助人作出退缩反应，同时也会使人心绪低落、注意范围变得狭窄等。在某些情况下，积极的情绪，如快乐、幸福、爱，可能会减缓或抵消消极情绪。研究发现，轻微的喜悦和满足感可以消除消极情绪对心血管造成的伤害。因此，在一般的舆情分析研究中，采用最多的方式是通过积极(正向)、消极(负向)二分法，对舆情传播态势进行定量的情感分析。

在群际关系的研究中，群体成员大多会对群体存在一种偏好的心理，其中最一致的发现是内群体偏好效应，即他们对同一问题有着相同的感知、偏好。然而当考虑到群体成员地位的时候，研究却发现，不同地位的群体成员表现出不同的反应，例如低地位的群体成员通常很难像高地位的群体成员那样积极，因此反而会呈现出外群体偏好的现象。

尽管会存在群际间关系的冲突，但是大部分时候群体成员都会选择接受群体偏好，而不是尝试着改变它。在对群际偏好关系进行研究的过程中发现，社会认同理论能够对这一现象作出较好的解释。该理论指出，社会中的人都有争取社会认同的需要，这种需要在群体内表现为内群体偏好现象。同时，该理论也提出了利用现实竞争、社会竞争以及共同性歧视的观点来分析外群体偏好的原因，即群体成员会为现实利益所驱使而形成现实竞争，群体成员可能在消极情绪的维度上采取反抗活动而形成社会竞争，以及群体间成员会对群际关系达成共识而形成共同性歧视。

1.4 社交网络舆情研究现状与挑战

当前社交网络舆情研究主要围绕社交网络信息传播的本质、舆情事件及其信息传播动力学(信息推送)、舆情数据的分析技术和方法，以及舆情信息的引导与管控理论等方面进行，相关理论已经逐步完善，部分技术已经开始走向产业化。但在信息传播动力学的精确描述、预测、干预和治理等多个方面，仍有大量的问题有待解决。

1.4.1 社交网络信息传播的本质

根据维基百科的定义，信息传播是人们通过符号、信号进行的信息传递、接收和反馈等的活动，是人们彼此交换意见、思想、情感，以实现相互了解和影响的过程。社交网络中围绕特定事件或话题形成集中传播，进而形成了社交网络舆情传播。借助社交网络信息传播的功能，人们通过社交网络这种廉价、便捷的方式获取新闻资讯、发表意见、讨论交流、下载资源等，促使社交网络的信息交流活跃度达到空前的高度。

社交网络分析是一种以关系为基本单位进行分析的实证研究方法，它为研究社交网络中各种传播事件类型、行为特点，以及信息传播规律提供了一种可计算的分析方法。其中，信息传播规律分析是社交网络分析理论中发展最成熟的部分，包括信息在传播过程中的演化、不同类型社交网络的传播机制及其应用等技术。近年来，社交网络的蓬勃发展，为开展相关信息传播研究提供了丰富的数据基础，使得研究人员有机会在海量真实的数据基础上，研究信息传播机制，认识信息传播规律，并取得大量研究成果。

目前，国内外已经提出了很多针对社交网络舆情事件的分析方法。在国内，使用 BP 神经网络的模型可以比较容易地建立微博舆论趋势预报系统，并能够自动收集和处理数据，从而根据常见的平滑预测模型预测微博舆论的走向。在国外，很早就使用短信监测作为民意调查的重要依据，基于短信的收发建立舆情监测系统，通过收集并分析用户的短信使用情况，可以方便、快速地进行用户调查、投票等体现公众舆论观点的活动。

更多的舆情分析研究是基于谣言传播理论和复杂网络结构理论进行的，这类分析模型可以对舆情的产生、发展和走势进行比较精确的量化评估。例如，当前的研究热门之一是基于微信、微博谣言舆论的流行病模型，该模型描述了利用社交软件浏览消息、评论消息和转发消息的行为，通过计算消息的传播概率，建立了传播动力学行为模型。在这个基础上，众多改进的谣言传播 SIR 模型、基于受众的浏览行为描述传播的动态变化模型被提了出来。然而，随着微信、微博和论坛中不断发展的新的应用技术类型，社交网络中的大规模流量和存在的大量不相关的个人信息、垃圾信息和广告推送信息，给这种单一传播模型带来了巨大挑战，极大地影响了对社交网络舆情状态的分析评估效果。

鉴于此，舆情的分析研究迫切需要一个新颖的框架，以便从海量在线信息中提取有用的舆情信息。由于基于浏览器的微博数据结构比较一致，舆情信息密度大，因此人们基于微博提出了多种评价模型，用于筛选关键节点、分析网络结构，为舆情分析提供一些量化公共活动的可靠指标。例如，在微博网络中，通过分析受众追随者的数量和追随次数、消息被转发和评论的数量、受众的性别、受众所在的地理位置等重要影响因素，能够较好地发现网络中的关键话题和意见领袖。

另一类更有意义的舆情分析技术是针对突发事件的舆情演化预测，该技术需要根据事件内容分析并建立预测模型，结合受众所在社交网络的特点，预测突发事件引起的舆情发展规模。这类预测技术通常假定不同的受众有不同的影响力和不同的利益突发事件，一个事件的受欢迎程度取决于同它关联的历史事件和历史事件受欢迎程度。随着人工智能技术在舆情管理中的逐步应用，这类预测技术借助在线机器学习模型和大数据样本，能够实现舆情演化的实时、动态跟踪和准确预测。以大数据为分析对象研究社交网络舆情的状态，将更具有说服力，其分析方法和技术通常作为网络舆情监控系统建立的基础，从而使舆情管理者快速、全面地掌握事态内容及发展趋势。

在大数据环境下，根据网络舆情的发展特点，大数据舆情自动监测有了新的特定研究需求。大数据舆情样本的数据量巨大、有效信息稀疏、信息弱结构化等特征，对相关舆情分析技术提出了新的挑战，因此网络舆情分析理论和技术的研究应该顺应趋势，及时作出相应的改进。我国李建飞等人针对现有的相关网络舆情监测软件的不足，提出了一种大数据环境下网络舆情监测系统的软件架构，该软件实现了网络舆情的数据采集和整理、长期舆情事件可视化、模型构建、数据挖掘、关联分析等功能，在实际项目中得到了应用，能满足舆情分析和预测的基本需求，具有较好的鲁棒性和延展性；兰月新等人以信息量为度量标准，从应急突发事件中提取信息并建立了舆情信息传播模型，该模型将舆情传播分为潜伏期、扩散期、消退期，依据相关时期特征监测主要热点问题，并且通过仿真进行了实证研究，实现了以预警为主要目标的网络舆情分析。

1.4.2 面向受众的信息传播分析

在社交网络中，广大受众是舆情的参与主体，其地位、属性、偏好、敏感性和活跃度等特性均直接作用于舆情传播，因此，从受众角度对网络舆情进行研究，是舆情分析的侧重点之一。根据已有文献的研究成果，一般认为受众偏好分析、意见领袖挖掘，以及群体意见网络挖掘等方法均属于面向受众的信息传播分析。

1. 受众偏好分析

在典型的社交网络舆情传播过程中，受众偏好直接影响着舆情信息传播的速率和扩散范围，是舆情分析的重要因素。为了使舆情传播分析过程更具有针对性，一般通过自动建模或仿真建模获得定量描述受众偏好的数学模型，利用模型进一步预测或定量地把握受众偏好趋势。在受众偏好中，受众兴趣度是最容易获得精确分析结果的变量之一，因此受众兴趣度分析是在网络推荐系统和话题推送系统中应用最广泛的技术。受众兴趣度可以通过计数信息的频率、受众花费的时间，以及受众的注意力等参量定量表示。大量实验证明，受众兴趣度的本质属性是实现受众在获取信息中的利益最大化的特性。

在具体内容上，在富媒体分享类社交网络中，视频、图片等数据是研究受众偏好内容的重要依据，这些数据在商品推荐系统中有大量的应用。目前，这方面的研究集中在文本、图像检索技术上，结合受众的兴趣模型，用人工智能算法实现个性化的媒体推荐，将受众兴趣模型的历史分析结果与未来预测结果相结合，可以实现针对受众需求的高精准内容推送。例如，任保宁等人研究了运用动态更新的受众偏好建模，为受众的兴趣偏好在多种维度上赋予权重，应用在媒体影视领域的个性化推荐上。该模型通过计算电影作品在不同维度上的相似度，采用归一化的方法将电影的相似度转化为受众兴趣模型中该电影的多维度权重，然后应用 TF-IDF 加权后进行权值更新，实现影视作品的动态精准推送。实验结果表明，该模型在 MovieLens 数据集上具有较高的推荐准确率和召回率，同时该模型还能够发现新的受众偏好，无论是对电影本身的推广活动，还是对观众的精确匹配，都有着明显的意义。针对微博等文本类型的信息，在分析受众偏好方面，也有大量的研究集中在受众的兴趣分析和话题推荐等方面，其基本方法是通过定义多维的特征标签，使用语料库和机器学习算法，建立分类模型，准确判定发布或接收微博的受众特征。

近年的许多研究工作还致力于研究基于信息扩散过程的受众偏好。Adrien 和 Hakim

等人从已有的真实 Twitter 数据集中提取特征，基于机器学习技术和事件扩散概率推理、分析个人行为，以预测动态时序社会网络中的事件。该方法通过挖掘受众生成的内容，探索受众的潜在利益，进而为受众提供更好的个性化信息推送服务。同时期，也有学者研究利用矩阵分解技术学习受众潜在的特点和主题，该技术通过分析影响受众的时间因素和活动因素，追踪受众以主动和被动方式建立的与他人的关系，研究受众的潜在特征空间和主题的相关利益纽带，从而准确预测受众未来的利益。国内伍大清等人研究受众兴趣的漂移问题，即如何结合受众的新兴趣与旧兴趣，进行个性化推荐，并针对兴趣推荐在更新中的缺陷，利用漂移方法改进反馈系统模型，相关实验证明该方法的性能优于滑动时间窗、遗忘策略等模型。

2. 社交网络中意见领袖的发现技术

意见领袖，泛指社交网络中有影响力的团体或个人，是比舆论领袖存在更广泛，同时也更容易受外界意见影响的社交网络参与者，通常称为大 V 或关键球员。意见领袖的发现技术一般基于三个方面的属性研究相应的识别方法，即围绕社团结构、连接关系和个人位置等特点筛选关键节点或社团。

由于社交网络意见领袖对舆情的发展有着深刻的影响，因此包括本书在内，很多社交网络舆情的研究是围绕意见领袖的发现展开的。当前意见领袖的发现主要依赖复杂网络结构分析、机器学习理论、拓扑理论以及大数据分析技术等综合方法。早期有研究者将天涯论坛上发布的帖子作为研究对象，运用复杂网络社群重叠和分层关系的方法，结合分时理论，提出社群进化及节点约简算法，进而通过计算分析出意见领袖节点。随着机器学习和深度学习理论及其工具的完善，通常将网络拓扑法与文本挖掘法相结合，进行意见领袖挖掘的研究。例如，最常用的 PageRank 模型是基于机器学习的无监督学习模型，被广泛应用在社交网络意见领袖的发现中，并经过不断改进后取得新的突破。Jiang 等人的意见领袖发现系统基于一种改进的 PageRank 模型，并借助了 MapReduce 算法的思想，使用情感分析的方法定义受众之间的联系，进而发现意见领袖，该系统适用于分析各类 BBS 上的意见领袖。Yan 等人建立了外部磁场强度随时间变化的模型来模拟舆情话题的传播模式，在 PageRank 算法和 AHP 分析法的基础上建立起对意见领袖的发现技术的分析方法，并经过新浪微博数据的验证，确认该方法具有较好的适用性，其基本架构和分析方法沿用至今。

除了借助意见领袖的节点属性以外，社交网络中文本信息的抽取技术在意见领袖的发现中也发挥着重要作用。Song 等人以新浪新闻评论数据为例，通过检测最有影响力的网络评论，构建受众评论网络，实现意见领袖的检测；Ning 等人提出了“八度”属性，构造了话题参与者的属性矩阵，使用社会网络结构分析和内容分析方法，获得潜在的意见领袖排名，并用综合评价方法识别意见领袖。

除了意见领袖的发现技术，针对舆论领袖、意见领袖的管理策略也是一个研究重点。Tang 等人认为在相对较短的时期，意见领袖对事件的发展起主要作用，确定这些意见领袖有助于公众舆论危机管理。他们构造了一个 Ex-fan 交互网络，通过嵌入情绪指标作为度量重要性的标准来调整 PageRank 模型，进而识别有影响力的受众，该方法在 Twitter 数据集上得到了验证。

3. 群体意见网络及社群的发现

不少学者认为，群体意见的研究应从整体上认识并发现其中的发展规律，即将群体意见网络作为研究的侧重点。在早期，人们认为意见网络的分化是推动社交网络发展的内在动力，如Chau等人从物理学角度提出意见两极分化是现实世界的动力起源。要正确模拟意见变化的动态过程，就必须使其理论支撑与基于个体认知的社会心理学家的研究结果完全兼容。Jager和Amblard提出了社会心理学模型，他们认为公众意见是在一个均匀分布的通用模型基础上，由众所周知的社会判断理论扩展而来的。该模型可以通过均匀场模型定性地理解意见网络的物理含义，这为研究舆情信息在特定网络结构上的传播奠定了理论基础。Suo等人研究的舆论形成问题集中在三个因素上：个人属性、环境影响和信息流。在这些因素的基础上，Suo等人提出了一种简单的模型来分析产生、分裂、合并和衰亡这四种类型的网络动态事件。

具有相似观点或话题相关度密切的群体构成了社群，并成了社交网络的主要存在形式。大量数据表明，社群可以存在于小世界网络、随机网络或无标度网络等常见网络拓扑中，且个体对环境影响的弹性敏感系数和网络类型的平均连通率共同决定了社群连接关系存在的可能性。

随着机器学习在社交网络舆情分析中的应用，由社交网络拓扑结构演化而来的分析方法得到了快速发展。这种方法通过提取网络结构演化的特征，预测社交网络中某一类型事件发生的概率以及信息传播的趋势。例如，Hong等人设计了社群检测算法ACSS，它通过检测节点和边缘群体，并根据组成社群节点序列的相似性实现社群发现。相比现有的代表性算法，ACSS可以检测到更复杂的群体结构，并能提高节点和群体的聚类精度。

微博网络作为典型的群体意见网络，是国内社交网络的重要研究对象，但由于微博参与的门槛低，信息的真实性和可用性无法保证，因此近年来出现了许多虚假用户、灌水用户、炒作用户，这对微博的群体发现技术提出了更高的要求。针对炒作用户和煽动性群体，关键社区的发现也更具有现实紧迫性。刘琰等人提出了一种基于最大频繁项集挖掘的煽动性群体发现方法，利用该方法能够发现反复出现、具备共同特征的煽动微博传播的用户群体，这种方法的有效性在真实的新浪微博数据集上得到了验证，并且其准确率达到了90%以上，利用该方法还能发现难以识别的隐蔽炒作用户。

1.4.3 社交网络舆情研究面临的挑战

社交网络舆情的研究是一个高度复杂的系统工程，它以社会关系作为信息传播的基础，以用户个体或群体互动行为作为信息传播的驱动力，因此面向在线社交网络舆情的信息传播分析技术必然受到社会关系和群体互动行为特性的影响。在社会关系方面，社交网络具有连接强度(Link Strength，LS)的差异性、动态演化性等特性；在用户群体行为方面，社交网络具有主题多样性、非线性等特性。另外，舆情研究还受到网络结构和参考数据来源的影响，例如，微博和网络论坛是网络话题的集中爆发地，但二者的研究方法却有显著差异。通过前文的相关技术介绍可知，社交网络的舆情研究所面临的挑战，可以概括为以下四个方面。

1. 社会关系的主题多样性和动态演化性

社交网络中的信息传播更多的是构建于个体间社会关系之上，因此个体之间的连接强度是研究社交网络信息传播规律的基础。一方面，用户之间的通信主要是以电子文本的形式进行的，而文本是与主题相关的，这意味着社交网络中的个体间连接具有主题多样性；

另一方面，社交网络是一个动态的网络，个体间的连接强度和信息内容是随着时间而不断变化的。社会关系的主题多样性和动态演化性为面向社交网络的信息传播建模带来了挑战。因此，如何利用文本挖掘、信息抽取等相关技术，度量个体之间的连接强度，并分析其与信息传播之间的关联性，更加深刻地认识社交网络中的信息传播规律，是研究者目前面临的一个严峻挑战。

2. 社交网络文本的高噪声性

在微博、微信等即时通信类社交网络中，通信文本大多数是以短文本的形式存在的，这些文本具有篇幅短、规范性差和网络新词泛滥等高噪声特性。例如，微博文本长度不超过140个字，可能包含多个表情符号、无效词汇等，文本特征稀疏，且文本中普遍存在代表不同意义的标签符号混用、不同语言文字符号穿插混搭、网络用语与口语化词汇随意使用等问题。这些问题使自然语言处理领域的研究者不能简单地利用面向传统长文本的技术来处理即时通信类社交网络文本。为保证面向短文本的舆情分析技术的计算效果，研究人员必须围绕这些数据的特性提出一种适合社交网络短文本的建模方法。与普通文本不同，微博文本蕴含了丰富的社会化特征信息，例如微博中的标签(tag)、转发数、回复数与发布时间等。针对这些特征，需要设计专门的机器学习算法，用于识别有效信息，过滤噪声，以提高计算机对社交网络短文本理解和分析的正确率。因此，如何利用文本中的社会化特征，过滤掉包含的噪声和无效信息，改善传统文本挖掘技术在处理短文本方面的计算性能，是研究者目前面临的又一个严峻挑战。

3. 数据规模的海量性和社会关系的隐藏性

有别于传统媒体，社交网络最大的特点是每个用户都是信息的产生者和传播者。社交网络产生的数据量异常庞大而且增长速度惊人。国外方面，全球最大的社交网络Facebook在全球拥有超过12.8亿的活跃用户，用户每天上传的照片超过3.5亿张。国内方面，根据新浪官方统计数据，2017年元旦第一分钟，新浪微博共产生超过186万条微博信息，相比2016年元旦第一分钟高出将近6万条，再次刷新峰值纪录。此外，社交网络中的社会关系及其关系强度隐藏在文本内容和通信行为中，这使传统的基于调查问卷的信息获取方法在社交网络中难以适用，给社会关系信息的抽取带来了较大的困难。现有网络舆情信息发现与引导的研究采用的数据来源各式各样，不同的来源，数据量的大小都不统一。按照已有文献的描述，很多研究中文网络舆情的成果中，数据大多数都是通过爬虫爬取的，在数据规模、数据特征分布和数据关系等方面与真实情形有较大差别，所以会对舆情信息研究的质量、效果有一定影响。因此，数量庞大且快速增长的数据及其隐含的社会关系对面向社交网络的信息传播模型的准确构建提出了重大挑战。

4. 话题热度变化的非线性特性

话题热度被用来衡量话题在社交网络中的整体传播效果，是网络舆情分析中的一个重要的研究方向。社交网络中，话题热度的变化是一种复杂的非线性过程，同时受到网络外部的新闻媒体报道、内部的意见领袖的影响力和信息内容的敏感性等多方面因素的影响。比如，公众人物发布的某些微博可以被粉丝快速转发和评论，并引发社会热烈讨论，如“汪峰向章子怡求婚”的微博在短短半小时内被转发几十万次。但有些用户发布的微博则鲜有人问津。又比如，部分话题由于内容敏感而在短时间内呈现“核裂变式”的大规模传播状态；

然而部分话题的热度却周期性地缓慢变动。因此，非线性变化的话题热度给面向社交网络的信息传播分析技术带来了严峻的挑战。

本章小结

本章通过对社交网络的基本理论和发展现状的梳理，概要性地阐述了社交网络中的基本概念、原理和相关技术，为后续章节面向社交网络舆情的信息传播分析提供了必要的理论基础。在充分了解社交网络兴起的背景和原因后，本章建立起了认识社交网络、定量刻画社交网络的参量和模型(这是研究社交网络的基本步骤)。在此基础上，分析了社交网络舆情的基本理论，逐步阐述了社交网络舆情群体生成的基本原理，并结合社交网络实例分析了社交网络舆情的特点，最后对社交网络舆情的研究现状及其发展中面临的新挑战做了总结。

根据本章中基本概念和现状的阐述，后续章节以面向社交网络舆情的信息传播分析为阐述的重点，并基于以下两条主线展开讨论：

★ **主线 1**：从社交网络的构成要素入手，重点讨论构成社交网络的三个核心内容：社交网络关系结构、网络群体及其参与者和网络信息内容。

★ **主线 2**：从社交网络核心内容之间相互关联与依存的关系入手，重点讨论构成社交网络的底层平台、信息传播与结构的关系，以及社交网络群体行为演化的因素和表现形式等。

第二章　社交网络舆情信息基本描述方法

社交网络所承载的核心是自然人能够识别和加工的语义信息，语义信息的描述和处理方法很大程度上决定了社交网络的发展演化规律，因此，全面系统地把握社交网络语义信息的描述方法是对社交网络数据进行识别和处理的基础。本章主要从自然语言处理的技术角度阐述社交网络语义信息处理的基本方法。首先介绍自然语言处理领域的基本概念与理论，然后关注近年来在自然语言研究领域迅速发展的浅层语义分析技术，介绍其基本思想、方法、技术及其在信息抽取、自动问答、机器翻译等领域的应用。

2.1　自然语言处理的基本理论与方法

物质、能量和信息是人类社会赖以生存和发展的基本要素。人类的进步始终伴随着信息的传承、信息技术的发明与完善。每一次新的信息处理技术的出现，例如文字的产生、电报电话的出现，都会为人类社会带来翻天覆地的变化。计算机与数字技术的发明，使大容量、快速度、高质量的信息处理逐渐成为现实，信息逐渐融入人们的生活，在社会生产活动中发挥空前的作用。

信息时代也可以说是利用计算机和网络对信息进行处理的“数字化时代”。计算机在自然语言研究领域的应用，大幅度提高了语言信息的处理速度和质量，同时也催生了一个新的跨学科研究领域——计算语言学(Computational Linguistics，CL)或自然语言处理(Natural Language Processing，NLP)。

为了从“数据时代”向“情报时代”发展，计算机必须具有理解、处理和生成自然语言的能力，即让计算机能够理解自然语言语句的含义，也就是进行语义分析。多年来，国内外计算语言学界的学者们一直在探索有效的自动语义分析方法，其间遇到了许多的挫折，也取得了一定的进展。

2.1.1　自然语言处理与计算语言学

1. 自然语言处理

自然语言处理也称为自然语言理解，是人工智能领域的重要研究内容，其研究目的是探索人类理解自然语言这一智能行为，并转化为人工智能处理方法。在最近二三十年中，随着计算机技术，特别是网络技术的迅速发展和普及，自然语言处理研究得到了前所未有的重视，并逐渐发展成为一门相对独立的学科，备受关注。

语言学家刘涌泉在我国的《大百科全书》中对自然语言处理的定义如下：自然语言处理是人工智能领域的重要内容，即利用计算机等工具对人类所特有的语言信息(包括口语信息和文字信息)进行各种加工，并建立各种类型的人机交互系统。自然语言理解是其核心，其中包括语音和符号的自动识别，以及语音的自动合成。

冯志伟等人对自然语言处理的解释如下：自然语言处理就是以计算机为工具对人类特有的书面形式和口头形式的自然语言信息进行各种类型处理和加工的技术。

美国计算机科学家 Bill Manaris 给自然语言处理的定义如下：自然语言处理是研究人与人交际中以及人与计算机交际中的语言问题的一门学科。自然语言处理要研制表示语言能力和语言应用的模型，建立计算框架来实现这样的语言模型，提出相应的方法来不断地完善这样的语言模型，根据这样的语言模型设计各种实用系统，并探讨这些实用系统的评测技术。

2. 计算语言学

《现代语言学词典》中对计算语言学的定义如下：计算语言学是语言学的一个分支，用计算技术和概念来阐述语言学和语音学问题。目前，计算语言学已开发的领域包括自然语言处理、语音合成、语音识别、自动翻译、编制语词索引、语法的检测，以及许多需要统计分析的领域。

语言学家刘涌泉在我国的《大百科全书》中对计算语言学的定义如下：计算语言学是语言学的一个分支，专指利用电子计算机进行语言研究。

从术语的字面上来看，计算语言学更侧重于计算方法和语言学理论等方面的研究，而自然语言理解(或处理)更偏向于“理解”过程和“处理”方法等方面的研究，语言工程和应用系统实现方面的含义更多一些。但是，很多情况下我们难以区分“计算语言学”与“自然语言处理”概念的内涵和外延。因此，很多人谈到“计算语言学”“自然语言处理”“自然语言理解”这些术语时，往往默认它们是同一概念，至少在其外延上不再细究其差异。甚至有些专著中直接给出解释：计算语言学也称为自然语言处理或自然语言理解。

2.1.2 自然语言处理涉及的层次与面临的困难

1950 年，著名的英国数学家图灵提出了关于理解的测试标准，用来判断计算机是否可以被认为“能思考”，该测试后来被称为图灵测试。他所提出的是一个主观但可以操作的标准：如果一个计算机系统的表现、反应和互相作用都和有意识的个体一样，那么这个计算机系统就应该被认为是有意识的。

在自然语言处理领域，人们判断计算机系统是否“理解”了自然语言的具体实施准则比较多，例如：通过问答系统测试计算机系统是否能够正确地回答输入文本中的有关问题；通过文摘生成系统测试计算机系统是否有能力自动产生输入文本的摘要；通过机器翻译系统测试计算机系统是否具有把一种语言翻译成另一种语言的能力；通过文本释义系统测试计算机系统是否能够用不同的词汇和句型来复述输入文本，等等。

因此，从事自然语言处理研究的任务也就是研究和探索针对具体应用目的的新方法和新技术，使实现系统的性能表现尽量符合人类理解的标准和要求。

自然语言处理研究的内容包括：机器翻译、自动文摘、信息检索、文档分类、问答系统、文字编辑与自动校对、信息过滤、语言教学、文字识别、语音识别、文语转换、语音验证等。实际上，我们所能够想到的涉及人类语言的任何研究几乎都隐含着计算语言学的问题。

1. 自然语言处理涉及的层次

如果暂时撇开语音学研究的层面，自然语言处理研究的问题一般会涉及自然语言的形态学、语法学、语义学和语用学等几个层次。

(1) 形态学(morphology)：又称词汇形态学或词法，是语言学的一个分支，研究词的内部结构，包括屈折变化和构词法两个部分。由于词具有语音特征、句法特征和语义特征，而形态学处于音位学、句法学和语义学的交叉领域，因此形态学是每个语言学家都关注的一门学科。

(2) 语法学(syntactics)：研究句子结构成分之间的相互关系和组成句子序列的规则。语法学关注的中心是语言中句子所呈现的形式。

(3) 语义学(semantics)：一门研究语言意义的学科。语义学的研究对象是语言的各级单位(词素、词、词组、句子、句子群、整段整篇的话语和文章，以及整个著作)的意义，以及语义与语音、语法、修辞、文字、语境、哲学思想、社会环境、个人修养的关系。其研究重点在于探明符号与符号所指的对象之间的关系，从而指导人们的言语活动。它所关注的重点是某个语言单位的具体含义及其与其他语言单位的关系。

(4) 语用学(pragmatics)：现代语言学中从使用者的角度研究语言使用的特点，包括使用者所做的选择、他们在社会互动中所受的制约、他们的语言使用对信息传递活动中其他参与者的影响。从狭隘的语言学观点看，语用学处理的是语言结构中有形式体现的那些语境。从广义上讲，语用学是研究语义学未能涵盖的那些意义。其关注的重点在于在特定的上下文中语言的使用规律。

2. 自然语言处理面临的困难

自然语言处理涉及形态学、语法学、语义学和语用学等几个层面的问题，其最终应用目标包括机器翻译、信息检索、问答系统等非常广泛的领域。实现这些应用目标需要解决的关键问题是歧义消解问题和求知语言现象的处理问题。

一方面，自然语言中存在大量的歧义现象，无论是在词法层次和句法层次，还是在语义层次和语用层次，歧义都是阻碍人们实现应用目标的根本问题。

例句 1 I saw a man in the park with a telescope.

例句 1 可以有 5 种不同的分析结构，而 W. A. Martin 曾报道他们的系统对于例句 2 可以给出 455 个不同的句法分析结果：

例句 2 List the sales of the products produced in 1973 with the products produced in 1972.

这种歧义结构分析结果的数量是随俚语短语数目的增加而呈指数上升的，其歧义组合的复杂程度随着介词短语个数的增加而不断加深，这个歧义结构的组合数称为 Catalan 数(Catalan numbers，记作 C_n)。由此，歧义结构数目的急剧增加，使得句法分析算法面临的困难呈现指数增长，句法分析算法不得不消耗大量的时间从大量的候选结构中搜索可能的路径，以实现局部歧义和全局歧义的有效消解。

在现代汉语中，种类歧义现象也是普遍存在的。

例句 3 喜欢乡下的孩子。

这个句子可以理解为[喜欢/乡下]的孩子，也可以理解为喜欢[乡下的/孩子]。

例句 4 关于鲁迅的著作。

这个句子可以理解为关于[鲁迅的/著作]，也可以理解为[关于/鲁迅]的著作。

除了句法结构歧义，词汇的词类(parts of speech)歧义、词义歧义和句子的语义歧义等，也同样是自然语言处理中普遍存在的问题。

另一方面，对于一个特定系统来说，有可能遇到未知词汇、未知结构等各种意想不到的情况，而且每一种语言都会随着社会的发展而动态变化，新的词汇、新的词义、新的词汇用法，甚至新的句子结构都在不断出现。因此，一个实用的自然语言处理系统必须具有较好的未知语言现象的处理能力，而且有足够的对各种可能输入形式的容错能力，即我们通常所说的系统的鲁棒性。

2.1.3 自然语言处理的基本方法及其发展

一般认为，自然语言处理中存在着两种不同的研究方法，一种是理性主义方法，另一种是经验主义方法。

理性主义方法认为，人的很大一部分语言知识是与生俱来的，由遗传决定的。持这种观点的代表人物是美国语言学院的乔姆斯基，他的内在语言官能理论被广泛地接受。乔姆斯基认为，小孩在接收到极为有限的信息量的情况下，在很小的年龄便具有了复杂的语言理解能力，这种现象是很难通过实验得到验证的。因此，理性主义的观点通过假定人的语言能力是与生俱来的、固有的一种本能来回避这些困难的问题。

在具体的自然语言问题研究中，理性主义方法主张建立符号处理系统，由人工整理并编写语言知识表示体系(通常为规则)，构造相应的推理程序，处理系统根据规则和程序，将自然语言理解为符号结构，该结构的意义可以从结构中的符号意义推导出来。按照这种思路，在自然语言处理系统中，首先，由记法分析器按照人工编写的记法规则对输入句子的单词进行记法分析；然后，语法分析器根据人工设计的语法规则对输入句子进行语法结构分析；最后，根据一套变换规则将语法映射到语义符号(如逻辑表达式、语义网络、中间语言等)。

经验主义的研究方法也是从假定人脑所具有的一些认知能力开始的。因此，从这种意义上讲，两种方法并不是绝对对立的。但是，经验主义的方法认为人脑并不是一开始就具有一些具体的处理原则和对具体语言成分的处理方法，而是假定孩子的大脑一开始具有处理联想(association)、模式识别(pattern recognition)和通用化(generalization)处理的能力，这些能力使孩子能够充分利用感官输入来掌握自然语言的结构。在自然语言处理系统实现方法上，经验主义方法主张通过建立特定的数学模型来学习复杂的、广泛的语言结构，然后利用统计学、模式识别和机器学习等方法来训练模型的参数，以扩大语言使用的规模。因此，经验主义的自然语言处理方法是建立在统计方法基础之上的，所以它又被称为统计自然语言处理(Statistical Natural Language Processing)方法。

在自然语言处理中，在统计方法基础上发展起来的技术有隐马尔可夫模型、最大熵模型、n 元语法、概率上下文无关语法、噪声信道理论、贝叶斯方法、最小编辑距离算法、Viterbi 算法、启发式搜索算法、双向搜索算法、加权自动机、支持向量机等。

在统计自然语言处理方法中，一般需要收集一些文本，作为统计模型建立的基础，这些文本称为语料(corpus)。经过筛选、加工和标注等处理的大批量语料构成的数据库叫作语料库。由于统计方法通常以大规模语料库为基础，因此，经验主义的自然语言处理方法又被称为基于语料的自然语言处理方法。

实际上，理性主义和经验主义试图刻画的是两种不同的东西。理性主义倾向于将语言视为表达思维活动的某种范式。对于这种方法而言，某种语言的真实文本数据只提供间接的证据，这种证据可以由以这种语言为母语的人提供；而经验主义方法则关心如何直接刻画这些真实的语言本身。Chomsky 的生成语言学理论试图刻画的是人类思维的模式或方法。Chomsky 把语言的能力和语言的表现区分开来了。他认为，语言的能力是语言结构知识，这种知识是说话人头脑中固有的，而语言表现则受到外界环境等诸多因素的影响，如记忆的限制、对环境噪声的抗干扰能力等。

20 世纪 80 年代末期和 90 年代初期，产生了关于理性主义和经验主义两种不同观点的激烈争论。但随着时间的推移，当人们从那些空泛的辩论中冷静下来以后，逐渐地认识到，任何一种方法都不可能完全解决自然语言处理这一复杂问题，只有将两种方法很好地结合起来，寻找一种融合的解决问题的办法，甚至建立一种新的理论方法，才是自然语言处理研究的真正出路。理性主义方法和经验主义方法从对立状态的结束到相互结合、共同发展，使得目前计算语言学研究正处于一个前所未有的繁荣发展时期。

2.2　自然语言学基础

计算语言学是一门交叉学科，其中不仅涉及语言学、计算机科学，还大量应用到数学知识。尤其是近年来，随着语料库语言学的兴起，统计等数学方法和技术在计算语言学中得到了越来越广泛的应用。本节介绍计算语言学工作者需要了解的基础知识。

2.2.1　概率统计基础

概率统计是在计算机环境中进行自然语言处理的理论基础，它包括一系列的定义和重要的结论。

定义 2.1　随机事件　在一定条件下，可能发生也可能不发生的试验结果称为随机事件，简称事件，一般用大写拉丁字母 A，B，C……表示。

事件之间的关系和运算如下：

(1)包含：当事件 B 发生时，如果事件 A 也一定发生，则称 A 包含 B 或 B 包含于 A 中，记作 $A \supset B$ 或 $B \subset A$。

(2)等价：如果 $A \supset B$ 且 $B \supset A$，即事件 A 和 B 同时发生或同时不发生，则称 A 和 B 等价，记作 $A=B$。

(3)积：表示事件 A 和事件 B 同时发生的事件，称为 A 与 B 的积，记作 $A \cap B$ 或 AB。

(4)和：表示事件 A 或事件 B 发生的事件，称为 A 与 B 的和，记作 $A \cup B$ 或 $A+B$。

(5)差：表示事件 A 发生而事件 B 不发生的事件，称为 A 与 B 的差，记作 $A-B$。

(6)互斥：如果事件 A 与事件 B 不可能同时发生，即 $AB=\Phi$，则称 A 与 B 是互斥的。

(7)对立：如果事件 A 与事件 B 互斥，又在每次试验中不是出现 A 就是出现 B，即 $AB=\Phi$ 且 $A+B=\Omega$，则称 B 为 A 的对立事件，记作 $B=\overline{A}$。

定义 2.2　概率　事件 A 发生的可能性大小称为事件 A 的概率，记作 $P(A)$。

如果在相同条件下进行了 n 次重复试验，事件 A 出现了 v 次，那么事件 A 在 n 次试验中出现的频率为 $\frac{v}{n}$。当试验的次数 n 足够大时，可以用事件的频率近似地表示该事件的概

率，即

$$P(A) \approx \frac{v}{n} \tag{2-1}$$

根据式(2-1)，可得概率的基本性质如下：

(1) $0 \leqslant P(A) \leqslant 1$。

(2) $P(\Omega)=P$(必然事件)$=1$。

(3) $P(\Phi)=P$(不可能事件)$=0$。

(4) $P(A+B)=P(A)+P(B)-P(AB)$。若 A，B 互斥，则 $P(A+B)=P(A)+P(B)$；若 A_1，A_2，…，A_n 两两互斥，则 $P(A_1+A_2+\cdots+A_n)=P(A_1)+P(A_2)+\cdots+P(A_n)$。

(5) 若 $A \supset B$，则 $P(A) \geqslant P(B)$。

(6) 若 A_1，A_2，…，A_n 两两互斥，且 $A_1+A_2+\cdots+A_n=\Omega$，则 $P(A_1+A_2+\cdots+A_n)=P(A_1)+P(A_2)+\cdots+P(A_n)=\sum_{i=1}^{n} P(A_i)=1$。

定义 2.3 条件概率 在事件 B 发生的条件下，事件 A 发生的概率称为事件 A 在事件 B 已发生的条件下的条件概率，记作 $P(A|B)$。当 $P(B)>0$ 时，规定

$$P(A \mid B)=\frac{P(AB)}{P(B)} \tag{2-2}$$

当 $P(B)=0$ 时，规定 $P(A|B)=0$。

由条件概率的定义，可得到乘法公式：

$$P(AB)=P(A)P(B \mid A) \tag{2-3}$$

乘法公式在统计自然语言处理中会多次使用到。

贝叶斯(Bayes)公式 根据乘法公式，可以得到下面的重要公式，该公式称为贝叶斯公式：

$$P(A \mid B)=\frac{P(B \mid A)P(A)}{P(B)} \tag{2-4}$$

其中，$P(A)$ 的值称为先验概率，$P(A|B)$ 的值称为后验概率，贝叶斯公式便是从先验概率推算后验概率的公式。

定义 2.4 随机变量 每次试验的结果可以用一个变量 X 的数值来表示，这个变量称为随机变量。

定义 2.5 分布函数 给定随机变量 X，概率 $P\{X \leqslant x\}$ 是关于实数 x 的函数，称为 X 的概率分布函数，简称为分布函数，记作 $F(x)$，即

$$F(x)=P\{X \leqslant x\} \quad (-\infty < x < \infty) \tag{2-5}$$

分布函数的基本性质如下：

(1) $\lim F(x \to -\infty)=0$，$\lim F(x \to +\infty)=1$；

(2) 若 $x_1 < x_2$，则 $F(x_1) \leqslant F(x_2)$；

(3) $P\{a < X \leqslant b\}=F(b)-F(a)$。

定义 2.6 离散型随机变量 如果随机变量 X 只能取有限个数值 x_1，x_2，…，x_n，…，就称 X 为离散型随机变量。在统计自然语言处理中，一般仅用到离散型随机变量。

定义 2.7 分布密度 设 X 是一个离散型随机变量，它所有可能的取值为 x_1，x_2，…，x_n，…，称 $P\{X=x_k\}=p_k(k=1, 2, \cdots, n, \cdots)$ 为 X 的分布密度，如表 2-1 所示。

表 2-1　离散型随机变量的分布密度

X	x_1	x_2	…	x_n	…
概率	p_1	p_2	…	p_n	…

其中，$0 \leqslant p_k \leqslant 1$ 且 $\sum_k p_k = 1$，$k=1, 2, \cdots, n, \cdots$。

定义 2.8　n 维随机变量　如果 $X_1, X_2, \cdots, X_n$ 是在同一组条件下的 n 个随机变量，则称$(X_1, X_2, \cdots, X_n)$为 n 维随机变量。

定义 2.9　数学期望　随机变量 X 的数学期望 $E(X)$ 是该变量取值的概率的加权平均。数学期望简称期望，描述了随机变量的平均值。

若 X 为离散型随机变量，其可能的取值为 $x_k(k=1, 2, \cdots)$ 且 $P\{X=x_k\}=p_k(k=1, 2, \cdots)$，则

$$E(X) = \sum_k x_k p_k \tag{2-6}$$

定义 2.10　方差　随机变量$(X-E(X))^2$ 的数学期望称为随机变量 X 的方差，记作 $D(X)$ 或 $\mathrm{Var}(X)$，即

$$D(X) = E(X - E(X))^2 \tag{2-7}$$

方差定义中取平方的目的是避免正负偏差相互抵消，因为无论是正偏差大还是负偏差大，都是分散程度大。

方差描述了随机变量的取值距离与期望值的分散程度，它的单位是随机变量单位的平方。有时，为了单位一致，还经常使用方差的算术平方根来描述随机变量的取值距离与期望值的分散程度，这个数字特征称为随机变量的标准差。

定义 2.11　标准差　随机变量 X 的标准差定义为随机变量 X 的方差的算术平方根，记作 $\sigma(X)$，即

$$\sigma(X) = \sqrt{D(X)} \tag{2-8}$$

定义 2.12　最大似然估计　设 X 为一个随机变量，并且 $P\{X=x\}=f(x, \theta_1, \theta_2, \cdots, \theta_k)$，参数 $\theta_1, \theta_2, \cdots, \theta_k$ 未知，$x_1, x_2, \cdots, x_n$ 是随机变量取值的一个样本，则使函数

$$\prod_{i=1}^{n} f(x_i, \theta_1, \theta_2, \cdots, \theta_k) \tag{2-9}$$

达到最大值的参数取值 $\hat{\theta}_1, \hat{\theta}_2, \cdots, \hat{\theta}_k$ 可以被用作随机变量未知参数 $\theta_1, \theta_2, \cdots, \theta_k$ 的估计值。这种参数估计方法一般称为最大似然估计方法。

2.2.2　信息论基础

信息论是现代通信技术的基本理论，同时也是研究自然语言的重要理论基础，它从熵的角度考察语言符号，并建立相关的信息传递模型。

定义 2.13　熵　设 X 是取有限个值的随机变量，它的分布密度为 $p(x) = P\{X=x\}$，且 $x \in X$，则 X 的熵定义为

$$H(X) = -\sum_{x \in X} p(x) \log_a p(x) \tag{2-10}$$

熵描述了随机变量的平均不确定性。一般也说，熵是给出随机变量信息量的一种度量。在熵的定义中，对数的底 a 可以是任意正数，它决定了熵的单位，若 $a=2$，则熵的单位为比特(bit)。为使该定义在任何情况下都有意义，规定 $0\log_a 0=0$。下面给出 $a=2$ 时的各种定义(若无特别说明，本书后续内容中都取 $a=2$)。

定义 2.14　联合熵　设 X、Y 是两个离散型随机变量，它们的联合分布密度为 $p(x, y)$，则 X、Y 的联合熵定义为

$$H(X, Y)=-\sum_{x\in X}\sum_{y\in Y}p(x, y)\mathrm{lb}p(x, y) \tag{2-11}$$

定义 2.15　条件熵　设 X、Y 是两个离散型随机变量，它们的联合分布密度为 $p(x, y)$，则给定 X 时 Y 的条件熵定义为

$$\begin{aligned}H(Y \mid X) &= \sum_{x\in X}p(x)H(Y \mid X=x)\\ &=\sum_{x\in X}\left[-\sum_{y\in Y}p(y \mid x)\mathrm{lb}p(y \mid x)\right]\\ &=-\sum_{x\in X}\sum_{y\in Y}p(x, y)\mathrm{lb}p(y \mid x)\end{aligned} \tag{2-12}$$

联合熵和条件熵的关系可以用 $H(X, Y)=H(X)+H(Y|X)$ 来描述，该关系一般称为链式规则。

信息量的大小随着消息长度的增加而增加，为了便于比较，一般使用熵率的概念，熵率也称为字符熵(per-letter entropy)或词熵(per-word entropy)。

定义 2.16　熵率(entropy rate)　对于长度为 n 的消息，熵率定义为

$$H_{\mathrm{rate}}=\frac{1}{n}H(X_{1n})=-\frac{1}{n}\sum_{x_{1n}}p(x_{1n})\mathrm{lb}p(x_{1n}) \tag{2-13}$$

这里 X_{1n} 表示随机变量序列 $X_1X_2\cdots X_n$，$p(x_{1n})$表示分布密度 $p(x_1 x_2\cdots x_n)$。

一种语言可以看作由一系列语言单位构成的一个随机变量序列 $L=(X_1X_2\cdots X_n)$，则语言 L 的熵可以定义为这个随机变量序列的熵率：

$$H_{\mathrm{rate}}(L)=\lim_{n\to\infty}\frac{1}{n}H(X_1, X_2, \cdots, X_n) \tag{2-14}$$

根据链式规则，有 $H(X, Y)=H(X)+H(Y|X)=H(Y)+H(X|Y)$，则可以推导出

$$H(X)-H(X|Y)=H(Y)-H(Y|X)$$

$H(X)$和 $H(X|Y)$的差称为互信息，一般记作 $I(X; Y)$。$I(X; Y)$描述了包含在 X 中的有关 Y 的信息量或包含在 Y 中的有关 X 的信息量。

图 2-1 描述了互信息和熵之间的关系，即

$$\begin{aligned}I(X; Y)&=H(X)-H(X \mid Y)\\ &=H(X)+H(Y)-H(X, Y)\\ &=\sum_{x}p(x)\mathrm{lb}\frac{1}{p(x)}+\sum_{y}p(y)\mathrm{lb}\frac{1}{p(y)}+\sum_{x,y}p(x, y)\mathrm{lb}p(x, y)\\ &=\sum_{x,y}p(x, y)\mathrm{lb}\frac{p(x, y)}{p(x)p(y)}\end{aligned}$$

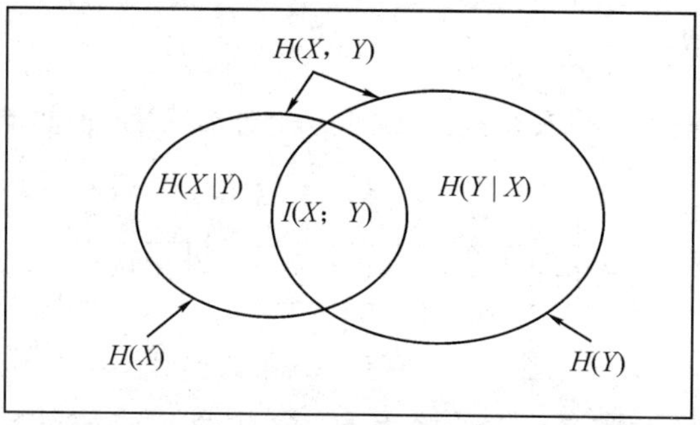

图 2-1　互信息和熵之间的关系

定义 2.17　互信息(mutual information)　随机变量 X，Y 之间的互信息定义为

$$I(X;Y)=\sum_{x,y}p(x,y)\mathrm{lb}\frac{p(x,y)}{p(x)p(y)} \tag{2-15}$$

互信息的性质如下：

(1) $I(X;Y)\geqslant 0$ 等号成立当且仅当 X 和 Y 相互独立。

(2) $I(X;Y)=I(Y;X)$，这说明互信息是对称的。

定义 2.17 给出了两个随机变量之间的互信息，在计算语言学中，更为常用的是两个具体事件之间的互信息，一般称之为点间互信息。

定义 2.18　点间互信息(pointwise mutual information)　事件 x，y 之间的互信息，即点间互信息定义为

$$I(x,y)=\mathrm{lb}\frac{p(x,y)}{p(x)p(y)} \tag{2-16}$$

一般而言，点间互信息为两个具体事件之间的相关程度提供了一种度量，即

当 $I(x,y)\gg 0$ 时，x 和 y 高度相关；

当 $I(x,y)=0$ 时，x 和 y 高度相互独立；

当 $I(x,y)\ll 0$ 时，x 和 y 呈互补分布。

定义 2.19　相对熵(relative entropy)　设 $p(x)$、$q(x)$是随机变量 X 的两个不同的分布密度，则它们的相对熵定义为

$$D(p\parallel q)=\sum_{x\in X}p(x)\mathrm{lb}\frac{p(x)}{q(x)} \tag{2-17}$$

相对熵一般也称为 Kullback-Leibler 发散度或 Kullback-Leibler 距离，它提供了一种度量同一个随机变量的不同分布的差异的方法。从信息论的角度看，如果一个随机变量 X 的分布密度是 $p(x)$，而人们却错误地使用了分布密度 $q(x)$，那么相对熵描述了因为错用分布密度而增加的信息量。

定义 2.20　交叉熵(cross entropy)　设随机变量 X 的分布密度为 $p(x)$，在很多情况下 $p(x)$是未知的，人们通常使用通过统计手段得到的 X 的近似分布密度 $q(x)$，则随机变量 X 的交叉熵定义为

$$H(X,q)=\sum_{x\in X}p(x)\mathrm{lb}q(x) \tag{2-18}$$

2.2.3 噪声信道模型

利用信息论的基本概念，香农曾经给出了一个通信系统的抽象模型，该模型可以用图 2-2 来表示。

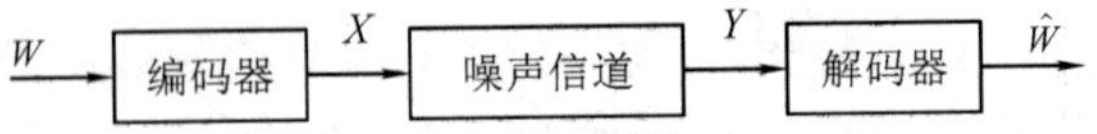

图 2-2 通信系统抽象模型

W 是需要经信道传输的消息，在传输之前，首先进行编码使其适于信道传输，编码后的消息为 X。由于信道噪声的存在，在信道末端，人们并不能精确接收到 X，而是接收到包含噪声的编码 Y。信道概率 $P(y|x)$描述了编码 x 因噪声而变成 y 的概率。当接收方接收到含有噪声的编码后，其任务就变为将 Y 解码，得到最为可能的消息 $\hat{W}$。

噪声信道模型在通信以及编码领域得到了广泛的应用。对通信系统而言，人们最为关心的是如何将消息编码，以便消息在有噪声存在的情况下也能够可靠地发送到接收方。

20 世纪 70 年代，人们将噪声信道模型引入语言处理领域，获得了比较成功的应用。在利用噪声信道处理语言问题时，人们并不关心编码问题，而关心在有噪声存在的情况下，如何对输出解码，从而还原为信道输入。语言处理系统中的噪声信道模型如图 2-3 所示。

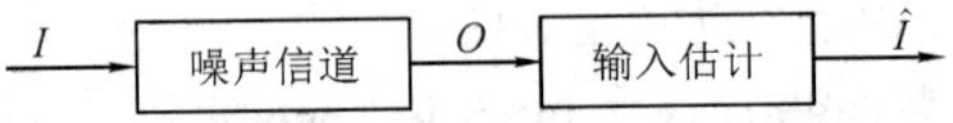

图 2-3 语言处理系统中的噪声信道模型

在观察到 O 的情况下，人们可以通过计算找到一个最为可能产生 O 的输入 $\hat{I}$ 作为原信道输入 I 的估计值，即

$$\hat{I} = \arg\max_{I} P(I \mid O)$$

利用 Bayes 公式，可以得到

$$\hat{I} = \arg\max_{I} \frac{P(I)P(O \mid I)}{P(O)}$$

由于 $P(O)$是一个常数，因此

$$\hat{I} = \arg\max_{I} P(I)P(O \mid I) \tag{2-19}$$

式(2-19)中，$P(I)$一般称为语言模型；$P(O|I)$一般称为信道模型。

噪声信道模型可在多个语言处理问题中应用，如机器翻译、语音识别、印刷体或手写体识别、拼写纠错、汉字输入和文献查询等。如果我们把 I 当成中文，把 O 当成对应的英文，就能利用这个模型解决机器翻译问题；如果我们把 O 当成扫描文字得到的图像特征，就能利用这个模型解决印刷体或手写体的识别问题。

$P(O|I)$根据应用的不同而有不同的名称，在语音识别中它被称为“声学模型”(Acoustic Model)，在机器翻译中它被称为“翻译模型”(Translation Model)，而在拼写校正中它被称为“纠错模型”(Correction Model)。

2.2.4 语言模型

语言模型，即噪声信道模型中的 $P(I)$模型。从统计角度看，自然语言中的一个句子 I

可以由任何词串构成，即 I 表示一连串按照特定顺序排列的词 w_1，w_2，…，w_n。换句话说，I 可以表示某一个由一连串按照特定顺序排列的词组成的有意义的句子。

对于一个服从某个未知概率分布 P 的语言 L，根据给定的语言样本估计 P 的过程称作语言建模，根据语言样本估计出的概率分布 P 称为语言 L 的语言模型，理论上该分布应满足 $\sum P(I)=1$。

计算机器对语言的识别，可以看作是计算句子 I 在文本中出现的可能性，即计算概率 $P(I)$。利用条件概率公式，I 序列出现的概率等于每一个词出现的概率相乘，于是根据链式规则，$P(I)$可展开为

$$P(I)=P(w_1)P(w_2 \mid w_1)P(w_3 \mid w_2 w_1)\cdots P(w_n \mid w_{n-1} w_{n-2}\cdots w_1) \qquad (2-20)$$

式(2-20)中，$P(w_1)$表示第一个词 w_1 出现的概率；$P(w_2|w_1)$是在已知第一个词的前提下，第二个词出现的概率；以此类推。

不难看出，对于 w_n，它出现的概率取决于它前面所有的词。从计算上来看，各种可能性太多，无法实现。为了便于计算，通常考虑的序列不能太长，一般只考虑前面 $n-1$ 个词的情况。这就是 n 元语法模型(n-gram model)。当 $n=1$ 时，一元语法模型称为一阶马尔可夫链(Markov chain)，记作 unigram；当 $n=2$ 时，出现在第 i 位上的词 w_i 仅与它前面的一个历史词 w_{i-1} 有关，二元语法模型称为二阶马尔可夫链，记作 bigram；当 $n=3$ 时，出现在第 i 位上的词 w_i 与它前面的两个历史词 w_{i-1} 和 w_{i-2} 有关，三元语法模型称为三阶马尔可夫链，记作 trigram。

n 元语法模型中，当 n 较大时，模型可以提供更多的语境信息，语境更具区别性，但是参数规模大、计算代价大、训练语料需要很多、参数估计不可靠；当 n 较小时，语境信息少，不具区别性，但是参数个数少、计算代价小、训练语料无需太多、参数估计可靠。

实际应用中，取 $n=2$ 或 $n=3$ 的情况较多。以二元语法模型为例，我们可以近似地认为任意一个词 w_i 出现的概率只与它前面的词 w_{i-1} 有关，那么 I 出现的概率就变为

$$P(I)=P(w_1)P(w_2 \mid w_1)P(w_3 \mid w_2)\cdots P(w_i \mid w_{i-1}) \qquad (2-21)$$

接下来的问题就是如何估计 $P(w_i|w_{i-1})$。在有了大量语料文本后，这个问题变得很简单，即可以使用最大似然估计(MLE)来求解。令 $c(w_1, \cdots, w_n)$为 n 元语法模型中 w_1，…，w_n 在训练语料中出现的次数，则

$$P_{\mathrm{MLE}}(w_n \mid w_1, \cdots, w_{n-1})=\frac{c(w_1, \cdots, w_n)}{c(w_1, \cdots, w_{n-1})} \qquad (2-22)$$

对于二元语法模型(bigram)，只要统计词对(w_{i-1}, w_i)在文本中出现的次数，以及 w_{i-1} 本身在同样的文本中前后相邻出现的次数，然后计算 $P(w_i|w_{i-1})=\dfrac{c(w_{i-1}, w_i)}{c(w_{i-1})}$ 即可。

2.3　语料库与词汇知识库

任何一个信息处理系统都离不开数据库和知识库的支持，自然语言处理系统也不例外。语料库和词汇知识库作为基本的语言数据库和知识库，在不同层面共同构成了各种自然语言处理文法赖以实现的基础，同时也是建立或改进一个自然语言处理系统的关键。

语料库就是存放语言材料的数据库。语料库语言学就是基于语料库进行语言学研究的一门学科。语料库语言学的研究可以大致划分为三个阶段。20 世纪 50 年代中期以前，即乔姆斯基提出转换生成语法理论之前，所有基于语言材料的语言研究均属于第一阶段；20 世纪 50 年代中期到 20 世纪 80 年代初期的沉寂时期为第二阶段，在这一阶段中，基于语料库分析的研究工作被否定，转而开展以语法为中心的语言分析；20 世纪 80 年代中后期以来的复苏和发展时期为第三阶段，在这一阶段中，随着第二代语料库相继建成和计算机的大量使用，基于语料的研究项目大量增加，语料库语言学开始复苏并进入空前繁荣的发展时期。

根据平衡性、通用性、时间特征、加工程度等不同特性，语料库可以分为多种类型，每一种类型都具有其独特的适用场景，具有不可替代性。平衡语料库着重考虑语料的代表性与平衡性；平行语料库的一种理解是在同一种语言语料上的平行，另一种理解是两种或多种语言之间的平行采样和加工。通用语料库不考虑语料的平衡性和代表性，而注重应用场景的通用性；专用语料库是出于某种专门的目的，只采集某个特定领域、特定地区、特定时间、特定类型的语料构成的语料库。共时语料库是为了对语言进行共时研究而建立的语料库，用来研究共时平面中的元素与元素的关系；历时语料库是为了对语言进行历时研究而建立的语料库，用于研究一个历时切面中元素与元素之间的关系演化。生语料库是指没有经过任何加工处理的原始语料数据；标注语料库是指经过加工处理、标注了特定信息的语料库。

2.3.1 典型语料库介绍

1. 北京大学《人民日报》的标注语料库

北京大学计算语言研究所从 1999 年到 2002 年历时三年完成了 1998 年全年《人民日报》的语料标注，该语料库包含 2600 多万汉字，全部语料均已完成词语切分和词性标注等基本加工。

2. 中国台湾汉语平衡语料库和汉语树库

中国台湾“中研院”曾于 20 世纪 90 年代初期开始建立汉语平衡语料库和汉语树库。汉语平衡语料库规模约为 520 万词，语料选自 1990 年至 1996 年期间的哲学、艺术、科学、生活、社会和文学领域的文本。汉语树库规模达到 61 087 个句子树，约 36 万多个汉语词汇。

3. LDC 中文树库

LDC 中文树库是由美国宾夕法尼亚大学 UPenn 负责开发，并通过语言数据联盟 LDC 发布的标注中文语料库，该语料库收集的语料取自新华社和香港新闻等媒体，目前已发展到第 5 版，含有 50.7 万词汇。

在 CTB 中，汉语词性被划分为 33 类，包括：

4 类动词(动词及谓词性形容词)，分别记作 VC，VE，VV，VA；

3 类名词，分别记作 NR，NT，NN；

1 类处所词，记作 LC；

1 类代词，记作 PN；

3 类限定词和数词，分别记作 DT，CD，OD；

1 类量词，记作 M；

1 类副词，记作 AD；

1 类介词，记作 P；

2 类连词，分别记作 CC，CS；

8 类语气词，分别记作 DEC，DEG，DER，DEV，SP，AS，ETC，MSP；

8 类其他词，包括外来词、标点、感叹词等，分别记作 IJ，ON，PU，JJ，FW，LB，SB，BA。

CTB 包括 23 类句法标记，其中 17 类短语，具体如下：

形容词短语，记作 ADJP；

副词开头的副词短语，记作 ADVP；

量词短语，记作 CLP；

补语性嵌套句的从属连词引起的分句，记作 CP；

“XP＋DEG”结构构成的短语，记作 DNP；

片段语，记作 FRAG；

简单分句，记作 IP；

“XP＋LC”结构构成的短语，记作 LCP；

用于解释说明的列表标记短语，记作 LST；

名词短语，记作 NP；

介词短语，记作 PP；

插入语，记作 PRN；

数量词短语，记作 QP；

非一致性并列短语，记作 UCP；

动词短语，记作 VP。

另外，还有 6 个动词复合形式的标记，分别记作 VCD，VCP，VNV，VPT，VRD，VSB，以及一些句法结构标记，如主语 SBJ，谓语 PRD，宾语 OBJ 等。

4. 宾夕法尼亚树库的扩展

Penn Tree Bank 的扩展主要指 PropBank、NomBank 和宾夕法尼亚语篇树库(Penn Discourse Tree Bank，PDTB)。

PropBank 起初是在宾夕法尼亚英语树库的基础上增加语义信息后构建的“命题库”，其基本观点如下：树库仅提供句子的句法结构信息，对于计算机理解人类语言是不够的。因此，PropBank 的目标是对原树库中的句法节点标注特定的论元标记(argument label)，使其保持语义角色的相似性。例如，在句子“John broke the window.”中，事件是“broke”，John 为事件的制造者(instigator)，window 为受事者(patient)，窗户被打碎为事件的结果，因此，相关的谓词-论元结构为：broke(John，window)。PropBank 最初实现了对宾夕法尼亚英语树库中动词词义及每个词义论元信息的标注，标注方案是 2000 年由美国宾夕法尼亚大学 UPenn、BNN、MITRE 和纽约大学的相关研究组共同讨论制定的。后来 PropBank 又扩展了汉语命题的标注。

从某种意义上说，NomBank 是 PropBank 的孪生项目，它和 PropBank 标注的都是同一批树库，区别在于 NomBank 标注的是树库中名词的词义和相关的论元信息。NomBank 标注完成后，将提供 Penn Tree Bank Ⅱ 中名词的论元，包括名词化的词。2006 年发布的

NomBank 包含语料库中 104 017 个名词实例，共 3290 个不同的词。

PDTB 建造的目标是开发一个标注语篇结构信息的大规模语料库，主要标注与语篇连通方式相关的一致关系。标注信息主要包括连通方式的论元结构、语义区分信息，以及连通方式和论元的修饰关系特征等。

5. 其他语料库

布拉格依存树库(Prague Dependency TreeBank，PDT)已经建成 3 个语料库：捷克语依存树库、捷克语-英语依存树库和阿拉伯语-英语依存树库。布拉格依存树库包含 3 个层次：形态层(morphological layer)、分析层(analytic layer)和深层语法层(tectogrammatical layer)。捷克语依存树库的语料主要来自捷克国家语料库的报纸新闻领域，语料库规模约为 150 万词汇。

LC-STAR(Lexica and Corpora for Speech-to-speech Translation Advanced Research)语料库是由欧盟发起的，面向 12 种语言的，适用于语音识别、语音合成和口语翻译的大规模标注语料库和信息词典。

国际语音口语语料库由国际语音翻译先进研究联盟(Consortium for Speech Translation Advanced Research，C-STAR)推动开发，其目的是开展语音翻译的国际合作研究，开发实用的语音翻译技术。为了推动语音翻译技术，该组织 7 个核心成员于 2002 年正式签署了大规模口语语料联合翻译和资源共享协议。由日本向其他 6 个成员单位提供约 16.2 万句的英语-日语双语对照口语语句，德国、中国、韩国和意大利分别将其翻译成本国语言。最后形成了约 16.2 万句的英、日、德、汉、韩、意六国语言对照的口语语料库，它是目前国际上语言种类最多的多语对照口语语料库。

2.3.2 词汇知识库

对于自然语言来说，一个句子的含义是由句子中所有词汇的含义组成的，任何一个自然语言处理系统，如果希望能像人一样理解自然语言句子，就必须首先具备关于词汇的知识。因此，词汇知识库在自然语言处理系统中具有非常重要的作用。本小节简要介绍目前主流的词汇知识库及各自的特点。

1. WordNet

WordNet (http://wordnet.princeton.edu/)是由美国普林斯顿(Princeton University)认知科学实验室从 1985 年开始开发的英语机读词汇知识库，是一项传统的词典信息与计算机技术、心理语言学有机融合的研究成果。经过 30 多年发展，WordNet 已经成为国际上非常有影响力的英语词汇知识资源库。

WordNet 的建立有三个基本前提：一是“可分离性假设”，即语言的词汇成分可以被解析出来专门研究；二是“模式假设”，一个人不可能掌握一种语言所有的词汇，因此需要利用词义中存在的固定模式和词义之间的关系完成复杂的语言表达；三是“广泛性假设”，计算语言学如果希望能像人一样处理自然语言，就需要储存尽可能多的词汇知识。

WordNet 描述的对象包含英语复合词、短语动词、搭配词、成语和单词，其中单词是最基本的单位，即 WordNet 并不把词语分解成更小的单位，也不包含比词更大的组织单位。它把 4 种开放的词类分别用不同的文件加以处理，因而 WordNet 中不包含词语的句法信息。另外，它包含紧凑短语，如 bad person，这样的语言成分不作为单个词加以解释。因此，WordNet 既不同于传统的词典(dictionary)，也不同于同义词词典(thesaurus)，而是混合了这两种类型词典特点的词典。

WordNet 与同义词词典相似的是，它也是以同义词集合(synset)作为基本的建构单位组织的，如果用户自己有一个已知的概念，就可以在同义词集合中找到一个适合的词去表达这个概念。与传统词典相似的是，WordNet 给出了同义词集合的定义和例句，在同义词集合中包含对这些同义词的定义，并将一个同义词集合中的不同词分别用适当的例句加以区分。

与传统的词典和同义词词典的区别是，WordNet 不只用同义词集合的方式罗列概念，还增加了同义词集合之间一定数量的关联关系类型。这些关系类型包括同义关系(synonymy)、反义关系(antonymy)、上下位关系(hypernymy/hyponymy)、整体与部分关系(meronymy)和继承关系(entailment)等，其中基础关系类型是同义关系。

传统词典一般包括拼写、发音、屈折变化形式、词源、派生形式、词性、定义、举例说明、同义词和反义词、特殊用法说明、临时用法等内容，但 WordNet 中不包括发音、派生形式、词源信息、用法说明等内容，而是尽量使词义之间的关系明晰并易于使用。

在 WordNet 中，大多数同义词集合有说明性的注释，这点与传统词典类似。但一个 synset 不等于词典中的一个词条。当词典中的词条存在多个同义词时，它就会包含多个注释，而一个 synset 只包含一个注释。

综上所述，WordNet 是一个按语义关系网络组织的巨大词库，是使用多种词汇关系和语义关系表示词汇知识的组织方式。词形式和词义是 WordNet 源文件中可见的两个基本构件，词形式以规范的词形表示，词义以同义词集合表示。词汇关系是两个词形式之间的关系，而语义关系是两个词义之间的关系。

具体实现时，WordNet 将名词、动词、形容词、副词组织到同义词集合中，并且进一步根据句法类和其他组织原则将其分配到不同的源文件中。在 WordNet 2.0 版本中，大约包含了 114 648 个名词，79 689 个名词同义词集合，其中许多都是搭配型词；21 436 个形容词，18 563 个形容词同义词集合；11 306 个动词，13 508 个动词同义词集合；4669 个副词，3664 个副词同义词集合。

2. FrameNet

FrameNet 是基于框架语义学(frame semantics)并以语料库为基础建立的在线英语词汇资源库，其目的是通过样本句子的计算机辅助标注和自动表格化显示，来验证每个词在每种语境下语义和句法结合的可能性范围。

在 FrameNet 中，框架是组织词汇语义知识的基本手段。每个词汇单元 LU 是由词和对应的一个词义构成的词汇-词义对。从理论上讲，一个多义词的每个词义属于不同的语义框架。语义框架是类似于剧本的结构，用于描述一个特定的情形类型、对象、事件、事件参与者及其道具。例如，框架 Apply_heat 描述的是一个涉及烹调(cook)、食物(food)和加热工具(heating instrument)的情形，以及可能引发这一情形的一些词汇，比如，bake，blanch，boil，broil，brown，simmer，steam，等等。这些角色称为框架元素(FE)，可能构成框架的词汇在 Apply_heat 框架中称为 LU。在最简单的情况下，构成框架的 LU 是一个动词，FE 是动词的句法依存成分。目前，FrameNet 库至少拥有 8900 个词汇单元 LU，其中 6100 多个已经被完全标注；拥有 625 个语义框架，其中包含 135 000 个标注的例句。FrameNet 在当前的词汇语义学研究中越来越多地受到关注。

3. 知网(HowNet)

知网是机器翻译专家董振东和董强经过十多年的艰苦努力创建的语言知识库，是一个以汉语和英语的词语所代表的概念为描述对象，以揭示概念与概念之间，以及概念所具有的属性之间的关系为基本内容的常识知识库。

自然语言处理系统需要强大的知识库支持，但是关于什么是知识，以及什么是计算机可处理的知识，并没有一个定论。董振东提出，知识是一个系统，它包含着各种概念以及概念之间的关系。他提出建立自然语言处理知识库，应首先建立知识系统的常识性知识库，它以通用的概念为描述对象，建立并描述这些概念之间的关系。

基于上述观点，董振东提出了知网系统的哲学思想：世界上一切事物(物质的和精神的)都在特定的时间和空间内不停地运动和变化。它们通常是从一种状态变化到另一种状态，并通常由其属性值的改变来体现。基于上述思想，知网的运算和描述的事物，包括物质的和精神的两类，每一类都具有相应的部件、属性、时间、空间、属性值以及事件。

知网作为一个知识系统，其实质是一个释义的网络，它反映的是概念的共性和个性。例如，对于"医生"和"患者"而言，"人"是他们的共性。知网在主要特征文件中描述了"人"所具有的共性，那么"医生"的个性就是他是"医治"的施事者，而"患者"的个性是他是"患病"的经历者。同时，知网还着力反映概念之间和概念的属性之间的各种关系。"医生""患者""医院"等概念之间的关系如图 2-4 所示。

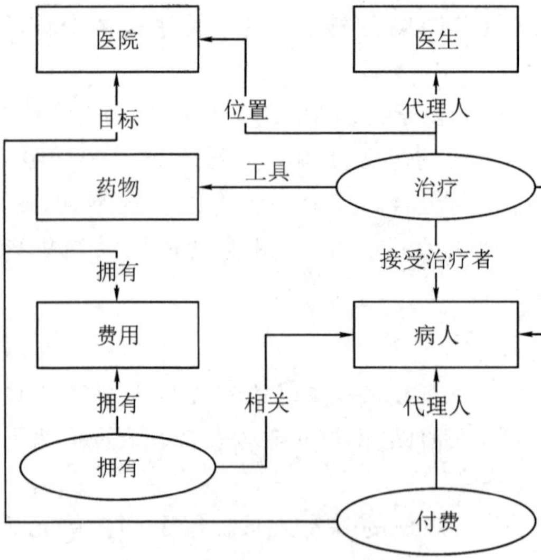

图 2-4　"医生""患者""医院"等概念之间的关系示意图

在知网中，定义了如下关系：上下文关系(由概念的主要特征体现)、同义关系、反义关系、对义关系、部件-整体关系、属性-宿主关系、材料-成品关系、施事者/经历者/关系主体-事件关系、受事者/内容/领属物-事件关系、工具-事件关系、场所-事件关系、时间-事件关系、值-属性关系、实体-值关系、事件-角色关系、相关关系等。通过对各种关系的标注，知网把这种规范化的关系明确地传输给了计算机，从而使知识成为可计算的对象。

知网是一个知识系统，而不是一部语义词典。知网用概念与概念之间的关系以及概念的属性与属性之间的关系形成一个网状的知识系统，这是它与其他树状词汇数据库的本质不同。

2.4　语义角色标注

2.4.1　语义角色标注的定义

语义角色标注(Semantic Role Labeling，SRL)是目前浅层语义分析的一种主要实现方式。SRL具有问题定义清晰，便于人工标注和评测等优点，是目前浅层语义分析研究的基础步骤。该方法不对整个句子进行详细的语义分析，而只是标注自然语言短语，这个短语作为上下文谓语的一部分被赋予一定的语义含义，例如，“[全国政协委员会][明天]将要[通过][此提案]。”其中，“通过”为谓语动词，“全国政协委员会”“此提案”“明天”分别是其施事、受事和动作发生的时间。另外，语义角色标注不考虑时态信息，例如，“他要来北京。”与“他来北京了。”虽然时态并不相同，但是语义角色表示是相同的，同为“来(他，北京)”。同时，语义角色标注也不考虑主要动词改变但语义不变的情况，例如，“他出生于1969年3月18日。”与“他的生日是1969年3月18日。”，虽然它们的语义相同，但是语义角色标注的表示结果并不一样，需要根据不同的应用进行更进一步的处理。

2.4.2　语义角色标注的主要方法

通常，人们将语义角色标注问题看成是分类问题，即可以逐一判断一个语言单元(词、短语或句法成分)是否为某一动词的语义角色。最初人们使用基于规则的方法来解决语义角色标注问题，但是，此方法需要专家构筑大规模的知识库，这不但需要有专业技能的专家，而且需要付出大量劳动。同时，随着知识库的增加，矛盾和冲突的规则也随之产生。为了克服知识库方法的缺点，人们后来使用机器学习的方法来解决此问题。该方法的优点是不需要有专业技能的专家书写知识库，而只需要有一定专业知识的人设计相应的机器学习程序，即可对任意一种语言现象作出适当的分类。然后以此为训练数据，再使用各种学习方法构造相应的分类器，该方法通常称为监督学习(Supervised Learning)方法。虽然它能够较好地解决一些已有大量正确标注语料库的自然语言处理问题，但是通常获得这种语料库的代价是昂贵的。为此，人们试图使用未标注的语料库直接进行学习，这种方法称为无监督学习(Unsupervised Learning)方法。另外，也可以只借助少量标注语料，而利用大量未标注语料进行学习，这种方法称为半监督学习(Semi-supervised Learning)方法。然而无论是无监督学习方法，还是半监督学习方法，其理论都不够完备，效果也不如监督学习方法。因此，人们的主要精力还是集中在监督学习方法上。目前基于机器学习方法的语义角色标注的大多数工作集中在使用监督学习方法进行浅层语义角色标注，少数研究者也尝试使用无监督学习方法进行语义角色标注。

1. 确定语料资源

和其他基于监督学习技术的自然语言处理问题一样，要想进行浅层语义分析，需要选择恰当的语料资源作为支持。目前，关于英语的较为知名的浅层语义分析资源为FrameNet

和 PropBank 两种，其来源、规模和特点见 2.3 节。接下来着重介绍二者进行语义分析的原理。

FrameNet 中每个句子都标注了目标谓语动词(包括动词、名词和形容词)、语义角色、角色句法层面的短语类型(如 NP、VP 等)以及句法功能(如主语、宾语等)。图 2－5 是 FrameNet 中表示身体动作的一个语义框架以及对一个句子的标注实例。

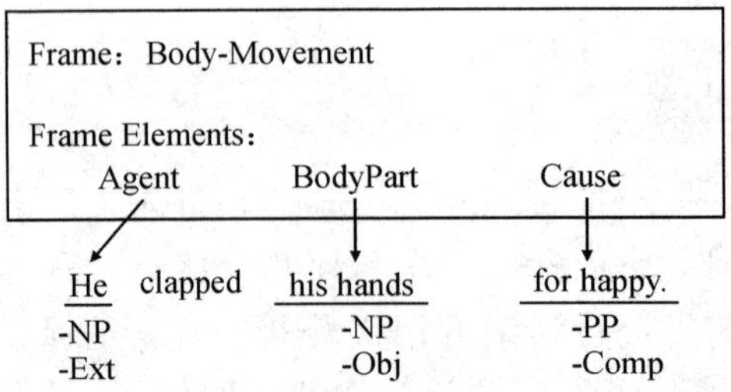

图 2－5　FrameNet 框架以及句子标注

PropBank 是在宾夕法尼亚树库句法分析的基础上标注浅层语义信息的。与 FrameNet 不同的是，PropBank 只对动词(非系动词)进行标注，标注后的动词称作目标动词，而且 PropBank 只包含 20 多个语义角色，相同的语义角色会因为目标动词的不同而有不同的语义含义。其中，核心的语义角色为 Arg0～5 这 6 种，Arg0 通常表示动作的实施者，Arg1 通常表示动作的影响等。其余的语义角色为附加语义角色，用参数 ArgM 表示，在这些参数后面，还可以跟附加标记(secondary tags)以表示这些参数的语义类别，如 ArgM-LOC 表示地点，ArgM-TMP 表示时间等。表 2－2 列举了 PropBank 定义的 20 个附加标记。图2－6 是 PropBank 中对句子标注的实例。

表 2－2　PropBank 附加标记列表

标　记	含　义
名词的 10 个附加标记	
CND	condition (条件)
DIR	direction (方向)
DGR	degree (程度)
EXT	extent (扩展)
FRQ	frequency (频率)
LOC	locative (地点)
MNR	manner (方式)
PRP	purpose or reason (目的或原因)
TMP	temporal (时间)
TPC	topic (主题)

续表

标　记	含　义
谓语动词作为参数的 4 个附加标记	
CRD	coordinated arguments（并列参数）
PRD	predicate（谓语动词）
PSR	possessor（持有者）
PSE	possessed（被持有）
习惯用动词的 6 个附加标记	
AS	为、是、作、做
AT	在、于
INTO	成、入、进
ONTO	上
TO	到、至
TOWARDS	向、往

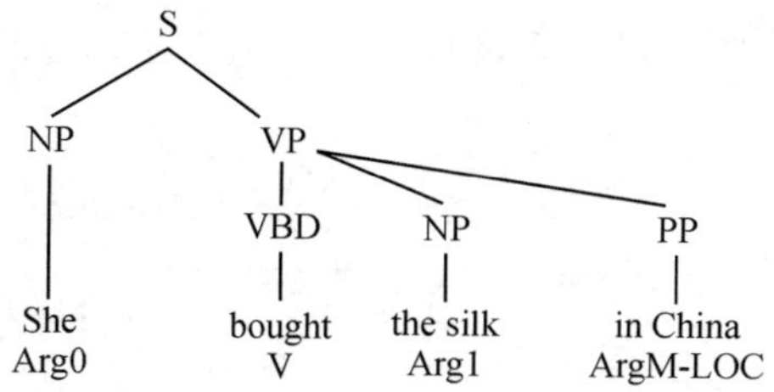

图 2-6　PropBank 中对句子标注的实例

与 FrameNet 相比，PropBank 基于宾夕法尼亚树库手工标注的句法分析结果，因此标注的结果几乎不受句法分析错误的影响，准确率较高。

除英语外，许多其他语言也建立了各自的浅层语义标注库，例如，SALSA 是基于 FrameNet 标注体系进行大批量标注的德语语料库；Prague Dependency Treebank 项目进行了大量的句法和语义标注(捷克语)，包括指代消解的标注等。

2. 机器学习方法

人们通常使用特征向量表示一个实例，即用数值化的方式表示实例。在机器学习中，一个实例通常被转化为特征向量 $X=(x_1, x_2, \cdots, x_m)$，其中 $x_i \in \mathbf{R}(i=1, 2, \cdots, m)$。下面给出监督学习方法的一个形式化定义：机器学习算法的目的就是对于给定的一组规模为 n 的训练数据(x_1, y_1)，(x_2, y_2)，…，(x_n, y_n)，学习一个分类函数 f，使得对于给定的新的特征向量 x，f 能够将其正确地分类，即得到 $y=f(x)$。对于二元分类问题，有 $y_i \in \{-1, +1\}$，而对于多元分类问题，有 $y_i \in \{1, 2, \cdots, k\}$，其中 k 是输出类别个数。

一般有监督的机器学习包括预处理、人工标注、训练和测试等步骤，目前语义角色标注主要用到的学习模型有联合概率模型、条件概率模型、基于核的学习模型和决策树等。

1）联合概率模型

联合概率模型又称作生成模型(Generative Model)，它是最早用于语义角色标注的分类模型。假设观察值(词、短语、词性等)是由一系列语义角色生成的，当它们的联合概率取得最大值时，获得最好的语义角色标注结果 r^*，即 $r^*=\arg\max P(w, r)$，其中 w 是词序列，r 是语义角色序列。该模型的最大优点是训练速度快，且最终性能对训练语料的依赖性不强。但是由于该模型对数据的描述能力较差，且要求输入样本具有较强的特征独立性，因此其性能并不出色。

2）条件概率模型

条件概率模型又称作判别模型(Discriminative Model)。不同于生成模型，判别模型直接估计分类的目标条件概率，这一过程通常通过用迭代的方法估计一定规模的组合系数来完成。一般的判别模型包括线性插值、支持向量机、感知器、最大熵模型等，其中应用最广泛的是最大熵模型，它在深度神经网络等结构中发挥着重要作用，已经成功应用于信息抽取、句法分析等多个自然语言处理领域。

最大熵模型(Maximum Entropy Model)又称作 Logistic 模型、指数(Exponential)模型、Log-linear 模型等。它的基本思想是为所有已知的因素建立模型，而把所有未知的因素排除在外，即根据先验概率找到一个概率分布，该分布满足所有已知的事实，且不受任何未知因素的影响。在模型训练阶段，通过计算特征函数的线性组合估计一个未知的概率模型：

$$P(c \mid h, \lambda)=\frac{\exp \sum_{i} \lambda_{i} f_{i}(c, h)}{\sum_{c'} \exp \sum_{i} \lambda_{i} f_{i}(c', h)} \tag{2-23}$$

式(2-23)中，f 是特征函数，c 表示样本类别，h 表示上下文历史信息，λ_i 为线性组合的系数。

最大熵模型能够较为准确地给出每个输出角色的概率值，并且可以方便地处理多类问题，训练速度快，泛化能力强，是目前语义角色标注中应用最为广泛的模型之一。然而，该模型不便于使用复杂的结构特征，且需要手工组合特征，因此其应用门槛较高。

3）基于核(Kernel)的学习模型

许多分类问题在低维空间是线性不可分的。为了将低维空间线性不可分问题转换到高维空间，从而使其在高维空间变成线性可分问题，需要建立跨维度的映射关系，而这种映射关系的建立往往是通过计算核函数的方法隐含进行的，人们将这种分类方法称作基于核的学习模型。核函数的计算能很好地融入支持向量机、感知器等线性学习模型，使它们能够较好地处理线性不可分问题。

这种利用核函数实现维度转换的方法并不总是有效的。模型设计者必须根据实际问题，设计和使用恰当的核函数，这个过程也是烦琐的和需要技巧的。卷积核技术为核函数的设计提供了高效的方法。现在，研究者们又推广了核函数的使用范围，使其能够更好地处理任意结构化的数据，发掘更多的结构化特征。同时，越来越多的学者利用核函数的思想进行句法分析、文本分类等，特别是通过计算句法分析树的核函数进行语义角色标注，提高了语义角色标注的效率。

4）决策树

决策树(Decision Tree)是另外一种重要的机器学习方法，其学习结果是呈树状的规则，因此容易观察，而且便于修改。这种方法适合处理实例可被块状分割的问题，因此它可以很自然地应用于语义角色标注。但是决策树学习方法处理高维问题的效果并不理想，于是人们将决策树方法改进为随机森林算法，并应用于浅层语义分析任务，取得了较好的效果。

2.4.3 标注模型

目前，多数基于句法成分的语义角色标注系统，都是使用基于机器学习的分类器，对各个句法成分的语义角色直接进行分类。而多数基于短语的语义角色标注系统采用基于标注的模型。与一般的分类模型不同，基于标注的模型是对序列数据进行逐个标注的，其显著特点是标注结果互相制约，使最终的标注序列达到整体的最优。

在一般的应用场景中，人们不仅要利用自然顺序语义角色的标注信息，还要利用树结构顺序的标注信息，研究表明，利用树结构顺序的标注信息会取得更好的结果。下面从标注步骤、标注基本单元和特征构造3个方面阐述树结构的标注模型。

1. 标注步骤

通常的语义角色标注分为4个步骤：剪枝(pruning)、识别(identification)、分类(classification)和后处理(pos-processing)，如图2-7所示。其中，剪枝指的是在基于短语结构的语义角色标注系统中，根据启发式规则，删除大部分不可能成为语义角色的句法成分，这样可以大幅减少输入分类器的实例规模，提高训练和测试的效率。识别过程一般是对一个标注单元是否为语义角色加以判别，并保留识别成语义角色的标注单元，待下一步对其进行语义角色分类，这样也可以减少分类判别的实例规模，加快处理速度。最后根据语义角色标注本身的一些固有约束进行后处理，这些约束包括：一个谓语动词不能有重复的语义角色，语义角色不存在嵌套等。后来，人们又提出了类似拼写检查方法的后处理方法，将最终标注的结果与谓语动词框架文件进行比较，去除不可能的语义标注角色。

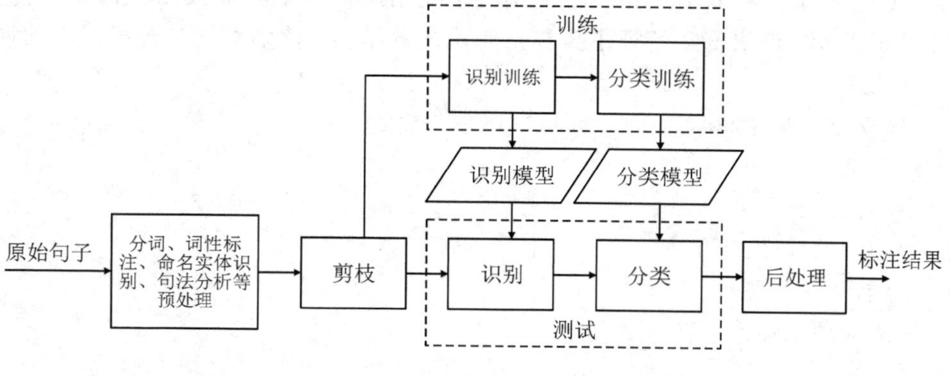

图2-7 语义角色标注过程

并非所有的标注系统都必须包含以上4个步骤，一般需要根据原始句子的类别进行针对性选择。前2个步骤的主要目的是提高处理效率，但随之带来的是召回率的下降，即损失了一些本应是语义角色的标注单元。因此，在某些标注系统中，不使用剪枝、识别步骤。还有些系统合并了识别和分类步骤，直接对语义角色进行分类，即将不是语义角色的标注单元归为单独一类。

2. 基本标注单元

基本标注单元可以是句法成分(constituent)、短语(phrase)、词(word)或者依存关系(dependency relation)等。在图 2-6 的短语结构句法分析树中，每一个非终结节点，如 S，NP，VP 等，都是句法成分。一般认为每个语义角色都是与某个句法成分相对应的，即一个语义角色必然对应着一个句法成分，反之则不成立。如在图 2-6 中，Arg0 对应一个 NP，ArgM-LOC 对应一个 PP 等。因此，多数的语义角色标注系统通常都是以句法成分为基本标注单元。这种策略在分析比较成熟的语言(如英文等)时表现得较好，然而，在其他语言上，采用这种策略很难自动获得准确的深层句法分析结果，而且现有的句法分析系统在通用领域表现欠佳。为此，有人试图将浅层语义分析建立在浅层句法分析的基础之上，毕竟浅层句法分析的鲁棒性要好于深层句法分析。但是浅层句法分析只能获得非嵌套短语的信息，而不能获得全部的句法分析结果，也就是不能获得句法成分的分析结果。词是比短语更细的语言单位，有些浅层语义分析系统也使用其作为基本标注单元，然而效果并不如基于短语和句法成分的理想。

以上方法都是在短语结构的句法分析基础之上进行浅层语义分析的。此外，使用依存句法分析的结果进行浅层语义分析，也可以取得类似的结果。我们可以直接使用依存句法分析器获得依存句法分析的结果，也可以将短语结构句法分析的结果转化为依存句法分析的结果。与基于短语结构句法分析的方法相比，基于依存句法分析不但可以利用短语之间的依存特征，而且只需要判断与目标动词有依存关系的短语是否为某种语义角色即可，因此也极大地加快了计算的速度。

3. 特征构造

自然语言处理学者多年研究发现，决定标注系统最终性能的因素往往不是学习算法，而是算法所采用的特征。也就是说，对于使用相同特征的不同算法，系统的性能往往差异不大。因此，一般而言，寻找有效的特征是比构造有效的算法更为关键的问题。

目前，Gildea 等人在其语义角色标注系统中使用的语言学特征被当作构造各种标记系统的基本特征使用，该语言学特征主要包括句法成分结构、谓语动词结构和谓语动词-句法成分关系 3 大类。

1) 句法成分结构特征

(1) 短语类型。

(2) 中心词。

(3) 中心词的词性。

2) 谓语动词结构特征

(1) 谓语动词原形。

(2) 语态。

(3) 子类框架：描述谓语动词所在 VP 的子类构成形式。子类框架及其路径示例如图 2-8 所示，其中子类框架为 VP/VBD，NP，PP。

(4) 谓语动词的词性。

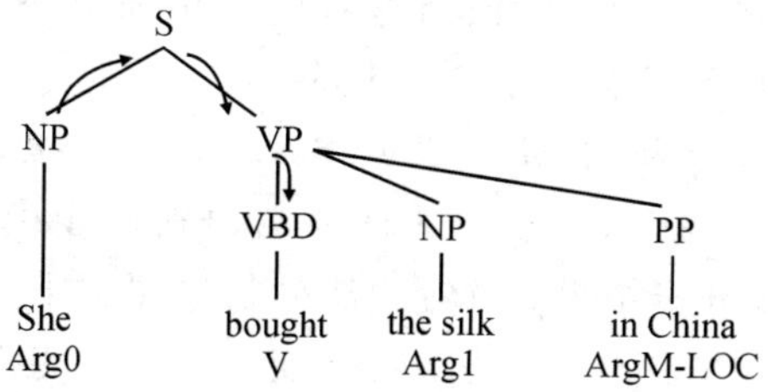

图 2-8　子类框架及其路径示例

3）谓语动词-句法成分关系特征

（1）路径：句法树中用于描述从句法成分到谓语动词之间的句法特征。如在图 2-8 中，"She"所在 NP 到谓语动词的路径为 NP＃S＃VP＃VBD。

（2）位置：用于描述句法成分和谓语动词之间的位置关系。

在上述特征的基础之上，人们又开发出了各种新的特征，如 Xue 等人增加了句法框架（syntactic frame）、动词类别等特征。

另外，对上述特征进行组合形成新的特征也是有效提高标注系统性能的途径。例如，一般 Arg0 角色位于谓语动词"前"且谓语动词是主动语态，或者位于谓语动词"后"且谓语动词是被动语态，于是位置特征与语态特征的组合形成的新特征就是一个有效的特征。

2.4.4　标注评测标准

在介绍现有的标注国际评测标准之前，我们先介绍一下语义角色标注的评价方法。在浅层语义分析的识别阶段，通常采用信息检索中经常使用的准确率（precision）、召回率（recall）和 $F_{\beta=1}$ 来评价系统的性能，它们的定义分别为

$$\text{precision}=\frac{\text{正确标记的语义角色个数}}{\text{分类器识别的语义角色个数}} \tag{2-24}$$

$$\text{recall}=\frac{\text{正确标记的语义角色个数}}{\text{测试集中识别的语义角色个数}} \tag{2-25}$$

$$F_{\beta=1}=\frac{2\times \text{precision}\times \text{recall}}{\text{precision}+\text{recall}} \tag{2-26}$$

由于在语义角色分类阶段，输入样本都是正确的语义角色，需要做的仅是将其划分成不同的类别，因此仅使用分类的准确率就可以衡量分类的效果。而最终整体考虑识别和分类的效果时，则使用各个类别和整体的准确率、召回率和 $F_{\beta=1}$ 来衡量。

对于浅层语义分析，国际上曾经于 2004—2010 年举行过多轮的评测活动，其中有代表性的有 Senseval-3 以及由 CoNLL（The SIGNLL Conference on Computational Natural Language Learning）会议主办的 SRL Shared Task 2004、2005。Senseval-3 是以 FrameNet 为训练和测试语料，而 CoNLL SRL Shared Task 则是以 PropBank 为语料库，其原始句子来自宾夕法尼亚语料树，语义角色是经过人工标注的结果。

2004 年，来自美国、西班牙、韩国等地的 10 家单位参加了 CoNLL 评测。该评测的语料库并不提供人工标注的句法分析结果，而是使用自动标注的 Chunk 结果，以及自动标注的命名实体结果等。参与测评的单位使用了 SVM、Winnow、最大熵、Perceptron 等多种统计学习方法。其中来自 Colorado University 的 Hacioglu 等人，采取以短语为标注单元，语

义角色识别和分类分步进行的策略，在没有全局特征的条件下，使用 SVM 算法获得了最好的标注结果，测试集合的 $F_{\beta=1}$ 达到了 69.49%。

2005 年以后，CoNLL 多次举行 SRL Shared Task，其特点如下：首先，各次评测均提供足够多的训练语料，这为考察标注模型的性能与语料库规模的关系提供了方便；其次，各次评测均提供了完全句法分析结果，虽然句法分析结果并非手工标注而是自动标注的结果；再次，为了评测在新的领域中标注模型的性能，各次评测提供的测试数据不单从宾夕法尼亚语料树中抽取，也会部分使用其他领域的数据；最后，各次评测不但包括封闭测试（只能使用主办方提供的数据，而不能使用其他的数据），还包括开放测试（不但可以使用主办方提供的数据，还可以使用任意外部数据，如 WordNet，VerbNet 等）。各次评测逐渐面向实际的浅层语义分析系统，并进一步推广到应用领域。Koomen 等人使用 SNoW 分类器，综合多种深层句法分析的输出结果，加上使用整数线性规划（Integer Linear Programming）的后处理方法，使得测试集合的 $F_{\beta=1}$ 达到了 79.44%。

2009 年，CoNLL 举行的 SRL Shared Task 是多语种的语义和语法独立性评测，是针对多语言、多领域、大规模语料库场景展开的进一步研究工作，也是对前几年评测的综合和延续。其中，语义分析模型评测提出了统一的基于依存关系的形式化表示，能够同时对语法依赖和语义角色建模，并提供了可联合学习语法和语义依赖关系的实际框架。测评结果显示，采用语法与语义的联合学习和优化，能够使系统性能有一定提高。不过，在语法和语义分析两个方面，专业领域语言的依赖性和语境适应能力是一个远未解决的问题。

2010 年以后，随着机器学习、深度神经网络、长短记忆网络等全新分析模型的大量使用，实时的浅层语义分析逐步进入社会生活中的各个方面，并在移动 App、车载导航、智能家居等方面发挥越来越重要的作用。

2.5 浅层语义分析的应用

自动的深层语义分析一直是人们所追求的目标，它是进行深层句义理解，乃至篇章理解的唯一途径。从目前的技术路线看，只有通过不断改进浅层语义分析方法，才有可能实现最终的深层语义分析。浅层语义分析具有任务明确、分析结果便于利用等优点，它符合现阶段人们对语义分析的理解，同时利用现有的软、硬件技术能够有效实现。因此，现在的研究者进行浅层语义分析研究，既不会像早期的研究者一样过于理想化，使得目标不易真正实现，也不会像许多应用研究者一样，只专注于语义的特征分析，仅满足短期的应用目标。

从自然语言处理技术本身来看，现阶段使用机器学习的方法进行语言分析是一个较为热门且取得了不错效果的途径，而浅层语义分析给人们提供了一个很好的测试机器学习技术的机会。它综合利用了从分词、词性标注等底层的语言信息到高层的句法分析、命名实体识别等信息，人们从这些信息中可以挖掘各种特征，再利用机器学习算法，进行自动的浅层语义分析。因此，从上述处理方法上看，只要解决了浅层语义分析问题，其他类似的自然语言处理问题都可以迎刃而解。

当然，浅层语义分析毕竟只是关于自然语言理解的底层研究，最终还要靠实际的应用体现其价值。在许多高层次的研究和应用上，浅层语义分析都大有用武之地。如果浅层语义分析问题得到有效的解决，那么将对包括信息抽取、自动问答、机器翻译等在内的许多自然语言问题的研究和应用产生巨大的帮助。下面简要说明浅层语义分析的应用情况。

1. 信息抽取

信息抽取是从非结构化的文本中，自动抽取人们事先定义的结构化信息，如命名实体、实体关系和事件等，这些信息可以导入关系数据库等结构化数据管理系统中，然后人们可以方便地进行查询等操作。目前，信息抽取已经成为文本挖掘领域的一个相当热门的研究课题，它不但能够自动获取人们想要的信息，还能够帮助提高信息检索等技术的性能。已有研究者利用浅层语义分析技术进行信息抽取，并且提高了信息抽取，特别是事件抽取系统的性能。

事件抽取是信息抽取中最复杂的一种应用类型。根据国际 ACE(Automatic Content Extraction)会议的定义，事件抽取需要找到相应的触发动词，例如事件发生的时间、地点、参与的人物等信息，一般一个事件范围不超过一个句子。因此，利用语义角色标注可以很好地完成事件抽取，其基本思路是找出每个事件对应的触发动词，然后标注出它的各种语义角色作为事件的参数，并根据参数的特点，进一步确认是否为需要的事件。这里需要注意的是，在实际应用中，参数往往是较长的人名、地名、机构名、时间和数字等，因此，对这些实体的识别变得异常重要。同时，若实体的识别准确率提高，语义角色标注的性能也将随之提高。

此外，浅层语义分析也可以看作一种通用的信息抽取，此时人们事先定义的结构化信息不再局限于特定的领域或事件。因此，成熟的浅层语义分析技术，必将会指导信息抽取技术的发展。

2. 自动问答

自动问答系统是对现有检索系统的一个扩展，它利用文本检索系统直接对自然语言的问句做出简短的回答。例如，问“毛泽东生于哪年?”，答“1893 年。”。这是人们利用搜索引擎最自然、最便利的方式，用户不再需要思考如何选择和配置搜索关键词。但是目前的自动问答系统多是基于文字表层的模式匹配，没有用到自然语言的深层理解技术。

浅层语义分析能够识别出一个动词的施事者、受事者，以及该动作发生的时间、地点等信息，这对回答一些针对该动作的问题是非常有帮助的。通过结合机器学习和语音识别技术，将浅层语义分析技术应用于自动问答系统，可以取得不错的效果。

3. 机器翻译

机器翻译是一个古老而富有魅力的课题，虽然经过多年的发展，但是全自动机器翻译的性能还不能令人满意。目前，统计机器翻译在机器翻译领域的研究中占有统治地位，越来越多的自然语言处理技术在其中得到应用，特别是浅层语义分析等技术的应用，使统计机器翻译不仅仅局限于文字表面的匹配，还可以利用自然语言内在的结构、语义等信息，使用较少的资源，达到更好的效果。

4. 其他应用

在自然语言中，许多词语对应多个词义，这是自然语言应用中十分普遍的语言现象。例如，英语中的“bank”有两个词义，分别是“河岸”和“银行”。正确区分这种一词的多义，对于语言的深入分析和理解具有重要的作用。解决一词多义问题的方法被学术界称作词义消歧(Word Sense Disambiguation)，而一般的词义消歧方法多是利用多义词的上下文信息，这势必会给消歧过程带来一些统计噪声。利用浅层语义分析的结果找出最有代表性的上下文，可使得消歧效果得到改进。

复述(paraphrasing)，在国内也有学者称为改写，与问答、文摘和翻译并列。美国认知心理学家 G. M. Olson 认为复述是判别计算机是否理解自然语言的四条标准之一，其目的是让计算机自动判断两个自然语言语句是否表达相同的含义。我们知道，理解句子的含义正是语义分析的最终目的。因此，改进浅层语义分析的性能，必然有助于实现更好的复述效果。

综上，在自然语言处理领域，在众多需要对句子语义有一定理解的应用中，浅层语义分析技术都将有用武之地，做好浅层语义分析必将为这些方向的发展提供新的动力。

本章小结

自然语言处理是分析社交网络舆情的基础性环节。本章以语义信息基本描述方法作为切入点，全面阐述了自然语言学中的基础知识及其语义分析基本概念、方法；而后着重围绕语义分析的标注和信息模型的建立，结合实例进行了理论和方法上的介绍。这些理论基础和方法将作为接下来对社交网络舆情分析的基本工具，利用自然语言处理的结果研究和发现社交网络中语义信息的传播规律，处理结果的准确性直接决定了舆情分析过程的有效性。因此，全面系统地把握社交网络语义信息的描述方法是对社交网络数据进行识别和处理的基础性步骤。

第三章 社交网络舆情信息传播规律

社交网络舆情信息传播研究具有高度的技术交叉性。本章基于前文介绍的社交网络基本理论和社交网络语义的分析方法，重点总结、归纳社交网络舆情信息传播的一般规律，包括社交网络舆情研究的基本模型、社交网络舆情信息的传播机制。然后，分别通过系统动力学模型和复杂网络模型两种典型的模型阐述社交网络舆情传播的规律。

3.1 社交网络舆情基本模型

3.1.1 社交网络中信息传播模型

信息传播模型是信息传播分析的研究核心，其主要任务是充分考虑各种影响信息传播的因素，理解、模拟并预测信息传播过程。学术界对信息传播模型已经开展了广泛的研究，典型的信息传播模型可分为三类：基于网络结构的信息传播模型、基于群体状态的信息传播模型和基于信息特性的信息传播模型。

1. 基于网络结构的信息传播模型

基于网络结构的信息传播模型主要根据信息传播所在的网络结构和邻居节点间的作用进行建模，比较典型的模型包括独立级联模型和线性阈值模型。

独立级联模型(Independent Cascade Model)最早由以色列希伯来大学的 Goldenberg 等人在 2001 年提出。该模型的传播原理如下：当某一个节点被激活后可将其称为活跃节点，活跃节点只有一次机会去激活当前不活跃的邻居节点，激活成功的概率是 P，但是不管句法分析模型激活是成功还是失败，该活跃节点再也不能去重复激活相同的节点。

线性阈值模型(Linear Threshold Model)最早由斯坦福大学的 Mark Granovetter 在 1978 年提出。在线性阈值模型中，每个节点被分配了一个值，用于表示该节点被影响的难易程度。在该模型中，对于一个处于不活跃状态的节点 v，如果它的所有活跃邻居的权重总和达到了某阈值 θ，则该节点被激活。

由于信息传播和内容相关，因此学者们对基于网络结构的信息传播模型进行了改进，加入了对信息传播内容的考虑。针对博客网络中的话题内容，IBM Almaden 研究中心分析了网络信息传播中的级联传播特点，参考了传染病模型中的 SIR 模型，提出了话题在博客网络中的传播模型，给出了一种计算节点间阅读概率和复制概率的算法，提升了仿真网络中信息流量排名靠前的节点或边与真实数据的吻合度。国内方面，清华大学的管晓宏等人针对具有突发性的单一事件(话题)的传播特性，引入外部场强的概念，提出了基于节点知名度和活跃度的话题传播模型；北京交通大学的刘云等人分析了不同类型节点在网络中的行为规律，结合复杂网络和传染病动力学理论，构造了基于社交网络的信息传播模型，模拟了社交网络中的信息传播过程。

基于网络结构的信息传播模型中的网络结构大多是静态的，连接的权重一般都是相等的或同分布的，因此模型可信度与实际的社交网络还有一定的差距。

2. 基于群体状态的信息传播模型

基于群体状态的信息传播模型主要有两种：一种是借鉴病毒传播模型的思想，将社交网络中的节点分成若干种状态，把状态之间的转换规律描绘成信息传播过程；另一种是考虑不同个体在信息传播中的作用，建立基于个体影响力的信息传播模型。

基于群体状态的信息传播模型主要包含 SI 模型，SIS 模型、SIR 模型、SEIR 模型，在 3.5 节中，我们将重点讨论这些模型在复杂网络中的传播原理。在整个信息传播模型中，SIR 模型在研究网络病毒传播、谣言传播机理中使用得相对广泛。把由信息传播产生的实际意义赋予 SIR 模型的各个状态，即构成了信息传播模型。该模型中，S 为未接触到舆情信息的节点(未感染者/易感染者)，I 为接触到舆情信息的节点(感染者)，即拥有传播舆情信息能力的节点，R 为失去传播舆情信息能力的节点(免疫者)。SIR 模型假定：当 I 个体对某个 S 个体的传播率大于某一临界值时，I 个体会将信息传播给 S 个体，这个过程会持续到整个网络中 I 个体总数处于某一稳定状态。

SIR 模型中各类个体的数量关系如下。

$$\begin{cases}\dfrac{\mathrm{d}s(t)}{\mathrm{d}t}=-\beta i(t)s(t)\\ \dfrac{\mathrm{d}i(t)}{\mathrm{d}t}=-\beta i(t)s(t)-\gamma i(t)\\ \dfrac{\mathrm{d}r(t)}{\mathrm{d}t}=\gamma i(t)\end{cases}\tag{3-1}$$

其中，β 为传播概率，γ 为个体恢复概率，$s(t)$、$i(t)$ 和 $r(t)$ 分别为 t 时刻 S 个体、I 个体和 R 个体的比重。

改进 SIR 模型的传播概率赋值方法，即得到基于影响力的信息传播模型，该模型考虑到个体在传播过程中传播能力的差异性，给高影响力节点周边的节点赋予更高的传播概率。针对 Twitter 中用户的行为模式，研究者提出了一种考虑节点影响力的线性影响力模型(Linear Influence Model)。线性影响力模型首先估算节点在网络中的全局影响力，然后基于最小二乘法估算节点接收信息后在社交网络中的传播速度，最后综合所有节点的影响力预测信息传播的动态变化。

基于群体状态的信息传播模型只限于未接触、已接触和免疫三种状态，而现实的社交网络中，个体的状态复杂且变化速度较快，因此基于群体状态的信息传播模型具有一定的局限性。

3. 基于信息特性的信息传播模型

社交网络的信息承载着用户进行网上活动的所有记录，在信息传播分析中起着不可或缺的作用。这些信息具有主题多样性、动态演化性等特性。利用这些特性，可建立更加精确的信息传播模型，进而在理解、模拟并预测信息传播过程中取得更加完整和准确的结果。

基于社会关系和个体属性等信息度量个体间的连接强度，是这类信息传播模型的研究重点之一。个体间的连接强度对应着个体间信息传播概率，用于描述信息从当前个体通过连接关系扩散到另一个邻居节点的可能性，可以直观地看作节点之间的连接强度。连接强度越大，个体之间发生信息传播的概率就越大，反之，则越小。根据利用的信息特性不同，个体间信息传播概率主要可分为两大类：对主题敏感的信息传播概率和对时间敏感的信息传播概率。

对主题敏感(或称为基于主题)的信息传播概率主要通过分析个体间通信内容的语义属性获得。这意味着，社交网络中的用户之间信息传播概率在不同主题中是不同的，例如，网络大V“薛蛮子”在娱乐主题下与某用户的信息传播概率较大，但在公益活动主题下则较小。目前，对主题敏感的信息传播概率的值主要通过建立网络全局的分布估计。一种较为通用的方法是以全局影响力和个体间影响力的视角建立全局的隐含狄利克雷分布模型(Latent Dirichlet Allocation，LDA)，该模型通过综合用户自身特性、用户之间的边特性与全局特性，计算网络中用户影响力的主题分布。

对时间敏感的信息传播概率是通过研究网络中社会关系随着时间的推移而动态演化的规律而获得的。研究社交网络结构和状态随时间推进的传播规律对社交网络发展的预测具有重要的参考价值。一般采用的计算方法是：基于时间衰减因子、网络延迟等参考因素建立静态模型、连续时间模型或离散时间模型，估计个体间信息传播概率随时间变化的幅度。

3.1.2　面向信息传播的连接强度计算

由3.1.1节中信息传播模型的介绍可知，无论是哪一类信息传播模型，都需要考虑个体间的连接强度对信息传播的影响。一般来说，连接强度指交互次数的多少、情感的强度、亲密程度和互惠行为的强度等。连接强度越大，个体间的关系越亲密，相互之间发生信息传播的概率就越大。因此，连接强度是信息传播模型中的重要研究内容。

直观上，用户之间连接强度通常用个体间互相发送消息的次数(例如新浪微博中的博主之间博文的转发数和评论数)来度量。但为了提高准确性，主要用两类系统化方法，即基于网络结构的方法和基于内容相似度的方法计算连接强度。

1. 基于网络结构的方法

基于网络结构的连接强度计算方法中，最常见的是基于局部信息对连接强度进行定量计算，其主要思想如下：如果两个节点的共同好友越多，那么节点间的连接强度就越大。在具体网络中，主要用CN指标及其派生指标代表连接强度。

CN(Common Neighbours)指标是基于局部信息的最简单的连接强度度量指标，其定义为$\Gamma(x)\cap\Gamma(y)$，其中$\Gamma(x)$和$\Gamma(y)$分别为节点x和节点y的邻居节点集合。在共同邻居的基础上，若进一步考虑各自度的影响，可派生出多种指标，如表3-1所示，这些指标的计算方法均以局部节点的度k_x，k_y为基础考虑因素，其中x，y为两个相邻的节点，z为x，y的共同邻居节点。

表 3-1　基于局部信息的 8 个连接强度计算指标

名称	定义	名称	定义
CN	$LS_{xy}=\lvert\Gamma(x)\cap\Gamma(y)\rvert$	LHN	$LS_{xy}=\dfrac{\lvert\Gamma(x)\cap\Gamma(y)\rvert}{k_x k_y}$
Salton	$LS_{xy}=\dfrac{\lvert\Gamma(x)\cap\Gamma(y)\rvert}{\lvert\sqrt{k_x k_y}\rvert}$	PA	$LS_{xy}=k_x k_y$
Jaccar	$LS_{xy}=\dfrac{\lvert\Gamma(x)\cap\Gamma(y)\rvert}{\lvert\Gamma(x)\cup\Gamma(y)\rvert}$	AA	$LS_{xy}=\sum_{z\in\Gamma(x)\cap\Gamma(y)}\dfrac{1}{\mathrm{lb}k_z}$
Sorenso	$LS_{xy}=\dfrac{2\times\lvert\Gamma(x)\cap\Gamma(y)\rvert}{k_x+k_y}$	RA	$LS_{xy}=\sum_{z\in\Gamma(x)\cap\Gamma(y)}\dfrac{1}{k_z}$

由于不同的社交网络的连接属性不同，因此指标的衡量一般要有所侧重。如果只以节点度的度量指标为优先连接指标 PA(Preferential Attachment)，那么节点间连接强度正比于两节点之间的度数，该方法需要的信息较少，具有较低的算法复杂度。进一步，AA(Adamic-Adar)指标则同时考虑共同邻居与节点度，其思想是节点度小的共同邻居节点在连接强度衡量中的贡献大于节点度大的共同邻居节点。RA(Resource Allocation)指标是从资源分配的角度提出的一种连接强度度量指标，它与 AA 指标的不同之处在于赋给共同邻居权重的方式。通过大量数据测试研究，发现 AA 指标在大多数情况下都能取得较高的预测精度。因此，AA 指标通常作为代表性方法与其他方法进行对比测试。

另一种基于网络结构的连接强度计算方法是基于全局结构的方法。例如，美国社会科学院的 Freeman 等人首先在社会学中提出基于边介数的连接强度计算方法。边介数是网络中的所有最短路径中经过该边的路径数目占最短路径总数的比例。边介数越大，说明该边连接的个体之间的连接强度越高。与基于局部信息的连接强度度量方法相比，基于全局结构的连接强度度量方法需要考虑网络中的全部节点连接情况，具有复杂度高、准确率低的缺陷。

2. 基于内容相似度的方法

对于基于内容相似度的连接强度计算方法，其基本假设如下：具有相同兴趣爱好的社交网络用户往往倾向于聚集在同一个群体中。因此，该方法根据用户之间通信的文本内容相似度判断用户之间的兴趣特征是否相似。用户之间的兴趣特征越相似，他们之间的连接强度就越大。

文本内容相似度通常基于由词项(term)组成的文本特征向量来计算，但这种方法通常会产生高维的特征向量，影响计算效果。为了达到降维的目的，文本特征向量可用主题模型(Topic Model)产生的潜在主题来表示。在主题模型中，LDA 模型是最典型的。

LDA 模型是一种生成式模型。在文本分析中，LDA 模型以词的分布来表示主题，进而以主题的分布表示文档。许多在线文档的分析和制作任务都需要依赖 LDA 模型产生的文档-主题-作者的分析结构。如果把 LDA 模型中的文档作者看作信息发送方，将接收者看作信息接收方，那么基于 LDA 模型可得到在不同主题上用户间的连接强度，即连接-主题分布。

Gibbs 抽样方法是 LDA 模型中用来进行参数估计的一种常见的方法。连接强度中的主题-词分布 Φ 与连接-主题分布 θ 都可由 Gibbs 抽样方法估算得到，具体计算公式如下：

$$\begin{cases} \Phi_i^j = \dfrac{C_{m_{i,j}}^{(\boldsymbol{W},\boldsymbol{T})} + \beta}{\sum\limits_{k=1}^{|\boldsymbol{W}|} C_{m_{k,j}}^{(\boldsymbol{W},\boldsymbol{T})} + \boldsymbol{W}\beta} \\ \theta_i^{(u,v)} = \dfrac{C_{(u_i,v_i)_j}^{(\boldsymbol{P},\boldsymbol{T})} + \alpha}{\sum\limits_{k=1}^{|\boldsymbol{P}|} C_{(u_k,v_k)_j}^{(\boldsymbol{P},\boldsymbol{T})} + \boldsymbol{T}\alpha} \end{cases} \tag{3-2}$$

式(3-2)中，$C_{m_{i,j}}^{(\boldsymbol{W},\boldsymbol{T})}$ 表示第 i 个词分配给主题 j 的次数(不考虑当前迭代)，$C_{(u_i,v_i)_j}^{(\boldsymbol{P},\boldsymbol{T})}$ 表示主题 j 分配给用户 u 和 v 之间连接强度的次数；α 和 β 为 Dirichlet 的先验参数。$C_{m_{i,j}}^{(\boldsymbol{W},\boldsymbol{T})}$ 与 $C_{(u_i,v_i)_j}^{(\boldsymbol{P},\boldsymbol{T})}$ 分别由词与主题和文档与主题的矩阵运算 $\boldsymbol{W}\times\boldsymbol{T}$ 与 $\boldsymbol{P}\times\boldsymbol{T}$ 得到。

综上，面向信息传播的连接强度计算主要基于网络结构或节点之间内容相似度，建立面向网络结构、面向时间标签或基于信息内容的传播概率模型。同时，如何将个体间信息记录中的网络结构、内容和时间等因素结合起来以计算连接强度，是构建精度更高的信息传播模型的重要方向之一。

3.1.3　用户兴趣发现

用户兴趣发现是指通过采集和分析用户发表的文本集合(博客、微博或帖子)、用户关注等行为形成的社交关系以及用户间的交互记录等信息，建立反映用户兴趣特征的表示模型，又称为用户兴趣建模(User Interest Modeling)。用户兴趣发现是面向社交网络信息传播研究的关键技术之一。

1. 用户兴趣的表示模型

用户兴趣的表示模型一般可分为三类：基于关键词的表示模型、基于本体的表示模型与基于主题图的表示模型。

基于关键词的表示模型用由关键词项(term)组成的特征向量来表示用户的兴趣特征。基于关键词的用户兴趣表示模型是最为常见和成熟的表示模型。目前已有针对图片、视频分享的兴趣表示模型，这种模型通过采集用户上传的照片或视频标签计算用户的特征向量权重，实现用户兴趣特征的表示。此外，在面向文本内容方面，当前也可以通过社交网络的词进行主题归类，并考虑长词与短词在用户兴趣建模中的作用，最终形成具有主题敏感性的用户兴趣表示模型。

基于本体的表示模型是通过分析社交网络中事件本体，进而描述兴趣特征中语义属性的表示模型。本体比词项具有更高的抽象层次，因此基于本体的用户兴趣表示模型更有助于建立具有主题敏感性和细粒度的表示模型。目前有个人文本聚类模型和词库词汇关联模型两种描述本体的表示模型。个人文本聚类模型基于概念聚类的文本聚类算法，抽取用户个人描述文档(user profile)，并将其映射到多层结构的本体中，从而形成基于多层结构的用户兴趣表示模型。词库词汇关联模型则将选定词库与目标社交网络中的文本信息匹配，解决了社交网络文本的特征稀疏性问题，从而利用词库中词汇之间的关联识别用户的兴趣特征。

基于主题图的表示模型利用更高抽象层次的主题及其之间的联系来描述用户兴趣。常用的描述方法采用“用户-主题-特征项”三级粒度建模方式，有效地减少了不同主题之间的干扰。在这种方式的基础上，为了提高用户兴趣识别的精确度，也可以综合分析社交网络中用户的事件本体、连接关系和交互行为等多种信息，进一步改善表示模型的性能。

2. 用户兴趣发现的典型方法

目前用户兴趣发现的方法主要包括基于关键词抽取、基于文本分类和基于主题模型三类。

基于关键词抽取的方法通常通过数据挖掘、过滤和统计等方法，抽取社交网络用户的文本集合中最能反映其兴趣的关键词。近年来，人们围绕博客、微博等大型社交网络，构造了多种关键词抽取方法，其中基于资源链接的方法是最简洁实用的方法之一。社交网络中的许多文本资源都具有丰富的链接，这些链接中包含了丰富的语义，可给关键词抽取提供有益的帮助。

在基于文本分类的方法中，常见的是对用户的文档信息(如微博文档、朋友圈共享文档)按照主题进行分类，利用提前建立的类别节点克服文档信息的特征稀疏性缺陷，从而提高描述用户兴趣的精确度。例如，哈尔滨工业大学宋巍等人通过对用户的微博文档进行分类，识别用户在某个话题上的兴趣特征。实验表明，使用基于词语与主题的特征分类，可有效提高微博分类的准确度，从而提高用户兴趣发现的精确度。

在基于主题模型的方法中，目前主要通过社交网络用户标签建立传播概率模型，预测出用户的兴趣，该方法主要应用在推荐系统或社区匹配系统中。例如，明尼苏达大学 Abel 等人结合网络外部的门户新闻网站和微博文本中的标签信息，提出了面向微博的用户兴趣描述框架，并将其应用到信息推荐系统中。

3. 文本关键词抽取技术

文本关键词抽取是指从文本中抽取最能体现和表达该文本主要内容的关键词语，是识别、分析、预测和干预社交网络状态的一个基本步骤。然而社交网络内容的复杂性，使得在识别关键词时面临着多种障碍。

关键词抽取需要解决的一个重要问题是如何正确判定词的边界。目前针对该问题的主要解决方法是选取若干个连续词作为整体，然后计算这些词之间的联系紧密性，进而确定能否将这若干个词看作一个短语。计算词之间的联系紧密性有多种方法，主要包括均值方差法(mean and variance)、t 测试(t-test)、点互信息(pointwise mutual information)和二项式似然比测试(binomial likelihood ratio test)等。目前，关键词抽取技术采用的方法主要有利用语言模型度量词串内部联系紧密程度的方法，利用多词表达抽取候选关键词的方法，以及利用词汇结构和固定搭配的方法等。例如，若语言中提供有效信息的词汇关键词大多是名词性词组，则可以通过诸如“形容词＋名词”的模式确定关键词抽取方案。

关键词抽取需要解决的另一个重要问题是网络文本中频繁出现的新词。例如，微博文本里常出现“房奴”“果粉”“奶茶妹妹”“绝绝子”等新的网络用词，这些词无法在现有的标准词库中进行匹配。目前，新词发现的方法主要分为以规则为主的方法和以统计为主的方法两大类。基于规则的方法是通过标注词典或按照组词规则来识别新词的，但是该方法面临词性的歧义性和语法的限定性的挑战，另外词典中不可能包含所有的中文词组合，也不能穷尽所有的组词规则。而另一种更具可行性的方法是统计方法，通过对词频进行概率统计而实现对新词的识别，这种方法适用于任何类型的网络文本及语种，但是它们需要大量的训练语料。

由于论坛、微博、在线社区等松散社交网络中，文本具有高噪声性和信息冗余性，因此从原始文本语料中抽取最能反映其主要内容的关键词语，并将这些关键词语用于构建文本表示模型，是有效改善面向社交网络文本的信息检索、文本分类、文本聚类等应用效果的重要手段。

3.1.4 信息传播中的演化性

社交网络是一个动态演化的网络，尤其是以微信、QQ 为代表的在线社交网络，其动态演化特性更为突出。社交网络的演化性导致信息在传播过程中不断发生演化。随着时间的推移，网络中不断有新的个体和连接关系出现，同时，个体之间的连接强度会增强或者减弱。另外，信息在传播过程中，其内容也在不断演化。因此，针对社交网络的演化性，当前的研究工作集中在基于社会关系的网络结构演化和基于内容的主题演化这两个大的方面。

在基于社会关系的网络结构演化方面，基于网络拓扑关系的变化规律被大量使用，并针对社区状态演化、结构预测等具体问题，出现了很多经典的分析方法和结论。斯坦福大学的 Leskovec 等人通过演化网络的快照分析，发现了增长的网络顶点与网络直径反关联的现象，同时，Leskovec 等人通过社交网络的微观演化过程，发现边的生成频度与节点间的跳数成反比；雅虎研究院的 Chakrabarti 等人融合了时间点社区质量和时间轴社区变化率双因素，提出了网络结构进化聚类算法，建立了社交网络的社区演化模型；Nec 实验室研究人员扩展了相似性计算方法，用图分割(graph cut)作为测度社区结构和社区进化的指标，首次提出了进化谱聚类算法；伊利诺伊大学研究人员根据社会经验，列举了社交网络上社区结构变化的各种情况，并构造了相应变化的损耗评价体系，建立了用个体消耗、组消耗、颜色变化消耗三种因素合成的最优进化模型。

基于内容的主题演化方面，由于主题模型(Topic Model)具有坚实的统计学理论基础，可以很自然地借助机器学习技术改进模型效果，因此，基于主题模型的信息演化成为近年来最流行和常用的主题演化方法。国防科技大学崔凯等人提出了一种在线主题演化模型，该模型是在 LDA 模型的基础上构建的，它将文本流划分到连续的时间片中，分别针对各时间片的文档采用 LDA 模型进行建模，从而得到文档-主题分布和主题-词分布，然后将前一个时间片的主题-词分布按照一定权重与当前时间片的主题-词分布进行融合，达到“平滑”演化的效果。

在社交网络中，关系结构和信息内容是信息传播的重要因素，因此对时间敏感的信息传播模型需要综合考虑社交网络中关系结构和信息内容的演化性。另外，每个节点从周边获取到的公共信息，一般不完整且质量不高，但多种异源异构信息互为补充、不断演化，就可以强化主题演化的质量。因此，在结构演化过程中，除了考虑基于主题模型的主题演化方法外，也应将异源异构的社交网络节点内容考虑在内。北京大学邢修三等人提出了以信息熵演化方程为核心的非平衡统计信息理论，该理论以表述主题演化规律来构造信息熵演化方程，从定量的角度对主题演化机理进行了有益的探索；伊利诺伊大学 Lin 等人提出了社交网络话题演化与传播路径的综合分析方法，该方法基于联合概率推理，利用高斯条件随机场模型进行文本内容、影响力与话题演化的统一分析；密歇根大学 Mei 等人提出从网络语料库中提取主题拓扑结构，对信息进化图进行建模分析。上述几种演化分析方法均在研究社交网络关系结构的同时，考虑了信息内容对演化的影响，从而得到了更符合实际的演化模型。

3.2 社交网络舆情传播机制的构成

社交网络环境下的舆情传播，不仅速度快，而且影响范围广。与此同时，社交网络自身管理的局限性和网络用户的匿名性、虚拟性，更为社交网络中的舆情传播提供了有利条件。然而，社交网络舆情的传播对政治、社会、经济和文化等各个层面均会产生深远影响。尤其是负面舆情(网络谣言、虚假信息)的传播，会随着社交网络的演化而迅速蔓延，进而影响社会稳定和国家长治久安。因此，首先要从理论上了解社交网络舆情传播机制，才能进行深层次的探讨，研究社交网络舆情的形成过程、演变规律和作用机制，从而治理好社交网络的舆情问题。

3.2.1 传播阶段划分

社交网络舆情有其生命属性，即都是从摇篮到坟墓、从萌芽走向消亡的过程。也就是说，社交网络舆情从出现到消失遵从生命周期理论，那么以生命周期理论作为依据，对社交网络舆情传播阶段的划分会显得更合理。然而，社交网络舆情传播是情报学、传播学、社会学、政治学、法学等多学科交叉的一项研究，其演变规律也是错综复杂的。具体到传播阶段的划分问题上，学者们从不同的学科知识角度，采用不同的理论、方法，得到了不同的划分结果。

在早期关于社交网络、网络舆情和监管部门的舆情治理的众多研究中发现，社交网络舆情是经过形成期、上升期、高潮期、波动期和平息期演化而来的。由于社交网络发展的复杂化和社区的重叠性等因素，目前在研究网络舆情热点话题传播模式时，一般认为网民对舆情热点话题传播的关注度也是一个动态发展的过程，主要经过六个阶段，分别为潜伏阶段、爆发阶段、蔓延阶段、反复阶段、缓解阶段和长尾阶段。同样，在正方、反方等众多“网络推手”的作用下，社交网络舆情演变也要经过六个阶段，分别是形成期、高涨期、波动期、二次高涨期、二次波动期和最终淡化期。由以上三种划分方法可以看出，现有的主要研究对象是网络舆情，虽然大部分网络舆情发展阶段都是以生命周期理论作为划分依据，但是因为没有结合社交网络自身的特点，所以存在一定的局限性。

因此，在生命周期理论的基础上，结合社交网络自身独有的特点，如结构演化特点、时效性、松散程度等要素，归纳出社交网络舆情传播至少应该经过潜伏期、成长期、爆发期、蔓延期、反复期、衰退期六个阶段。

3.2.2 传播阶段分析

社交网络舆情的传播是一个错综复杂的过程，它可以分为若干个阶段，并且在不同的传播阶段中，社交网络舆情所表现出的特点、影响范围以及作用机理是不同的。下面对每个阶段的传播进行简要的分析。

潜伏期是社交网络舆情的萌芽阶段，它基于某一社会事件或热点问题的发生而形成，经传统媒体的报道或网上发帖、评论等方式开始传播。由于事件发生时间较短，曝光程度较小，网民关注度相对较低，且舆情信息一般以点对点形式进行传播，因此该阶段社交网络舆情的影响范围和影响力度是比较有限的。

成长期是指网络舆情持续传播，并逐渐扩大影响范围的阶段。在社会事件或热点问题出现后，如果传播的信息内容本身具备某些特性或敏感要素而引起网民的普遍认同与共鸣，就会由原来的点式传播突变成面式传播，从而推动舆情信息以更快的速度向更大范围扩散。与潜伏期相比，成长期的时间跨度并不确定，可能是一瞬间，也可能会比较长。处于成长期的舆情话题通过社交网络广泛传播，涉及的网民各抒己见，自发对事件进行各种评论、点赞或抨击，网民关注度明显上升，导致社交网络舆情从原来的局部影响向全局影响转变。

爆发期是舆情演化速度明显增加、舆情影响范围迅速扩大的阶段。传播的信息经过成长期的孕育与发酵，加上媒体的持续关注、转发和反复炒作，使得网民意见不断深入，情绪逐渐升温，短时间内呈现出一种急速爆发的增长趋势。该阶段的时间长短除了受到舆情事件能否被一直关注等自身因素影响外，还受到监管部门对社交网络舆情爆发的应变能力，以及意见领袖的引导作用的影响。爆发期的社交网络舆情不再是逐渐扩散式传播，而是呈现一种无序、杂乱的传播状态。负面舆情肆意地在社交网络上传播可能给政治、社会、经济和文化带来不同程度的危害，最终演变为一场剧烈的社交网络舆情危机。

蔓延期是舆情内容被再次挖掘、加工后，与原舆情内容叠加传播的阶段。当社交网络舆情彻底爆发之后，随着主流媒体的介入，舆情事件信息被网民再加工、再传播，使信息的真实性、可靠性变得更差。同时，各方利益团体也会借机通过网络媒体炒作，使扭曲了真相的舆情信息在网络上的扩散度空前高涨。一些视野范围小、成熟度较低的网民则会盲目地跟风、评论，致使在很短的时间内网民关注度飙升。

反复期是舆情传播速度、范围和影响力持续波动的阶段。社交网络舆情在爆发和蔓延后，网民关注度并不会直线式地下降，也不会直接消失，而是与新的议题、新的焦点不断叠加，呈现出波浪式发展的特点。虽然该阶段相对上一阶段关注度明显减小，但会不断地出现关注小高峰，并出现"爆发→蔓延→反复→爆发→蔓延→反复"的波动周期，使社交网络舆情的传播不断反复。

衰退期是舆情传播逐渐衰退的阶段。随着社会事件、矛盾问题的合理解决，社交网络舆情危机也渐渐被化解，舆情信息的传播失去兴趣点，传播强度也随之降低。同时，新事件、新热点的出现也一定程度上转移了网民的注意力，加速了网民关注度的下降，最终使社交网络舆情冷却、淡化下去。

3.2.3　社交网络舆情传播阶段的联动机制

机制指有机体的构造、功能及其相互关系，也指机器的构造和工作原理。在社会学中，机制的内涵可以表述为"在正视事物各个部分的存在的前提下，协调各个部分之间关系以更好地发挥作用的具体运行方式。"

社交网络舆情在不同的传播阶段有着不同的作用机制。例如，社会突发事件网络舆情传播至少要经过四个阶段，即成长期、爆发期、蔓延期和衰退期，每个阶段都有一个传播机制与之相对应，即成长机制、爆发机制、蔓延机制和衰退机制。传播机制既可以从微观的角度影响网民的判断和行为，又可以从宏观的角度影响管理者的行为和决策。这是研究社交网络舆情传播机制的现实意义。

从社交网络舆情传播的角度看，它的传播机制是通过社交网络舆情传播过程中各个阶段相互联系、相互协调的方式来发挥作用的。笔者在对既有文献资料进行分析、总结的基础上，认为社交网络舆情传播机制应该包括潜伏机制、成长机制、爆发机制、蔓延机制、反复机制和衰退机制。对于不同的舆情传播，各个机制发挥作用的地位不同，有的甚至不明显。例如，若在成长期就实施了舆情干预和疏导，则舆情传播可能直接进入衰退期，即衰退机制发挥了主要作用。

社交网络舆情传播机制是潜伏、成长、爆发、蔓延、反复和衰退六种机制相互联系、相互作用的结果，它们不仅具有极强的规律性，而且构成了因果关联链。社交网络舆情各传播机制之间除了直接的推动关系，还有较为复杂的逻辑关系，诸如直接作用、相互作用、间接作用等。

在社交网络舆情各传播机制中，舆情事件走势的直接推动关系，即上一阶段对下一阶段的直接推动作用是最主要的作用关系。比如成长机制能够推动爆发机制的发展，爆发机制能加速蔓延机制的走势，反复机制能促使衰退机制的到来。与此同时，蔓延机制与反复机制间还存在相互作用关系，蔓延机制能够推动反复机制的发展，反过来，反复机制的发展也能刺激蔓延机制。

此外，社交网络舆情各传播机制之间还具备非常重要的间接作用。一种情况是，如果出现的社会事件、社会现象或社会问题不具有敏感性，网民对舆情事件没有传播的兴趣，那么舆情就不会得到成长、爆发以及蔓延等，而是会直接衰亡；另一种情况是，虽然舆情事件敏感性很强，但是在社交网络舆情的萌芽阶段，管理部门的舆情监测体系完备，社交网络自身的监管力度大，网民的成熟度高，此时处于潜伏期的社交网络舆情也不会得到后续的发展，而是直接进入了衰退期。上述两种情况就是潜伏机制与衰退机制之间的间接作用。另外，社交网络舆情的传播不是循规蹈矩的，即不一定每一个阶段都要经过，而是复杂多变的。例如，如果社交网络舆情属于重大网络事件，那么它可以直接越过成长机制而在很短的时间内进入爆发机制的作用阶段；同样，如果社交网络舆情的控制措施在爆发机制或蔓延机制发生作用的阶段能够得到充分、有效的运用，那么社交网络舆情也会越过反复机制直接到达衰退机制的作用阶段。这就构成了社交网络舆情传播的联动机制，如图 3－1 所示。

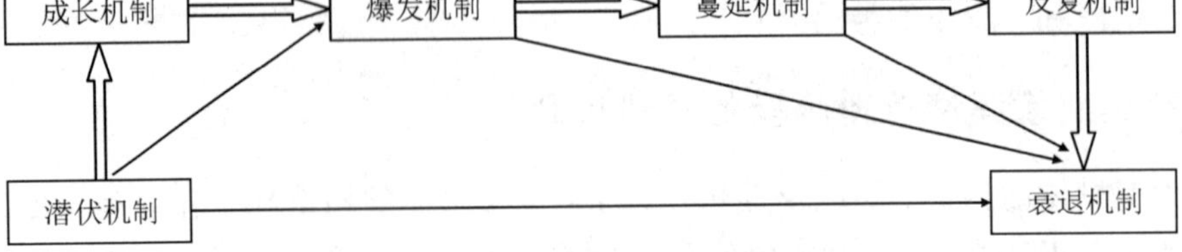

图 3－1　社交网络舆情传播的联动机制

3.3　社交网络舆情传播动力学及其交织机理

虽然社交网络舆情的传播是复杂多变的，但并不是杂乱无章、无规律可循的。相反，社交网络舆情传播是一个受若干因素影响的有序过程，而导致它复杂多变的原因就是这些影响因素种类多、作用关系复杂。因此，我们只有在深刻了解社交网络舆情传播的影响因素以及各因素对舆情传播每个阶段的交织作用后，才能更深层次地掌握社交网络舆情传播机制，进而为舆情的有效干预、治理提供良好的借鉴与指导。

3.3.1　社交网络舆情传播影响因素

网络舆情传播受到众多因素的影响，笔者在前人的研究基础上，结合社交网络的特点，总结出影响社交网络舆情传播的四大因素，即传播主体因素、传播客体因素、网络媒介因素和舆情控制因素。

1. 传播主体因素

在社交网络舆情事件中，传播主体就是参与发表评论和表明立场的网民。开放、自由的社交网络环境，使具有虚拟性、匿名性和交互性的传播主体，能够随意吐露心声、发表意见，以及宣泄情绪。例如，在抖音短视频 App 中，对于热点视频，人们总是热衷于评论一下或点赞。在这种背景下，传播主体的行为能够在很大程度上加速舆情的传播，从而构成对社交网络舆情传播的影响。从更深的角度分析，网民对社交网络舆情传播有直接影响和间接影响之分。直接影响是指网民数量、网民社会构成、网民成熟度(网民辨识意识和能力)，以及网民的观点立场、认知背景等因素直接决定网络舆情传播；而间接影响则是指网民对社交网络舆情传播的影响受到某些变量的制约，即这些变量是网民参与舆情传播的充分条件，例如，网民关注度、网民心理和网民对政府的满意度等。其中，网民关注度的高低取决于舆情信息自身敏感性的强弱；而网民对政府的满意度则受到政府关注度、公信力和执行力的综合影响。

2. 传播客体因素

对应传播主体因素，传播客体就是基于某一社会事件、社会问题或社会现象，经网络传播形成的网络舆情话题或网络舆情事件本身。当前，社交网络舆情事件主要有三种类型：

(1) 涉及国家形象和企业形象的社交网络舆情事件，例如，官员违法乱纪、执法部门执法不当，以及央企、国企的垄断行为等；

(2) 关乎社会面动态的社交网络舆情事件，主要表现为与衣食住行有关的民生问题、社会公平公正问题，以及贫富差距问题等；

(3) 与人民现实生活息息相关的社会热点网络舆情事件。

分析上述三种类型的社交网络舆情事件可知，其共同特征是舆情事件本身都具有一定的重要性和社会敏感性，从而容易引起网民对舆情事件源头和走向的关注度，这就构成了对社交网络舆情传播客体因素的影响。

3. 网络媒介因素

作为当前舆情信息的主要载体，以博客、论坛、微博和微信为代表的现代社交网络媒介打破了传统的以信息为中心的传播模式，建立了以用户行为为导向的传播规则，不仅使得舆情信息传播更加便捷、迅速，而且使其影响更加深刻、广泛，在社交网络舆情传播过程中发挥着非常重要的作用。另外，官方、权威用户和主流媒体对社交网络舆情的评判与转发，会极大地影响和改变网民对社交网络舆情的态度与看法，进而提高网民的关注度，促使社交网络舆情事件得到进一步发展，并产生强烈的舆论效应。因此，网络媒介主要通过网络媒体数量、网络媒体关注度及网络媒体的传播能力等影响社交网络舆情传播。

4. 舆情控制因素

社交网络舆情在传播过程中会受到来自各方面的“阻力”，对于负面舆情来说就是控制其传播的干预手段，这种控制是通过监管部门、意见领袖以及舆情主体的新闻发言人实现的。随着社会发展进程的推进，各种利益矛盾愈显尖锐，导致民众肆意地在社交网站上发表不理智、不恰当的言论，甚至宣泄过激情绪。这种情况下，作为社会公共管理的重要主体，政府监管部门有责任采取有效手段来改善这种状况。

因此，舆情控制因素对社交网络舆情传播的影响主要集中在政府关注度、政府公信力和政府执行力等方面。在舆情传播的成长、爆发、蔓延和反复过程中，因得到普遍认可而在众网民中具有一定权威的意见领袖，在其社交网络上发表的言论或观点在某一时间段内会影响甚至改变网民的论断或情绪。然而，由于意见领袖对社交网络舆情传播的引导作用是不确定的，即可能是积极向上的，也可能是消极负面的，这就需要政府运用合理的手段对其进行严格监管和正确引导。

除此之外，影响社交网络舆情传播的控制因素还有政府新闻发言人。政府新闻发言人在社交网络舆情传播过程中代表政府向网民公开舆情事件的起因、真相，以及给出舆情事件的应对措施，进而阻止舆情事件的进一步恶化，降低网民对舆情事件的关注度。

3.3.2 各影响因素对舆情传播机制的交织作用

1. 各影响因素对潜伏机制的交织作用

在社交网络舆情传播潜伏期，以某社会事件、现象或热点问题为依据形成了舆情事件或舆情话题的雏形，形成的舆情事件完全符合之前描述的传播客体的特征(重要性、敏感性)，它的形成在一定程度上是引发网民关注的诱因，能够直接促使社交网络舆情的传播。

随着舆情事件的形成，一些网民会以一定的概率通过社交网络接触到事件内容，此时，作为传播主体的网民，能够对社交网络舆情的传播形成重要的推动作用。如果网民的成熟度较低，那么在面对舆情事件时他们更多的会用直觉来思考问题，在社交网络上发表带有强烈的主观色彩的言论和宣泄自己简单、粗暴、过激的情绪；如果网民具有较强的辨识意识和较高的素质，那么他们在接触到舆情事件时，会从理性的角度思考问题，虽然他们对舆情事件的情绪、态度也会被逐渐激活，但是他们能够以冷静、主动的应激反应方式来对待。

在潜伏期，社会事件、热点议题的舆情信息会在发生地的媒体上首先出现。网络媒体从两个方面影响着潜伏期社交网络舆情的传播，一方面是网络媒体使社会事件在很短的时间内实现从产生到爆料、从爆料到被关注的过程；另一方面是网络媒体作为信息的“中转站”能够实现社会事件产生与舆情事件发生的基本同步。

社交网络舆情在潜伏期的传播，监管部门的反应往往出现滞后性。目前的监管机制和干预技术手段一般针对已经出现的网络舆情事件，而此时舆情传播往往已经进入了爆发期，致使干预手段难以奏效。然而，在潜伏期，另外一个舆情控制因素——意见领袖却能对社交网络舆情传播构成影响。由于意见领袖的权威地位，其在社交网络上发表的言论、表达的情感能够得到网民普遍的认可、支持，从而起到渲染网民情绪、提高网民关注度等效果。

2. 各影响因素对成长机制的交织作用

在成长期，基于舆情事件的事实，网民对其进行人为的加工、润色甚至改造，使舆情客体特征进一步突出，舆情传播得到进一步的激化。与此同时，随着舆情的发展，关注舆情事件的网民数量会大幅增加，这会对舆情的传播形成逐渐增强的推动作用，直至舆情事件彻底爆发。然而，在潜伏期起基础性、先决性作用的舆情事件本身在这一阶段却不能主动地对社交网络舆情传播形成影响，只能被动地接受由其他因素的变化而导致的自身状态的改变。

对网络媒介来说，该阶段网民在社交网络上的大量转载、评论，官方主流媒体的加入，致使关注舆情事件的网络媒体不仅数量增加，而且关注度加强，传播能力也得到进一步提升，为社交网络舆情传播提供了更便捷的通道。此时，舆情监管部门由原来的被动接受转向主动了解舆情事件的缘起、影响等发展脉络，且在理清脉络之前，监管部门一般不会采取相应的措施加以干预。此时，舆情控制因素中的“舆论领袖”仍能发挥较大的作用，尤其是由与舆情事件相关的当事人或当事人亲属构成的“舆论领袖”，由于他们对舆情事件的相关信息掌握最全面，因此他们的言论、情绪更能引起网民的共鸣，从而将舆情事件进一步推向爆发期。

3. 各影响因素对爆发机制的交织作用

在爆发期，受到社交网络中“舆论领袖”与普通关注者的影响，网民之间加强了交互，不同观点、意见和情绪经充分交流、融合和碰撞，得到强化后的相同或相异的结果。在此过程中，网民好奇、兴奋、不满的态度和迷惘、躁动、旁观的情绪经交互得到充分体现，观点经碰撞也得到共鸣，最终导致舆情传播在社交网络上的彻底爆发。

在舆情传播爆发期，传播客体对社交网络舆情传播的影响主要集中在舆情事件仍能吸引新一批网民的加入，新、旧网民对社交网络舆情的围观、交锋，加速了舆情在社交网络上的传播，致使舆情事件从事实层面向价值层面转变。网络媒介作为意见表达、情感宣泄的重要工具，在此阶段不仅为舆情的继续发酵提供了良好环境，而且能够推动社会事件与网上舆情的同步发展。与此同时，舆情传播在社交网络上的爆发也能吸引传统媒体的广泛介入，促使社交网络舆情传播进一步活跃。

总体而言，由于社交网络具有时空性、交互性等特点，因此在这一阶段中，网民能对社交网络舆情持续跟进，舆情传播速度更快、范围更广、影响更大。此外，“舆论领袖”更加积极主动地对传播的信息进行整合、协调，使其之前已经在网络群体中形成的中心性更为显著，不仅对舆情的传播造成更大的刺激，而且对舆情的走势造成一定的影响。监管部门和舆情事件对应的涉事主体在充分了解了舆情事件的起因、影响之后，应当对其予以持续关注，及时在社交网络上公布事件的发展状况，同时加强与民众之间的交流与互动，以抑制社交网络舆情的进一步恶性传播。

4. 各影响因素对蔓延机制的交织作用

经爆发期充分的交互和交锋之后，舆情传播进入蔓延阶段，该阶段网民群体从心理层面呈现出焦躁不安、多疑、激动，但又漫无目的的状态。在这种情况下，网民个体逐渐获得了更多更全面的舆情事件信息，其行为向同质性关系网络的群体意识与群体共识转化。在此过程中，网络舆情中开始出现观点分裂和群体极化现象。除此之外，在蔓延期，网民参与度明显提高，原因不仅仅是以微博、微信为代表的大型社交网络的快速发展，也可能是舆情话题特点鲜明等，最终引致更多非直接利益群体网民的直接参与，为社交网络舆情的传播提供有利条件。

由于网民之前不断交互而出现了关注疲劳现象，再加上个别网民特殊的立场，因此关注点转移到与舆情事件有关但又与事实本身相脱离的新话题上，这意味着原来关注的舆情话题已被篡改或引申甚至歪曲，结果导致舆情事件本身退出网民的视线，而新的与舆情事件无关的话题被发酵、传播。与此同时，也正是这些新话题的不断涌现，网民的持续关注才能在舆情传播的蔓延期保持相对长的时间，舆情信息的传播也因此会多次达到峰值。

该阶段舆情事件影响的不断扩大，不仅把网民的关注度推到最高点，而且带动了包括传统媒体在内的各大知名网络以及多个独立的社交网络的同步参与，使得舆情传播的信息量呈几何级数增长。因此，网络媒介对舆情的快速传播起重要影响作用，同时也为控制负面舆情传播增加了困难。

舆情蔓延开来，不仅会给网民个体带来影响，也会给整个社会带来不稳定因素。例如，舆情事件本身得不到澄清或曝光的矛盾问题得不到及时处理，会极大地损害管理部门的社会公信力，甚至严重到使国家动荡不安。在这种情况下，保持官方的关注度不低于网民关注度的前提下，管理部门要提高其执行力，不管是通过介入传播媒体，还是通过向社交网络平台委派新闻发言人，都要直接地向公众申明舆情具体发展状况和处理信息等，才能对舆情传播形成有效的控制和疏导作用。

同样，在舆情传播的蔓延期，作为舆情传播的鼓动者，“舆论领袖”能够将由各种意见汇集的群体共识以新视角、新题材对网民展开有效动员。因此，“舆论领袖”在该阶段也能为社交网络舆情传播带来重要影响。

5. 各影响因素对反复机制的交织作用

网络舆情在蔓延开来之后，并不会直接走向消亡，而是随着舆情的传播，会有与网民之前所了解的有关舆情事件有较大差别甚至完全不同的新信息的加入。网民在接收到新信息后，短时间内会处于兴奋、焦躁等心理状态，从而网民群体间的交流再次变得频繁，群体极化效应也愈发突显。

在反复期，传播主体由于受到新信息的刺激而对舆情产生新一轮的关注、交互，使舆情传播更为复杂多变。该阶段舆情传播力度出现反复、关注度再次提高的重要原因，就是传播客体——舆情事件中新信息的出现。新加入的舆情信息不但能激发网民的兴趣，而且能够让各大媒体以及“舆论领袖”重拾对该舆情事件的关注。从长远来看，经网民充分的交流、融合之后，舆情传播可能会变得更加理性、平稳。

网络媒介作为信息传播的工具，将传播主体与传播客体紧密地联系起来。在舆情反复期，网民的观点、态度、情绪被新信息反复刺激而需要更强烈的表达与宣泄，使得之前相对较为平稳的舆情又一次得到不同程度的爆发，而在这个过程中所借助的手段依然是网络媒介。

舆情传播进入反复期是一个难以预料和预判的过程，监管部门、“舆论领袖”也只能从事后的角度着手控制舆情传播、引导舆情走势。应对反复期的舆情传播，监管部门和官方媒体应快速反应，及时梳理舆情传播信息，并将处理过程、结果公之于众，才能使该阶段舆情传播得到有效控制。此外，“舆论领袖”也成为反复期舆情传播强势走高的新发起者，他们通过发布一些体系化、有思想、有深度的言论与观点来提高网民的关注，进而影响舆情的传播。

6. 各影响因素对衰退机制的交织作用

舆情事件发生一段时间之后，由于事件自身很难有新话题生成以及其他舆论焦点出现，因此事件的关注度会大幅降低，这也是舆情传播走向衰退期的主要原因。同样，在衰退期，舆情事件会淡出网民的视野，网民关注度会降低，网民群体极化现象也会逐渐减弱，这也在一定程度上决定了舆情传播向衰退期发展。

在舆情传播的衰退期中，与舆情事件有关的各大媒体、知名网络以及社交网络的评论、转载数量会大大减少，所造成的社会影响也大大减弱。随着权威媒体对舆情事件关注的退出，绝大部分媒介也将不再跟踪舆情事件的进一步发展，最终迫使舆情传播走向消亡。

在该阶段，官方部门需要做的是针对社交网络上传播的舆情事件给出较为客观、真实的结果或结论性的消息，从而起到打消网民疑虑、稳定社会舆情的效果。另一舆情控制因素“舆论领袖”在此阶段并不会直接引导舆情的走势，而是以旁观者的姿态对舆情事件进行客观的评论与反思，对社交网络舆情传播没有显著影响。

3.4　社交网络舆情传播动力学建模

3.4.1　系统动力学引入

系统动力学模型由四个基本方面构成，分别是因果回路图、存量流量图、方程和仿真平台，其中建立因果回路图是构建系统动力学模型的核心步骤。运用系统动力学模型分析问题的流程如图 3－2 所示。

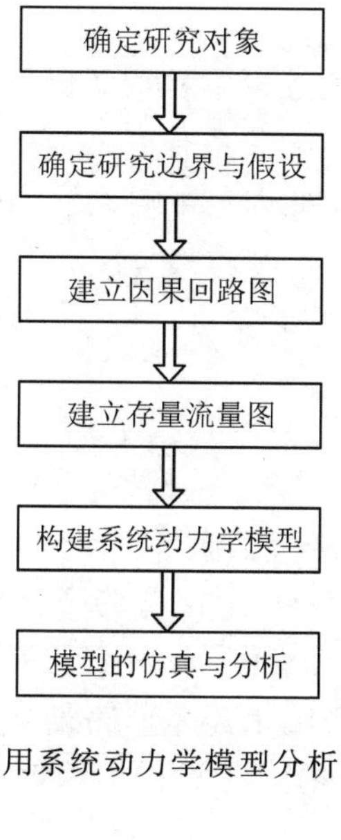

图 3－2　运用系统动力学模型分析问题的流程

社交网络舆情传播是一个复杂、动态并且非线性的过程。由于无法对各个时间点进行控制，因此不能及时获取各个时间点对应的数据，从而对变量间线性关系的构造和线性模型的建立变得难以实现。鉴于此，非常适合用非线性的系统动力学模型定量描述社交网络舆情传播过程，并利用计算机仿真的方法来模拟各影响因素的作用机理，从而分析各因素对社交网络舆情传播机制的交织作用。

3.4.2 社交网络舆情传播系统因果回路图的构建

1. 系统因素构成与假设

影响社交网络舆情传播的四大因素分别是传播主体(网民)、传播客体(舆情事件)、网络媒介和监管部门。在网民这一影响因素中，网民关注度、网民参与度、网民成熟度和意见领袖的引导均对社交网络舆情的传播有着很大的影响。传播客体即舆情事件本身对社交网络舆情传播的影响主要表现为舆情事件的敏感度。网络媒介对社交网络舆情传播的影响体现在它的活跃度。此外，舆情控制因素对社交网络舆情传播的影响重点集中在舆情管理者的公信力和服务质量层面。

接下来给出模型的假设如下：

(1) 社交网络舆情产生于社会生活中某一突发事件，借助社交网络平台快速传播，且由于传播行为的自发性与松散性，舆情事件对社会的影响是负面的；

(2) 网民和网络媒介针对社交网络舆情事件信息可以自由表达看法和见解，任意抒发情绪；

(3) 管理者对社交网络上出现的舆情事件相关信息不会主动叫停、封杀或删除，而是作出相应的调节和引导；

(4) 意见领袖对社交网络舆情传播的作用可以是正面的，也可以是负面的，但意见领袖的引导作用是建立在能够理性看待舆情事件的基础之上的；

(5) 不同的舆情事件传播是相互独立的，并不考虑多个舆情事件的耦合性。

2. 系统因果回路图

在因果关系图中，变量之间的相互影响构成了因果关系链，如图 3-3 所示。在图 3-3 中，B 和 C 都会对 A 产生影响，但影响关系有正、负两种，如 B 增加会引起 A 增加，此即正影响关系，而 C 增加会引起 A 减少，此即负影响关系。因此，因果关系链也有了正、负之分。

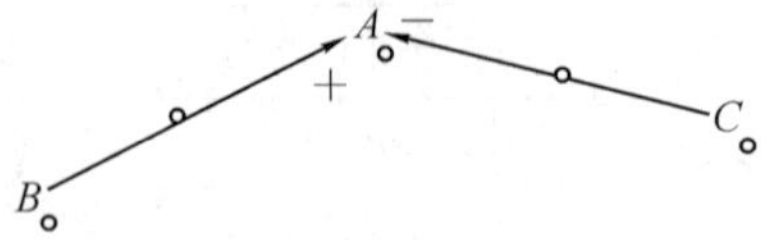

图 3-3　因果关系链

多个因果关系链构成的闭合回路又组成了因果关系回路，如图 3-4(a)所示。在图 3-4(a)中，对于 A、B 两个变量，B 的变化是由 A 的变化引起的，这种变化是 A 引起 B 的因果链；相反，B 的变化又导致了 A 的变化，这种变化是 B 引起 A 的因果链。

因果关系回路有正、负之分。正因果关系回路是全部由正因果关系链组成的闭合回路，如图 3-4(b)所示。在图 3-4(b)中，A 的变化能够增强 B 的变化效果，而 B 的变化又能增

强 A 的变化效果，在回路作用的情况下，变量的变化幅度都将增大。负因果关系回路则是由正、负两种因果关系链组成的闭合回路，如图 3-4(c)所示。在图 3-4(c)中，A 的变化能够增强 B 的变化效果，但反过来 B 的变化却抑制了 A 的变化，在回路的作用下，变量的变化幅度也将降低。

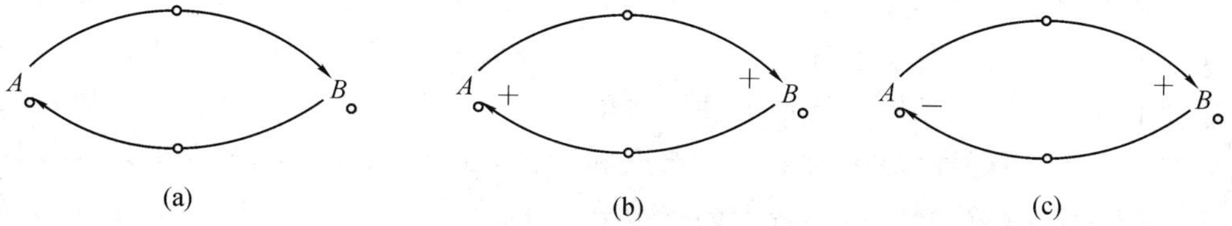

图 3-4　因果关系回路

结合社交网络舆情传播的影响因素，并对它们的因果关系进行梳理和分析，便可以构建社交网络舆情传播机制的因果关系图，如图 3-5 所示。

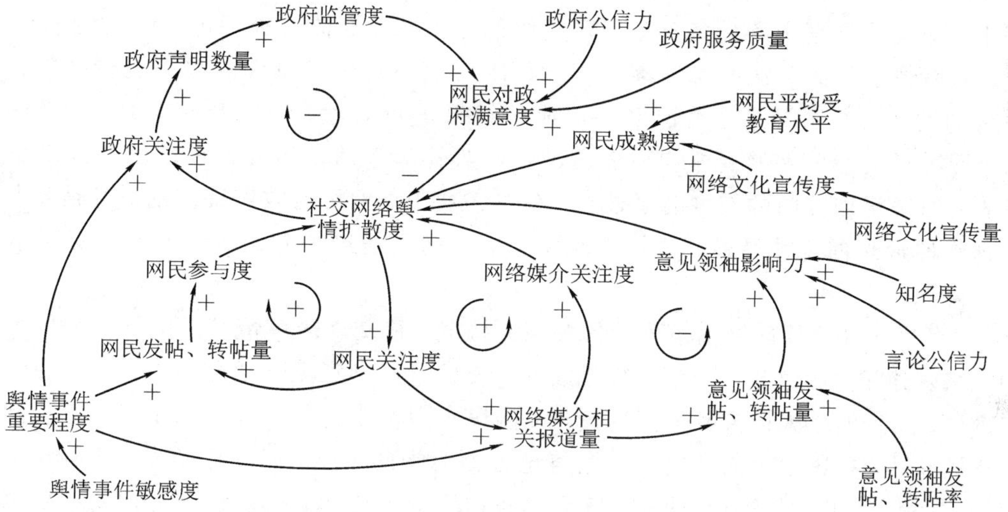

图 3-5　社交网络舆情传播机制的因果关系图

由图 3-5 可知，社交网络舆情传播机制的因果关系图是由不同的正、负因果关系链构成的回路。在因果关系回路中，当有双数个负因果关系链时，此回路为正因果关系回路；当有单数个负因果关系链时，此回路为负因果关系回路。

3. 系统因果关系图分析

通过对社交网络舆情传播因果关系图的观察和分析可以发现，社交网络舆情传播系统共有 4 个子系统，即有 4 个因果关系回路。其中，2 个为正因果关系回路，2 个为负因果关系回路。下面分别对正因果关系回路和负因果关系回路作简要分析。

(1) 正因果关系回路 1 由下列因果关系链构成：网民关注度(＋)网民发帖、转帖量(＋)网民参与度(＋)社交网络舆情扩散度(＋)网民关注度。当舆情事件爆发，网民对其关注度逐渐上升时，一方面，新加入网民通过社交网络对舆情事件进行搜索、点击或者通过社交媒体进行发帖、转帖，增加了发帖、转帖量；另一方面，已加入网民会对舆情事件持续关注，话题点击量，微博发帖、转帖量也会增加，致使更多的网民参与进来，进一步提升网民的参与度，而网民参与度的提升最终导致社交网络舆情扩散度的增加。

(2) 正因果关系回路 2 由下列因果关系链构成：网络媒介相关报道量(+)网络媒介关注度(+)社交网络舆情扩散度(+)网民关注度(+)网络媒介相关报道量。网络媒体对在社交网络上出现的舆情事件进行持续的追踪报道，同时还有一些媒体借机炒作或为获得公众的关注度，而对舆情事件进行疯狂的转载、转发以及评论等，致使整个网络媒体的关注度上升了。网络媒体对舆情事件大量的转载、转发和评论又会引起网民对舆情事件的兴趣，甚至左右网民对舆情事件的态度和看法，进而在社交网络上引发大规模的讨论，使得舆情事件在社交网络平台上的扩散度得到了提升，这又为网民关注度的增加提供了有利条件。

(3) 负因果关系回路 1 由下列因果关系链构成：社交网络舆情扩散度(+)政府关注度(+)政府声明数量(+)政府监管度(+)网民对政府满意度(−)社交网络舆情扩散度。当舆情事件在社交网络上被不断地转载、转发以及评论时，大量网民、媒体也随之加入进来，网络上夹杂着来自各方不同的声音。在此情形之下，政府监督部门的注意力也被吸引过来，其对舆情事件的关注度也逐渐升温，具体表现为对舆情事件的源头进行披露、对舆情事件的发展进行引导、对舆情事件造成的结果进行处置，因此政府监管度得到提升。此时，网民对舆情事件的疑虑和恐慌通过政府监管部门的发声与各种措施的推出得到了消除，网民对管理部门的态度有了改观，信任感提升，网民对政府部门的满意度增加，从而舆情事件带来的种种疑惑和恐慌得到了平息，网民情绪得到疏导，导致社交网络舆情扩散度降低。

(4) 负因果关系回路 2 由下列因果关系链构成：社交网络舆情扩散度(+)网民关注度(+)网络媒介相关报道量(+)意见领袖发帖、转帖量(+)意见领袖影响力(−)社交网络舆情扩散度。随着网络舆情扩散程度的增加，网民对舆情事件的关注度增加了。随着网民情绪的逐渐高涨，网民中也涌现出了一些言论公信力强的个体，即意见领袖，这些人不断地对舆情事件发表自己的看法与见解，起到了正向引导的作用，一定程度上抑制或延缓了社交网络舆情的传播。

完成了系统因果关系图的构建后，将来自社交网络的舆情信息资料和用户传播数据进行抽取处理，按图 3-2 的流程建立系统动力学传播模型，用于模拟舆情传播的各个阶段。从中我们便可以针对网络舆情的关注度、意见领袖的影响力、舆情事件的敏感度、网络媒体的活跃度、政府公信力以及政府服务质量等方面分析出各个要素对社交网络舆情传播和扩散的影响。

3.5 基于复杂网络的传播理论建模

许多实际的社交网络如朋友圈、微博关注与被关注网络、知乎网络、学术交流网络等，虽然规模很大，但其中的部分节点还是紧密地联系在一起的，具有复杂网络的特性，可以通过复杂网络理论进行建模分析。利用复杂网络建模并进行仿真实验是研究社交网络信息传播的重要手段，而仿真实验的效果很大程度上取决于通过复杂网络建立的仿真模型是否与实际的社交网络特征相符合。本节我们将简要概括复杂网络理论相关知识，并从中抽象出在社交网络舆情传播中应用的建模理论。

3.5.1　复杂网络的定义及其统计描述

复杂网络可以定义为具有自组织、自相似、吸引子、小世界、无标度中部分或全部性质的网络。网络进化性、连接多样性、动力学复杂性、节点多样性、结构复杂性等因素的相互影响和叠加使网络变得高度复杂，通过对复杂网络的研究，对事物的发展和运动进行简单的预测，并对网络承载力进行预告，能够天然地满足社交网络中信息传播研究的需求。

为了对实际网络进行描述，复杂网络利用节点的度、聚类系数和路径长度等统计参量从多个方面对网络的拓扑结构进行刻画。

1. 节点度与平均度

节点度是复杂网络中对节点属性进行描述的基础。在没有节点自连或重连发生的无向网络中，节点度的大小可以用与该节点直接相连的节点数来表示。一般节点度越大，节点的重要程度也越大，节点对其他节点的影响程度也越大。节点 i 的度可以用 k_i 表示。

网络平均度指网络中所有节点度的平均值，用来表征网络的密集程度。若用 N 表示网络中节点总数目，则网络平均度$\langle k \rangle$可表示为

$$\langle k \rangle = \frac{1}{N}\sum_{i}^{N} k_i \tag{3-3}$$

2. 节点度分布

真实网络中每个节点的度往往具有差异性，复杂网络中节点度的总体情况通常通过度分布函数 $P(k)$来体现，度分布函数 $P(k)$表示度为 k 的节点数目与网络中节点总数目 N 的比值。某一个具体网络的度分布函数 $P(k)$可表示为

$$P(k) = \frac{1}{N}\sum_{i}^{N} \delta(k_i - k) \tag{3-4}$$

结合节点度分布的定义，网络平均度也可表示为

$$\langle k \rangle = \sum_{k} kP(k) \tag{3-5}$$

在均匀网络中，所有节点的度都是相同的。假设所有节点的度都为 k_0，则当 $k \neq k_0$ 时，$P(k)=0$；当 $k=k_0$ 时，$P(k)=1$。故均匀网络中节点度分布情况服从 Delta 分布。对于完全随机网络而言，网络中的度满足 $k \gg \langle k \rangle$和 $k \ll \langle k \rangle$的节点几乎是不存在的，即网络中所有节点度都与$\langle k \rangle$相差不多，具有 Poisson 分布的特点。随着人们对复杂网络研究的深入，Poisson 分布已经不能很好地描述许多真实网络的节点度分布情况，如电力网、铁路网等，此类网络中节点度分布具有幂律分布特性，即 $P(k)=k^{-r}$，其中 r 表示度分布指数。由于幂函数的无标度特性，此类网络又称作无标度网络。无标度网络中节点度分布具有明显的无标度特性，网络中节点度基本上都相差不大，但有极个别节点度比较大，故此类网络又称作非均匀网络。图 3 - 6 为两种网络度分布图。

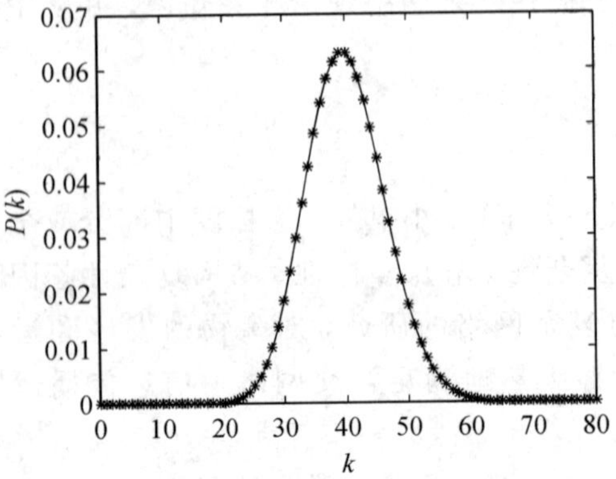

(a) Poisson分布

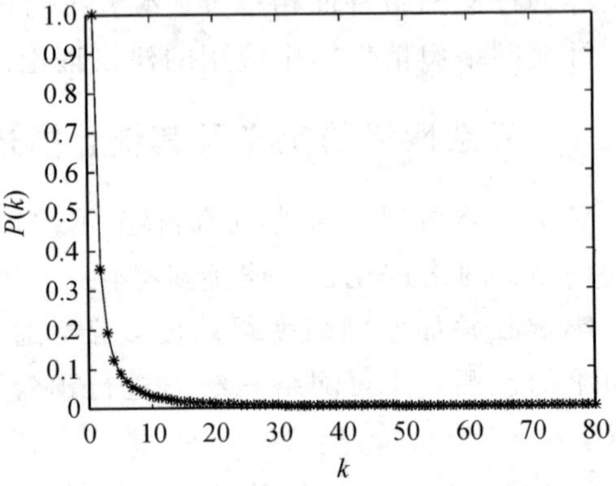

(b) 幂律分布

图 3-6　两种网络度分布图

3. 聚类系数

许多真实网络中，节点的邻居节点之间存在相互连接的情况，社会关系中也存在“物以类聚，人以群分”的现象，这些在复杂网络中表现为网络的聚类特性，复杂网络理论中用聚类系数来刻画这种聚集现象。假设节点 i 有 k_i 个邻居节点，则这 k_i 个邻居节点之间最多存在 $C_{k_i}^2$ 条边。若实际存在的边数为 E_i，实际网络中 E_i 与最大连边 $C_{k_i}^2$ 往往并不相等，则节点 i 的聚类系数 C_i 用实际存在的边数 E_i 与最大连边 $C_{k_i}^2$ 的比值来表示，即

$$C_i=\frac{E_i}{C_{k_i}^2}=\frac{2E_i}{k_i(k_i-1)} \tag{3-6}$$

网络中所有节点聚类系数的平均值可以用整个网络的聚类系数 C 来表示，$C=0$ 表示网络中所有节点处于孤立状态，$C=1$ 表示网络中所有节点处于全连接状态。

4. 平均路径长度

在不考虑权重的无向网络中，节点 i 到节点 j 的距离 d_{ij} 表示连接这两个节点的路径中途经节点总数最少的路径的长度，网络的平均路径长度 L 则定义为网络中任意两个节点之间距离的平均值，即

$$L=\frac{2}{N(N-1)}\sum_{1\leqslant i<j\leqslant N} d_{ij} \tag{3-7}$$

通常情况下，用节点 i 到节点 j 之间距离的倒数 $\frac{1}{d_{ij}}$ 表示两节点间信息传递速度。两节点间距离越小，信息传递速度越快。同样，网络的平均路径长度越小，信息传递效率也越高。

3.5.2　复杂网络基础模型

研究者们在对现实网络世界探索的实践中，往往会结合实际网络的特点建立相应网络模型，其中基础的网络模型主要有规则网络、ER 随机网络、小世界网络、无标度网络四种。

1. 规则网络

在规则网络中，节点之间的连接符合某种确定的规则，网络中所有节点的度和聚类系数均相同。全局耦合网络、最近邻耦合网络、星形耦合网络是三种比较经典的规则网络模型。全局耦合网络模型如图 3-7(a)所示，其中所有节点均有连接关系，虽然该网络模型体现了许多真实网络的聚类特性和小世界性质，但由于节点总数为 N 的全局耦合网络中边数为 C_N^2，而实际网络中边数较为稀疏，很难达到 C_N^2，因此全局耦合网络在描述真实网络时仍然存在一定的局限性。最近邻耦合网络模型如图 3-7(b)所示($k=4$)，其中每一个节点只和与它左右最近的 $k/2$ 个节点相连，k 为偶数，该网络的聚类系数为 $C=3(k-2)/4(k-1)\approx 3/4$，平均路径长度为 $L\approx N/2k$，由于该网络中所有节点度都相同，因此节点度分布服从 Delta 分布。星形耦合网络模型如图 3-7(c)所示，它存在一个中心节点，其余节点都只与这个中心节点连接，该网络的平均路径长度为 $L=2-2/N$，聚类系数为 $C=(N-1)/N$。

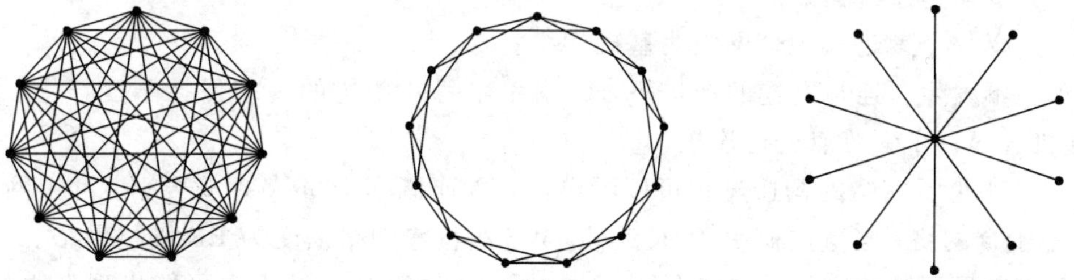

(a) 全局耦合网络　(b) 最近邻耦合网络　(c) 星形耦合网络

图 3-7　几种经典的规则网络模型

2. ER 随机网络

从网络生成方式上看，随机网络中所有节点的连接方式是随机的，最常见的是 1960 年由 Erdos 和 Renyi 提出的 ER 随机网络。ER 随机网络的生成过程如图 3-8 所示，其中网络的节点数为 N，网络中每两个节点间都以一定的概率 P 进行连接。一种典型的生成 ER 随机网络的方式如下：在避免自连和重连发生的前提下，初始时刻网络中只有 N 个孤立的节点，随后的每个固定时间间隔内以概率 P 随机选择 L 条边加入网络中，最终使网络的总边数达到 E。

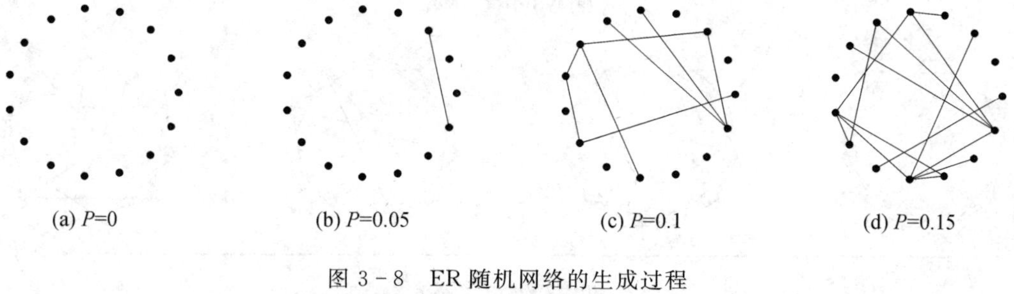

(a) P=0　(b) P=0.05　(c) P=0.1　(d) P=0.15

图 3-8　ER 随机网络的生成过程

从 ER 随机网络的生成过程可以看出，当连接概率为 P，节点数 N 趋向于无穷大，节点平均度为 $\langle k\rangle$ 时，该网络的节点度分布可表示为

$$P(k)=C_N^k P^k (1-P)^{N-k} \approx \frac{\langle k\rangle^k \mathrm{e}^{-\langle k\rangle}}{k!} \tag{3-8}$$

由式(3-8)可以看出，ER 随机网络的节点度分布与规则网络相似，因此 ER 随机网络又称为 Poisson 随机网络，此网络的平均度$\langle k\rangle=P(N-1)\approx PN$，平均路径长度$L=\ln N/\ln\langle k\rangle\approx\ln N/\ln\langle PN\rangle$。由于随着 N 的增大，$\ln\langle PN\rangle$的值比 $\ln N$ 的值增大得快，因此 L 可能随着 N 的增大而变得很小。因该网络中所有节点间的连接概率都相同，故该网络的聚类系数为$C=\langle k\rangle/(N-1)\approx\langle k\rangle/N$，因此增大 ER 随机网络的网络规模能够降低其聚类特性。

3. 小世界网络

针对现实中很多真实网络具有平均路径小、聚类系数大的特点，Watts 与 Strogatz 等人提出了一种网络特性介于规则网络与随机网络之间的网络模型，该模型被称为 WS 小世界网络，其具体构造过程如下：

(1) 选择一个 k 近邻耦合网络为基础网络。

(2) 在不发生自连与重连的前提下，将网络中每一条边的一端保持不变，另一端以概率 P 随机选择一个新节点进行连接。

由 WS 小世界网络的构造过程可以看出，当重连概率 P 取 0 时，WS 小世界网络演变为 k 近邻耦合网络；当重连概率 P 取 1 时，WS 小世界网络演变为 ER 随机网络。

WS 小世界网络的演化过程如图 3-9(a)所示，由于这一过程中可能出现孤立的节点，因此 Newman 与 Watts 等人提出了一种改进的小世界网络，有效地解决了孤立节点的问题，这种小世界网络称为 NW 小世界网络。该网络在生成过程中不会断开原有 k 近邻耦合网络中的任何边，而是随机选择节点对进行连接，NW 小世界网络的演化过程如图 3-9(b)所示。

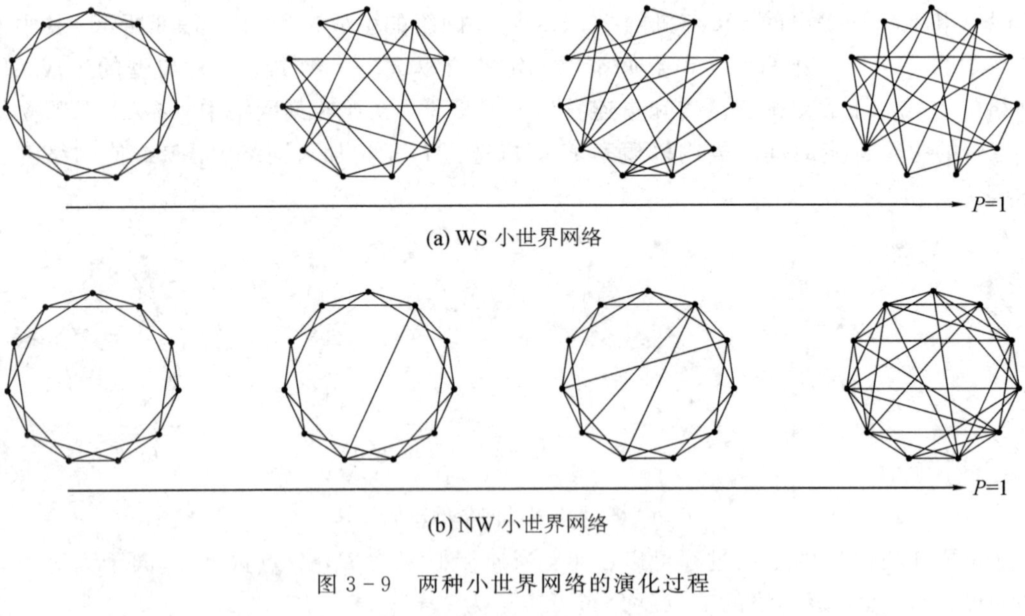

(a) WS 小世界网络

(b) NW 小世界网络

图 3-9　两种小世界网络的演化过程

WS 小世界网络和 NW 小世界网络的聚类系数分别为

$$C_{WS}=\frac{3(k-2)(1-P)^3}{4(k-1)} \tag{3-9}$$

$$C_{NW}=\frac{3(k-2)}{4(k-1)+4kP(2+P)} \tag{3-10}$$

4. 无标度网络

虽然通过以上结构各不相同的三种网络能够对现实网络进行一定的模拟，但实际许多真实网络中绝大部分节点只有少数边，却存在具有大量边的“明星节点”，即网络节点度分布具有幂律特性，相对于均匀网络，此类网络被称为无标度网络。1999 年 Barabési 与 Albert 提出了 BA 无标度网络模型，专门针对现实网络的幂律特性进行模拟，其生成过程具有如下特性：

(1) 增长特性：以一个拥有 m_0 个节点的网络作为基础网络，每次加入一个新节点，并将该节点与已有的 $m(m\leqslant m_0)$ 个节点分别建立连接，使网络规模不断扩大。

(2) 优先连接特性：新节点与老节点 i 连接的概率 Π_i 取决于老节点 i 的度 k_i，即每次新节点与老节点建立连接并不是随机的，其连接概率表达式为

$$\Pi_i=\frac{k_i}{\sum\limits_j k_j} \tag{3-11}$$

从上述网络演化机制可以看出，新节点选择网络中度较大的节点建立连接的可能性较大，重复这个过程会使网络中出现少数节点的度明显大于其他大多数节点，即该演化过程符合“马太效应”。当取 $m=m_0=2$ 时，此类网络的生成过程如图 3-10 所示。

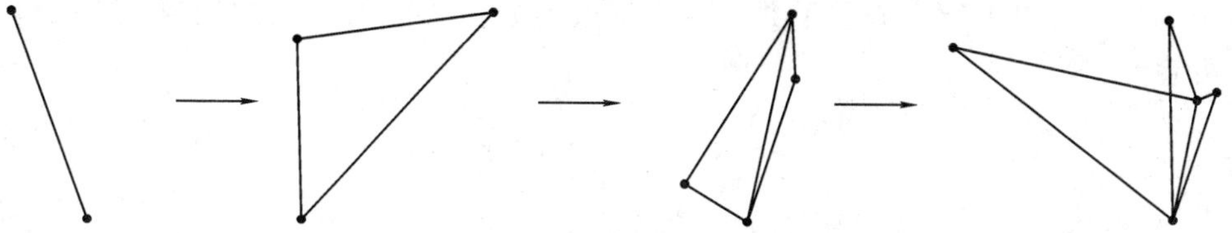

图 3-10 BA 无标度网络的生成过程($m=m_0=2$)

3.5.3 复杂网络经典传播模型

由于复杂网络中谣言等负面信息的传播过程与生物学中病毒的传播过程有很大相似之处，因此病毒传播模型被广泛应用于复杂网络中信息传播的研究。其中 SI、SIR、SIS 三种传播模型最为经典，应用也最为广泛。在这些经典传播模型中，网络结构和规模是稳定的，传播过程中既没有新节点加入也不存在原有节点的消失。下面分别对三种经典传播模型及其原理进行简要介绍。

1. SI 传播模型

此模型的网络中所有节点只有两种状态：健康状态 S 与感染状态 I，并且健康状态一旦转变为感染状态将会一直处于感染状态。健康节点与感染节点接触后被感染的概率用 β 表示，t 时刻网络中健康节点个数、感染节点个数占总节点个数的比值分别用 $s(t)$、$i(t)$ 表示，则该模型传播动力学方程为

$$\begin{cases}\dfrac{\mathrm{d}s(t)}{\mathrm{d}t}=-\beta s(t)i(t)\\ \dfrac{\mathrm{d}i(t)}{\mathrm{d}t}=\beta s(t)i(t)\end{cases}\tag{3-12}$$

2. SIR 传播模型

考虑到实际中感染节点受病毒感染后会以一定概率被治愈并获得免疫能力，因此将网络中节点分为三类：健康节点 S、感染节点 I、免疫节点 R。其中健康节点接触到感染节点后转变为感染节点的概率仍为 β，感染节点感染后被治愈转变为免疫节点的概率为 γ，同样用 $s(t)$、$i(t)$、$r(t)$分别表示 t 时刻网络中健康节点个数、感染节点个数、免疫节点个数占总节点个数的比值，则该模型传播动力学方程为

$$\begin{cases}\dfrac{\mathrm{d}s(t)}{\mathrm{d}t}=-\beta s(t)i(t)\\ \dfrac{\mathrm{d}i(t)}{\mathrm{d}t}=-\gamma i(t)+\beta s(t)i(t)\\ \dfrac{\mathrm{d}r(t)}{\mathrm{d}t}=\gamma i(t)\end{cases}\tag{3-13}$$

3. SIS 传播模型

对于现实中有些病毒传播类型，患者治愈后并不会获得永久免疫能力，即节点治愈后仍可能再次被病毒感染，此类传播过程中健康节点接触到感染节点后转变为感染节点的概率仍用 β 表示，同时感染节点被治愈后恢复为健康节点的概率用 α 表示，同样用 $s(t)$、$i(t)$分别表示 t 时刻网络中健康节点个数、感染节点个数占总节点个数的比值，则该模型传播动力学方程为

$$\begin{cases}\dfrac{\mathrm{d}s(t)}{\mathrm{d}t}=-\beta s(t)i(t)+\alpha i(t)\\ \dfrac{\mathrm{d}i(t)}{\mathrm{d}t}=-\alpha i(t)+\beta s(t)i(t)\end{cases}\tag{3-14}$$

基于以上三种经典模型，针对信息在网络中传播的特点，研究者还提出了许多其他模型。例如，考虑到某些信息需要时间验证，即具有类似病毒潜伏期的特点，对 SIR 传播模型进行改进，加入潜伏状态 E，建立 SEIR 传播模型；针对信息传播过程中，因节点的知识背景和认知能力不同而存在非线性传播的实际，建立 SIRS 传播模型。

3.5.4 复杂网络上的免疫策略

虽然研究者运用复杂网络理论对谣言等有害信息的传播机制进行了一定程度的掌握，但如何有效防控有害信息的传播才是研究的最终目的，其中对感染节点进行免疫与对感染节点进行隔离是对传播进行防控的两个基本思路。由于不同网络之间存在差异性，因此需要结合不同网络的特点，有针对性地采取相应的免疫策略。随机免疫、目标免疫、熟人免疫、主动免疫是四种比较常见的免疫策略。

1. 随机免疫

随机免疫通过完全随机的方式选择网络中部分节点进行免疫，被实施免疫策略的节

点，将会成为免疫节点且不再具备传染性。设均匀网络中免疫节点占总节点的比例为 g_c，传染率固定为 λ，均匀网络的传播率阈值为 λ_c，则实施随机免疫后均匀网络的免疫临界值为

$$g_c = 1 - \frac{\lambda_c}{\lambda} \tag{3-15}$$

由式(3-15)可以看出，只有当 $\lambda > \lambda_c$ 时，谣言信息才能在均匀网络中进行传播，此时才有必要对网络进行免疫。当 $0 < g_c < 1$ 时，对网络实施免疫后的传播率阈值比没有免疫时要高，即谣言信息更难在网络中传播。

对无标度网络实施随机免疫后，网络的免疫临界值为

$$g_c = 1 - \frac{\langle k \rangle}{\lambda \langle k^2 \rangle} \tag{3-16}$$

由式(3-16)可以看出，当无标度网络中节点数目趋近于无穷大时，有 $\langle k^2 \rangle \to \infty$，故 $g_c \to 1$，也就是当无标度网络的节点数目较大时，要想对网络中谣言传播实施免疫策略，需要对网络中所有节点都进行免疫才有效，这对规模庞大的实际网络来说是不可能实现的。

2. 目标免疫

由于随机免疫对无标度网络来说起不到实际免疫效果，因此需要根据无标度网络的特点有针对性地采取免疫策略。目标免疫选取无标度网络中度最大的部分节点实施免疫，被免疫的节点不会再对与其有连接关系的节点传播谣言，该策略充分考虑了无标度网络的幂律特性。对 BA 无标度网络而言，实施目标免疫后网络的免疫临界值为

$$g_c \propto e^{-\frac{2}{m\lambda}} \tag{3-17}$$

由式(3-17)可以看出，即使病毒传染率 λ 在较大范围内变动，免疫临界值的取值始终比较小，因此目标免疫对无标度网络具有很好的免疫效果。对于均匀网络而言，由于网络中所有节点相差不大，无法按照节点度的大小进行目标免疫，因此，目标免疫并不适用于均匀网络。

3. 熟人免疫

对于无标度网络而言，目标免疫虽然比较有效，但前提是必须知道整个网络的全部结构信息，才能对整个网络的节点按度大小进行排序，而后对度较大的节点实施目标免疫。然而这对于规模庞大且不断变化的真实网络，如社交网络来说很难做到，基于此种情况，熟人免疫策略从经验上讲是更具有影响力的策略。

熟人免疫策略是在随机免疫的基础上，对所选的免疫节点的邻居节点进行免疫的策略，也称为近邻免疫。其基本思想是从节点总数为 N 的网络中选取一部分节点，对这部分节点的邻居节点进行免疫，该免疫策略对网络信息的掌握程度要求较低。由于无标度网络中大部分节点度比较小，因此首次选择的节点度往往较小，但无标度网络中节点的度越大意味着有越多节点与之连接，故最终进行免疫的节点往往度比较大。虽然熟人免疫与目标免疫在免疫效果上有一定可比性，但仍不及目标免疫。

4. 主动免疫

虽然熟人免疫比目标免疫更容易实现，但由于熟人免疫是随机选取节点，而后对其邻

居节点进行随机选取并实施免疫，被选中进行免疫的节点很有可能不是度较大的重要节点。为了使免疫策略更具针对性，可以采用主动免疫策略，从而避免随机选取节点，主动对度较大的节点免疫。主动免疫策略在选择邻居节点实施免疫时会依据节点的度进行免疫目标节点的选择，因此，主动免疫能够提高传播阈值，且免疫效果随着传播阈值的提高而增强。

以上四种免疫策略分别适用于不同的网络类型，针对具体的复杂网络实例，需要根据不同网络的特点选择最合适的免疫策略。

本章小结

社交网络舆情信息传播的研究具有高度的技术交叉性，涵盖了网络结构、节点用户的行为以及信息的传播动力学等方面。基于前文介绍的社交网络基本理论和社交网络语义的分析方法，本章重点总结、归纳了社交网络舆情信息传播的一般规律，包括社交网络舆情研究的基本模型、社交网络舆情传播的阶段划分及各阶段的特征、社交网络舆情信息的传播机制等内容。然后，分别依托系统动力学模型和复杂网络信息传播模型两种典型的网络建模分析技术，阐述了社交网络舆情传播的规律。系统动力学模型和复杂网络信息传播模型的建立，为社交网络中研究情感倾向性、舆情演化趋势和舆情传播的干预等方面的技术打下了基础。

第四章　基于内容的社交网络舆情分析技术

社交网络中的信息量是巨大的，要想快速从中获取有价值的舆情信息需要建立一套有效的技术体系，这是网络舆情研究工作的重要基础。本章基于社交网络舆情信息特点，采用归纳事件主题的方式来组织舆情信息，系统阐述社交网络的舆情信息搜索、清洗、存储等组织管理的有效途径，探讨基于受众个性化行为的意见领袖发现方法和受众偏好建模方法。

4.1　社交网络舆情信息的搜索与抽取方法

社交网络里的信息各式各样、纷繁复杂，舆情信息就隐含在其中，这让研究者难以捕捉。如何从网络数据中获取有用的信息进行分析处理，最终生成结构化数据或者视图等其他可视化的形式，是目前网络舆情分析的基础性问题之一。目前比较常见的数据来源有微博、论坛、网络新闻等在线媒体，那么如何从这些庞大的社交网络中将我们需要的数据抽取出来，这是一个实践性比较强的工程问题，解决步骤一般包括数据收集、预处理、分词、向量化表示、特征提取等。

4.1.1　舆情信息的搜索

网页是舆情信息的重要载体之一，接下来以面向网页搜索的场景为例，阐述社交网络舆情信息搜索的基本流程。在网页载体中获取数据，可以采用网络爬虫抓取、API 对接等方式，这里的数据指的是网页文本内容，如新闻网页的评论与指定话题的观点等文字信息。按照信息获取的格式和顺序需要，设计相应的网络爬虫去抓取信息。网络爬虫工作流程如图 4－1 所示。

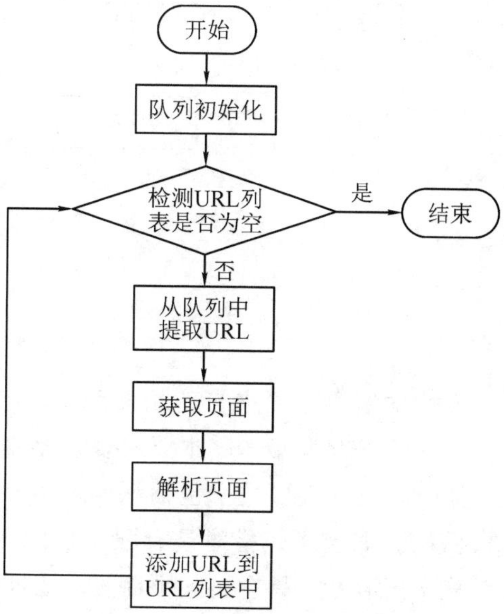

图 4－1　网络爬虫流程图

通常所说的爬虫，是指可以实现自动抓取页面、文本搜索、自动存储等功能的程序，属于搜索引擎的一部分，是实现网络递归查找指定内容的核心模块。爬虫的抓取功能通过按照网址或域名执行搜寻与匹配来实现，该过程遵循一定的策略，并不断循环抓取，从而实现在一定时间内获得大量原始文本数据的目的。爬虫一般按照深度优先或广度优先搜索策略工作。

1. 深度优先搜索策略

深度优先搜索策略应用时间很早，是一种比较传统的搜索策略。深度搜索的起始点是网络中指定的位置或地址，即在一个超链接网址设置好以后，整个网络的搜索也就开始了；其搜索的终点就是整个网络结构的叶子节点。深度优先搜索的路径是一条独立的链路，它一直在搜索最深的网络位置，直至到达当前路径的叶子节点，即端点链接。当到达端点链接后，则返回到初始网页，按照相同的方式继续执行其他的链接地址，所有地址完成即结束搜索。深度优先搜索策略的特点是可以对深层次的网站进行完整的搜索，其不足之处是搜索路径需要一直深入下去，当遇到无效链接时有可能无法正确返回。

2. 广度优先搜索策略

广度优先搜索策略是指覆盖尽可能多的网页，突出搜索面广的特点，按层次完成搜索任务，只有完成当前层搜索任务时，才开启下一层链接的搜索任务。

这个策略的实现算法不复杂，主要结合网络爬虫实现，虽然该策略可以做到覆盖面广，但具有效率不高的缺陷。在广度优先的爬虫算法中，考虑到初始链接与限定距离范围内的网址具有极大的相似性，因此需要在抓取大量网页后，按照策略对无关网页进行过滤，这将导致算法效率进一步降低。

综上，两种搜索策略各有特点，爬虫需要根据具体的网络结构类型进行选择。但无论哪种搜索策略，在信息采集和处理中的作用是相同的。图 4-2 所示是信息采集与预处理环节的基本流程。流程主要按照主题定位识别、文本分类、信息抽取的过程进行。其中，设置好目标主题的爬虫算法，即主题蜘蛛，会根据搜索策略自动识别与主题相关的网页，同时对网页进行消除重复、信息抽取等处理，然后将得到的结构化数据存入数据库。

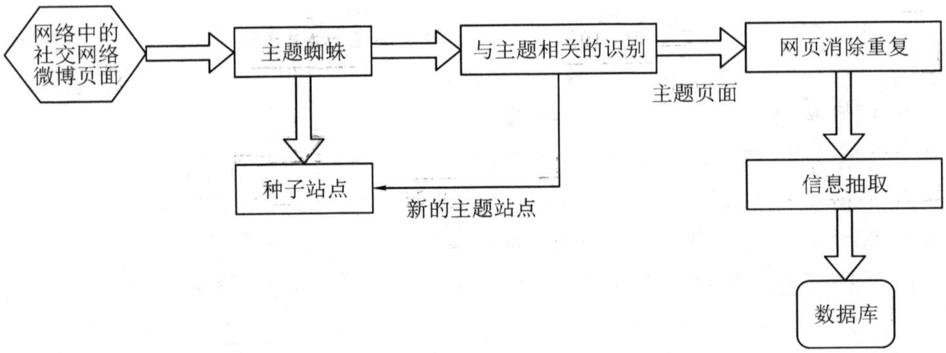

图 4-2 信息采集与预处理的基本流程

搜索的网页主要来自新闻页面、单主题或多主题的博客、论坛等。设计的爬虫算法按照主题进行信息爬取，其主要模块包括链接地址及主题分析设置模块、网站定位及爬取模块，其中涉及的重要技术包括深网获取技术、搜索自动化技术和高效下载技术等。

深网获取技术是指对具有限制性的网站或网页地址进行搜索访问。很多网站的信息均以深网形式存放，具有访问限制性、地址隐私性以及数据动态性。目前，信息类网站的存放大多采用深网形式，当用户访问时，数据内容实时生成，这给爬虫算法的搜索带来了障碍。深网获取技术可以根据目标网站数据库服务器自动提交查询请求，通过动态查找、判断、接口定位等功能，不仅能获取网页的地址，也能获得网页的内容信息。

自动完成搜索是指爬虫算法能够自动提交访问网站的相关信息，并满足网站被访问次数、等待的时间等条件，防止搜索程序被网站屏蔽。这种机制可以提高爬虫执行过程中遍历的效率，使得舆情信息的发现快速有效。由于每一次遍历都不会重复进行，只针对上一次遍历之后新链接的页面进行访问，所以自动化搜索的信息抓取效率是相当高的。

获取下载内容是顺利获得已访问网站的最后步骤，为了使爬虫算法实现高效下载，需要对算法工作过程进行优化。在下载过程中，由于爬虫算法抓取速度过快或频率过高，可能导致目标网站对 IP 封禁。因此爬虫算法的下载线程数和发出请求的频率等参数需要针对目标网站进行优化，以达到最高的下载效率。算法 4.1 以抓取新闻网页为例，对爬虫算法的基本策略代码进行描述。该算法体现了抓取、解析新闻网页的地址，以及解析网页内容的过程。

算法 4.1　抓取新闻网页。

输入：URL 为新闻页来源地址。

输出：分析结果。

步骤：

(1) 将待处理新闻链接地址堆栈 Doing stackurl 置空。

(2) 将已经处理过新闻链接地址堆栈 Done stackurl 置空。

(3) 若待处理新闻页面链接地址没有处理结束，就执行以下循环：

① 从开始至结尾扫描所有链接，进行解析，并将链接地址存入变量 V；

② 将解析后的链接地址放入 Done stackurl；

③ 将 Doing stackurl 中解析过的地址删除；

④ 取出 V 对应的所有地址，解析出评论内容，存入结果变量中；

⑤ 将 V 从 Doing stackurl 中弹出。

(4) 重新回到步骤(3)，循环进行。

算法 4.2 为抓取微博页面的基本代码的描述，与普通网页搜索的区别是微博页面需要根据目标主题抓取相应内容，然后再寻找与主题相关的下一条微博地址，重复上述过程直至遍历完整个网站。

算法 4.2　抓取微博页面。

输入：主题对应的微博地址。

输出：文本的内容。

步骤：

(1) 将待处理微博链接地址堆栈 Doing stackurl 置空。

(2) 将已经处理过微博链接地址堆栈 Done stackurl 置空。

(3) 从开始至结尾扫描所有话题链接，进行解析并将链接地址存入变量 V。

(4) 将 V 变量中的地址执行放入 Doing stackurl。

(5) 只要待处理微博话题的页面链接地址没有处理结束，就进行以下循环：

① 扫描微博地址的头和尾，将其放入 T；

② 将 V 处理后的地址放入 Done stackurl，处理后堆栈；

③ 在待处理栈中删除处理的地址；

④ 取出 V 对应的所有地址，解析出评论内容，存入结果变量中；

⑤ 若分析到链接地址尾，则放入变量 T，并将 T 从 Doing stackurl 中弹出。

(6) 重新回到步骤(5)，循环进行。

传统的微博搜索技术虽然可以满足人们一定的搜索需求，但是传统搜索的通用性决定了其不能满足人们个性化的搜索需求。社交网络搜索技术应依据受众的偏好而挖掘相应内容，即能够依据受众的偏好模型来搜索个性化的受众信息，从而发现受众偏好的对应数据。

关于个性化搜索的研究，一般处理方法是将内容查询、搜索和分类等操作结合在一起，实现对受众搜索的精确性，对领域覆盖率进行改善和优化。受众在使用搜索引擎时，首先向系统提交查询语句，然后系统将对受众搜索请求进行分析和优化，最终使用优化后的关键词进行搜索，也就是说，搜索的个性化是对受众提交的关键词(或称特征词)进行信息处理的过程，并运用智能化的预分析结果提高对受众意图预测的准确率。

为了解决社交网络个性化搜索的问题，研究者们提出了基于混合偏好模型的个性化搜索服务，该服务在受众查询语句中引入优化的混合兴趣模型，使查询结果更加符合受众的需求。当系统接收到输入搜索语句后，个性化搜索系统会根据分类词表将搜索语句映射到预定义好的若干偏好类别，然后通过比较受众搜索语句与若干偏好类别的相似度，形成受众真正的搜索意向，即关键词是从偏好分类词表里搜索出来，并由此扩展以形成搜索的词串。

本节以下部分将给出这种个性化搜索服务的实现过程。

4.1.2　舆情信息的抽取

信息抽取指将文本中的信息按照某种规则或者方式提取并存储于数据库，以供搜索的过程。

1. 信息抽取的方法与步骤

信息抽取的主要方法有基于知识工程和基于机器学习两种方法。基于知识工程的方法，其内容分析和规则模式制定都需要由人工完成，这些人工制定的模式便成了信息抽取的依据；而基于机器学习的方法，由机器学习算法自动完成信息抽取，不需要人工抽取，但该方法需要大量的标注语料库作为信息抽取的学习样本。

信息抽取需要对浅层的文本进行理解，其原理为语义模型的标注与理解，因此，网页中的信息抽取与第二章介绍的文本信息处理类似，在进行信息抽取时，需要重点依据网页中的 html 标签等关键词的标注结果。

数据的解析是信息抽取的核心过程，其流程如图 4－3 所示。针对原始网页中的数据，解析的主要步骤分为如下三步：首先，所有网页会在网页库中得到初步分析，并预先进行一些信息过滤处理，然后按照统一的页面格式保存，主要保存的信息有地址、获取时间、编码、最新刷新纪录情况及元数据信息；其次，对于待处理的网络中网页结构类型比较简单的网页经预处理后，以普通网页的格式进行存储，之后送入解析单元进行普通解析，解析结果存放在解析网页数据库；最后，对于具有特定结构的网页，如微博的搜索结果及对应的评论等，需要将预处理后的网页送入解析单元进行模板解析，该解析单元是基于模板结构化设计的，同样，解析结果保存在解析网页数据库中。

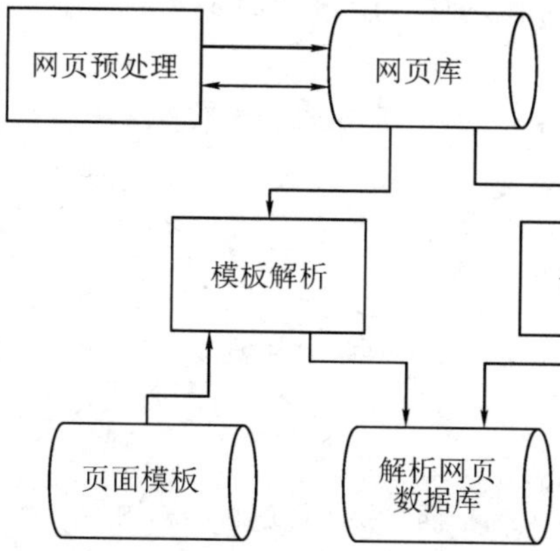

图 4-3　数据的解析基本流程

2. 话题覆盖的方法

在舆情信息分析中，话题覆盖率是一个不可忽视的衡量指标，为此需要对查询词进行扩展，采用的方法通常有基于词典扩展、基于 Wikipedia 话题扩展、基于 Web 的伪相关反馈扩展和基于查询日志扩展等方法。

基于词典扩展是借助固定词典来搜索热点词汇。例如给定查询词 q，依赖 Hownet 等词典将搜寻热点词汇扩展为若干个近义词后，提交检索系统作为查询拓展词备用。为了保证查询扩展词的合理性，需要定期收集网络上的热点词，并对热点词数据库周期性地进行更新。

基于 Wikipedia 话题扩展是借助 Wikipedia 网站强大的覆盖能力进行目标话题检索。例如给定查询词 q，利用 Wikipedia 来判断 q 是不是 Wikipedia 中某个分支项目，若是则该项目网页中与之有关的标题词语将作为 q 拓展词被检索系统使用。

基于 Web 的伪相关反馈扩展是借助搜索引擎完成话题查询的。例如给定查询词 q，利用网页的搜索引擎直接对 q 进行查询，之后将得到的多个查询结果中出现次数最多的词语作为 q 的扩展词提交到检索系统中。

基于查询日志扩展是对系统已经建立的话题或缓存记录进行查询。在给定了查询词 q 之后，可以利用系统保存的受众查询日志，将之前与 q 一起提交的查询词或 q 的子串作为扩展词。采用这种扩展方法的前提是受众的搜索量足够庞大，使得查询日志的累积规模已达到一定程度。

3. 标签的处理方法

在解析网页内容时，爬虫算法需要根据网页结构定位<table>标签以注明网页表格的位置，该表格中包含下拉菜单、大量的广告宣传信息、相关的链接等需要滤除的无用信息。为了节省空间并提高效率，爬虫算法需要解析对应的标签并过滤冗余和无效的信息。

处理标签时，首先处理主干要素，再根据主干结构依次递归处理各个分支。在以新闻、论坛、微博为信息载体的网页中，各要素的解析结构如图 4-4 所示。一般情况下，主题标签之间的内容是网页标题，而粗体文本标签之间的内容则是全文的重点内容。对于具有半结构化的网页来说，内容类型分为标题、元数据、段落关键词等，各类内容主要依赖标签的嵌套关系进行分割，并分别提取各个标签下的正文内容，最后把不同类型内容分类存放。

解析标签即是将层次结构的网页内容，按照设定的兴趣关键词进行结构化处理的过程。

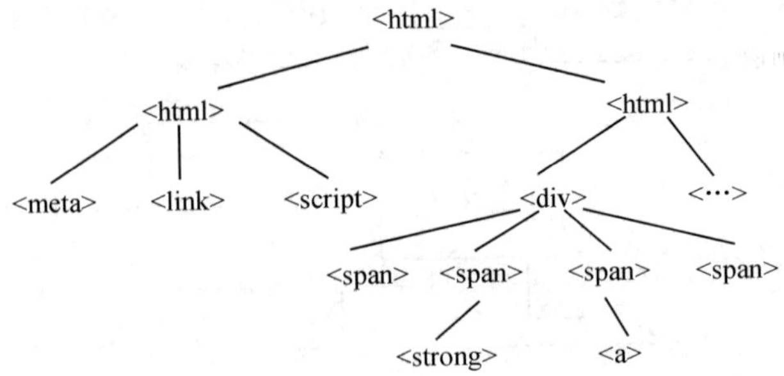

图 4-4　网络要素的解析结构图

动态网页是根据网页实时响应的模式生成的，且同一个网站中所有的网页都具有相似的标签解析结构。因此对动态网页信息的抽取只需制定一个固定的抽取模式即可，即动态网页更加有利于信息抽取。

正则表达式对字符串模式有着很强的表示能力，在网页标签和内容解析时应用广泛，可以用来表示任意字符串，可将网页内容中与给定模式匹配的子串提取出来。正则表达式元字符匹配含义如表 4-1 所示。目前 Java、C++等编程语言均支持正则表达式的使用。

表 4-1　元字符匹配含义表

符号	含　义
\d	匹配数字型
\w	匹配英、中文等
\s	匹配无字符
?	匹配 0 或 1 次
*	匹配 0 或多次
+	匹配 1 或多次
{n}	匹配 n 次
[$\hat{x}$]	匹配不含 x
(? =expression)	匹配 expression 前端

4. 信息抽取过程

在进行信息抽取之前，需要定义不同类型的待抽取对象。

定义 4.1　可用信息是指品质高且与标题联系密切的，受众可直接利用的信息。

定义 4.2　目标信息是指在文档中去掉脚本标签放置区间的文本和样式表<style>标签间的文本后，剩余的脚本文本。

定义 4.3　结果文本是指在目标信息的基础上处理掉<span>标记后余留下来的文本。

在脚本代码中标签关键字 title 标出的就是文本的标题文本。首先，由于网站的<title>标签之后会以下划线连接网站名称，因此抽取过程需要去掉标题中最后一个以字符“_”开头的全部内容；其次，将“_”“—”“：”“，”等符号直接删除，同时还需要删除<title>标签之间由两个括号括起来的内容。

接下来对 html 网页主体内容进行去冗余处理，即删除<script…>与</script>之间的动态脚本代码，删除<style…>与</style>之间的样式信息，然后得到该 html 网页的目标信息。为了进一步提高文本在匹配和存储过程中的效率，还需要删除全部<span><div>等辅助排版和布局标签，经过这些步骤后网页中的无用信息已经减少了很多。

将上述相对固定的冗余信息去掉后，剩下即是相对规整连续的文本块，即可使用相应的文本抽取算法抽取主题内容关键词和评论信息等内容，见算法 4.3(新闻网页)、算法 4.4(微博网页)。

算法 4.3　抽取新闻评论。

输入：html 脚本文件。

输出：主题内容关键词，受众的文本评论。

步骤：

(1) 初始化常量和数组。

(2) 初始化循环变量 begin，使之为−1。

(3) 抽取标题内容。

(4) 删除"_"。

(5) 删除"-""："","符号。

(6) 将 html 代码保存。

(7) 循环变量 begin 不等于−1 时候，进行以下循环：

① 匹配脚本开始位置<；

② 匹配脚本结束位置</；

③ 移除脚本内容无用标记，留下有用文本；

④ 获得表格标记，移除目标脚本标记，留下有用文本；

⑤ 存储可用信息；

⑥ 发现最热的受众评论文本；

⑦ 检索到结束标签；

⑧ 将可用信息存入数据库；

⑨ 将可用信息中长度极小内容剔除。

(8) 返回最后处理过的结果文本。

算法 4.4　抽取微博内容中可用信息。

输入：html 代码。

输出：主题内容关键词、Weibo 主人信息、文本内容。

步骤：

(1) 初始化各个变量。

(2) 抽取主题标题。

(3) 将"_"移除。

(4) 将"_"":"","移除。

(5) 将脚本代码存储。

(6) 循环变量当 begin 不等于−1 时候，进行以下循环：

① 匹配标记“<p”；

② 匹配标记“</p”；

③ 定位标签“<p”“</p>”，并移除“<p”“</p>”；

④ 获得表格标记“<”“>”，移除目标脚本标记“<”“>”，留下可用文本；

⑤ 将可用信息存入数据库。

(7) 返回最后处理过的可用信息。

经过算法 4.3 或算法 4.4 抽取后，信息将存储于数据库存储表中，其字段含义、属性等结构示例如表 4-2 所示。

表 4-2　存储表结构

属性名	类型	含　义
subject	文本类型	标题
pubtime	文本类型	公开发表时间
Tnotc	文本类型	发文者名称
rip	文本类型	浏览者的 IP 地址
cot	文本类型	文章上下文背景
tmked	文本类型	标注的文本
rotaa	文本类型	人工分析的结果

综上，我们从具体实施方法上简要介绍了舆情信息的抽取过程和涉及的技术。信息的抽取对后续舆情分析模型的建立有着基础性作用，只有获取了足够多与舆情信息相关的原始文本数据，才能形成目标舆情的合理统计分布，从而满足客观分析舆情的发展脉络、预测和引导舆情走向的需求。

4.1.3　舆情信息的清洗

获得规范的评论信息只是舆情信息清洗的前提，在此基础上还要对规范的评论信息再次清洗，即分词、标注和去掉停用词，其中分词是最关键的步骤。分词即按照设定的词库将词从网页文本串中准确提取出来的过程，提取的同时还需要确定词性、情感类型等相关信息。例如当提取并判断一个词是形容词后，还可以提取其附近的副词，并以此来判断该形容词所表达情感或状态的强弱。

常见的分词有基于字符串匹配的方法、基于语义的方法和基于统计的方法三种，三种方法各有其优缺点。基于字符串匹配的方法需要根据具体应用对象，编写相应的正则表达式，从而实现精确匹配，但投入的人工成本较高；基于语义的方法可以利用现有的语料库进行匹配，实现速度较快，但需要不断更新语料库才能保证一定的分词精确性；基于统计的方法加入分词词典，进行字符串匹配分词，既可以较好地消除歧义，又具备自动分词速度快的特点。在实际应用的分词系统中，一般将三种方法的优点结合起来使用。

目前国内比较优秀的几款分词系统有 jieba 分词、SnowNLP、清华大学中文词法分析工具包(THULAC)和中科院分词(NLPIR)系统等。近年来，这几款分词系统在 github 等开源平台上使用较多。接下来以 NLPIR 系统为例，对分词的工作过程做简要介绍。

NLPIR 系统的主要功能包括：中文分词，词性标注，命名实体识别，用户词典查询，新词发现与关键词提取。其分词模式有三种，即默认模式、汉语标注模式和无词性标注模式，这三种模式区别在于输出结果的表示形式不同，一般采用默认模式。图 4－5 所示为三种分词模式对应的结果。

```
1.默认模式:
[('南京', 'noun'), ('爆炸', 'verb'), ('事件', 'noun'), ('中', 'noun of locality'), (',',
 'punctuation mark'), ('南京电视台', None), ('生活', 'verb'), ('频道', 'noun'), ('因为',
 'conjunction'), ('最', 'adverb'), ('早', 'adjective'), ('做', 'verb'), ('了', 'particle'),
 ('现场', 'locative word'), ('直播', 'verb'), ('而', 'conjunction'), ('受到', 'verb'), ('上级',
 'noun'), ('批评', 'verb')]
2.汉语标注模式:
part of speech not recognized: 'gtc'
[('南京', '名词'), ('爆炸', '动词'), ('事件', '名词'), ('中', '方位词'), (',', '标点符号'),
 ('南京电视台', None), ('生活', '动词'), ('频道', '名词'), ('因为', '连词'), ('最', '副词'),
 ('早', '形容词'), ('做', '动词'), ('了', '助词'), ('现场', '处所词'), ('直播', '动词'), ('而',
 '连词'), ('受到', '动词'), ('上级', '名词'), ('批评', '动词')]
3.无词性标注模式:
part of speech not recognized: 'gtc'
['南京', '爆炸', '事件', '中', ',', '南京电视台', '生活', '频道', '因为', '最', '早', '做', '了',
 '现场', '直播', '而', '受到', '上级', '批评']
```

图 4－5 三种分词模式对应的结果

一般情况下，网页文本的格式和内容差异较大，且包含大量表情符号、重复信息等噪声信息，这些噪声信息对信息抽取结果没有实质性贡献，且会影响抽取主题的准确性，通常将这些信息作为停用词去掉。部分停用词可以根据词性判断，如 NLPIR 系统一般去除以下词性的词：方位词、介词、量词、助词、标点符号、非语素词和语气词等。

经过分词、标注和去除停用词等清洗处理后，由词汇集合表示的舆情信息已经初步具备了结构化的特征，可以用于接下来的特征表示和建模分析等过程。

4.1.4 舆情信息的特征表示

经过清洗之后的文本，已经由整段文字转换为词的集合，接下来是如何将文本进行恰当的表示，使之变成机器学习等算法能够处理的信息。文本表示是文本处理的关键一步，是对文本进行舆情信息建模的前提。

目前已有的文本表示方法有布尔模型、概率模型和向量空间模型，比较常用的是向量空间模型，该模型是将文本用向量空间中的向量表示，便于计算机进行向量和矩阵等并行计算。在向量空间模型中，一条文本记录表示为 $d=\{t_1, w_1; t_2, w_2; \cdots; t_n, w_n\}$，其中 d 表示文本，t_n 表示文本的特征词语，w_n 表示 t_n 在文本中的权重。为了更好地区分特征词语的重要性，一般不使用简单的统计数量表示权重，而通常使用 TF-IDF 函数来计算权重，即计算 $\text{tf-idf}_{ij}=\text{tf}_{ij}\cdot\text{idf}_i$，其中 tf_{ij} 表示词语 t_i 在文本 d_j 中的词频，计算公式为

$$\text{tf}_{ij}=\frac{n_{ij}}{\sum_k n_{kj}} \tag{4-1}$$

式中，分子表示词语在文本中出现的次数，分母表示文本中所有词语出现的次数之和。idf_i

表示逆向文档频率，计算公式为

$$\mathrm{idf}_i = \lg\left(\frac{|D|}{|\{j: t_i \in d_j\}|} + 0.01\right) \tag{4-2}$$

式中，$|D|$表示总文档数，$|\{j: t_i \in d_j\}|$是包含词语 t_i 的文档个数。为了防止分子等于分母时 idf_i 值为 0，加入平滑因子 0.01。

由于文本集合中的文本长度不同，因此要进行归一化处理，经过归一化处理的 TF-IDF 函数值在[0，1]区间内，计算公式如下：

$$\text{tf-idf}_{ij} = \frac{\mathrm{tf}_{ij} \cdot \mathrm{idf}_i}{\sqrt{\sum_{i \in j} (\mathrm{tf}_{ij} \cdot \mathrm{idf}_i)^2}} \tag{4-3}$$

下面对来自新浪微博的 3 个具有相关性的文本分别进行向量化表示，并用向量空间模型计算各词语的 tf-idf_{ij} 值。

文本 a　“‘马蜂窝’在声明中称，点评内容在‘马蜂窝’整体数据量中占比仅为 2.91%，涉嫌虚假点评的账号数量在整体用户中的占比更是微乎其微，‘马蜂窝’已对这部分账号进行清理。自媒体文章所述的‘马蜂窝’用户数量，与事实和第三方机构数据都严重不符。”

文本 b　“21 日，有文章爆料称，‘马蜂窝’2100 万点评中有 1800 万涉嫌抄袭，且同一 ID 用户评论中存在性别矛盾，明确出现抄袭来源。爆料人称，发现造假纯属偶然，本想训练舆情挖掘模型，没想到把他们掀了个底朝天。”

文本 c　“数据造假好像在国内一点也不稀奇，各大电商，各大门户网站，各大视频网站，似乎造假的并不少。资本驱动的时代，数据量成了评价一款产品好坏的标准，注重的不是用户体验，所以这次‘马蜂窝’把马蜂窝捅了。”

从表 4-3 中可以看出，3 个文本经过向量化表示之后，都表示成了具有相同维度的空间向量，列表的第 1 列是特征词，第 2 列是特征词的权重，文本经过向量化表示之后，就可以进行下一步的文本聚类、分类等操作。

表 4-3　文本向量化

文本 a		文本 b		文本 c	
微乎其微	0	微乎其微	0.161 044 876	微乎其微	0
性别	0.176 745 622	性别	0	性别	0
所以	0	所以	0	所以	0.161 765 43
所述	0	所述	0.161 044 876	所述	0
抄袭	0.353 491 245	抄袭	0	抄袭	0
数据	0	数据	0.122 478 779	数据	0.123 026 779
数据量	0	数据量	0.122 478 779	数据量	0.123 026 779
数量	0	数量	0.161 044 876	数量	0
整体	0	整体	0.322 089 752	整体	0
…	…	…	…	…	…

4.1.5　舆情信息的检索体系设计

前文已介绍过基于网页的文本信息爬取技术和舆情信息的预处理方法，在此基础上，舆情信息的检索系统还需要进行更加完善的流程化、模块化设计。图 4－6 所示的是舆情检索系统结构图(以微博为例)，图中展示了舆情信息的完整组织体系和模块组成。该系统综合了面向搜索的信息来源特点，并最终针对搜索需求设计了网络抓取模块、网页解析模块、分词处理模块、按序索引模块等主要模块。

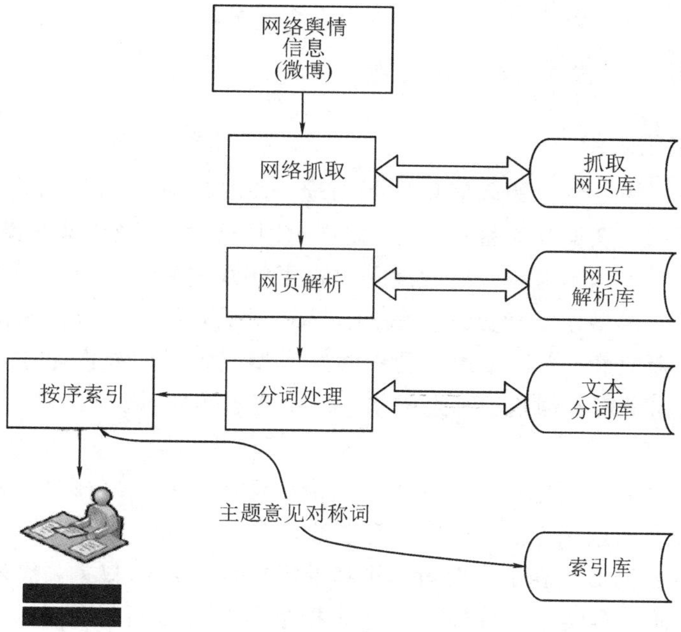

图 4－6　舆情检索系统结构图

舆情检索系统的工作流程是，首先由网络抓取模块进行抓取，原始网页数据库会对网络爬虫抓取到的网页进行保存。然后，网页解析模块进一步处理结构化网页数据，为保证信息的准确性，网页解析模块会先对网页中的噪声信息(即影响信息分析的干扰内容)进行识别并将其去除，剩余的有效信息主要包含网页中的正文、关键词、标题、内链、外链及锚等。对于博客、微博等特殊的网页信息，网页解析模块还需要解析网页内容的上传者、上传时间、相应的回复、评论等信息。接下来对已获得的数据进行分词处理。与一般网页搜索引擎不同，互联网舆情信息的结构化特点要求先对网页正文内容进行分句，之后基于前文介绍的分词工具，在不影响每个分句正确表达的情况下保留关键词，去掉其他类型词语。这一过程主要由分词处理模块结合综合情感词典和热点话题词库完成。最后的步骤是网络舆情查询。当受众提交查询请求后，查询接口会响应受众的查询请求，并在索引文件中进行查询。经过舆情分析以后，受众会得到按照话题相关性、观点相关性排序后的查询结果。

为了保证在查询结果中获得更多的相关舆情信息，查询扩展模块会对原始查询词进行扩展。由于大部分查询请求都是由热点话题关键词组成的，因此扩展的依据来源于热点话题库以及查询日志等。对于网络舆情信息查询之后的分析方法，后续章节会有详细介绍。

4.2　网络舆情群体受众偏好建模和挖掘方法

无论在微观经济学中，还是在群体生成理论中，对个体的研究大多以个体偏好为切入点。个体偏好是指个体的情感和倾向，其中蕴含了价值取向、偏离"常规"的行为方式等重要信息。社会学理论认为个体偏好是决定公共秩序状态的关键因素，也是形成群体行为的重要因素。本节将对社交网络中舆情群体受众偏好的建模和挖掘方法进行系统阐述，以便进一步探索网络舆情的控制和干预技术。

4.2.1　网络舆情群体受众偏好的发现

1. 受众偏好模型表示

进行受众建模，首先要对受众信息进行处理，抽取出有用的信息并进行形式化描述，然后归纳出可计算的受众偏好模型；其次，需要对网络舆情的受众偏好模型进行数学表示，受众偏好模型的数学表示不但在一定程度上决定了受众偏好模型反映受众偏好的能力，而且也决定了受众偏好模型建立和更新算法的选取；最后，随着受众信息的不断变化，需要对受众偏好模型不断更新。人们常用的受众偏好模型表示方法有向量空间表示、描述符表示、基于本体论的向量表示和基于神经网络的向量表示等四种。

1）向量空间表示

向量空间表示是在个性化建模技术中应用最广泛的受众偏好模型表示方法，在网页文本信息抽取时已经介绍过该方法，在用于受众偏好模型表示时，计算方法略有不同。此处，受众兴趣信息以特征词形式表示为向量，并赋予特征词一定的权重，代表受众对该特征词感兴趣的程度，即通过对受众感兴趣的一组文档进行统计分析得到该文档的向量表示。D 表示受众对提供的 m 篇文档感兴趣的集合：

$$D=\{d_1, d_2, \cdots d_i, \cdots, d_m\} \quad i=1, 2, \cdots, m \tag{4-4}$$

其中该文档集合中 d_i 可以用一个 n 维向量表示：

$$\boldsymbol{d}=(d_{i1}, d_{i2}, \cdots d_{ij}, \cdots, d_{in}) \quad i=1, 2, \cdots, m; j=1, 2, \cdots, n \tag{4-5}$$

其中，d_{ij} 表示文档 d_i 的第 j 个特征词的权重，计算 d_{ij} 的方法中应用最广泛的为布尔值、词频和 TF-IDF 向量表示，每一种的计算方法如下：

(1) 基于布尔值向量表示。

当第 j 个特征词属于文档 d_i 时，令 $d_{ij}=1$；

当第 j 个特征词不属于文档 d_i 时，令 $d_{ij}=0$。

(2) 基于词频向量表示。

第 j 个特征词在文档 d_i 中出现的次数表示为 $d_{ij}=f_{ij}(i=1, 2, \cdots, m; j=1, 2, \cdots, n)$，$d_{ij}=0$ $(i=1, 2, \cdots, m; j=1, 2, \cdots, n)$ 表示第 j 个特征词不属于文档 d_i。

(3) 基于 TF-IDF 向量表示。

根据 TF-IDF 的原理，可以得出特征词 t_i 的重要性和特征词频率成正比，和文档 d_i 频率成反比，计算方法与式(4-1)～(4-3)相似，只需要替换相应的统计量即可。t_i 在集合 D 中逆向文档频率 idf_i 定义为

$$\mathrm{idf}_i = \lg \frac{N}{n} \tag{4-6}$$

式中 n 为 D 中所包含的特征词 t_i 的文档数量，N 是 D 中的总文档数量。t_i 在 d_i 中的统计文档频率 tf_{ij} 为 t_i 在 d_i 中呈现的次数，结合文档频率 tf_{ij} 和逆向文档频率 idf_i 来计算特征词 t_i 在文档 d_i 中的权值 w_{ij}：

$$w_{ij} = \mathrm{tf}_{ij} \times \mathrm{idf}_i \tag{4-7}$$

当使用向量空间表示方法建立受众偏好模型时，文本与模型之间相似程度也便于形式化描述，例如一种简易的计算相似度定义为

$$\sin(d_1, d_2) = \frac{d_1 \cdot d_2}{\| d_1 \| \cdot \| d_2 \|} = \frac{\sum_{i=1}^{n} d_{1i} \cdot d_{2i}}{\sqrt{\sum_{i=1}^{n} d_{1i}^2 \cdot \sum_{i=1}^{n} d_{2i}^2}} \tag{4-8}$$

2）描述符表示

描述符是由关键词及其对应的权重所构成的特征向量。在描述符表示中，偏好类别 C 由正描述符 d_{p}、负描述符 d_{n} 和长期描述符 d_{h} 组成。正描述符是根据正反馈的文档得到的，负描述符是从负反馈文档得到的，而长期描述符则由正、负两种反馈文档得到。

在描述符表示中，每个描述符分别对应对偏好类别 C 感兴趣的程度，偏好类别 C 中正描述符、负描述符和长期描述符的偏好等级分别用偏好度 w_{p}、w_{n} 和 w_{h} 表示，则偏好类别 C 可表示为

$$C = \langle (w_{\mathrm{p}}, d_{\mathrm{p}}); (w_{\mathrm{n}}, d_{\mathrm{n}}); (w_{\mathrm{h}}, d_{\mathrm{h}}) \rangle \tag{4-9}$$

受众偏好模型一般具有多个偏好类别，用于表达多样化的偏好情形。具有 n 个偏好类别的个性化受众模型 P_{model} 可以表示为

$$P_{\mathrm{model}} = \{C_1, C_2, \cdots, C_n\} \tag{4-10}$$

3）基于本体论的向量表示

由于本体论在对象表示的应用中具有可重复、规范、可靠等性质特征，因此，在侧重刻画受众本体特征的场景下，通常用本体论的向量表示个性化的受众偏好模型。例如，文献检索领域的受众偏好模型表示为一个三元组：

$$P_{\mathrm{model}} = (p_{\mathrm{f}}, p_{\mathrm{d}}, p_{\mathrm{s}}) \tag{4-11}$$

其中，p_{f} 代表受众的属性，例如姓氏、年龄、性别、教育程度、职业、兴趣偏好等；p_{d} 指个性化的所属领域本体信息，例如研究领域成果等；p_{s} 表示具有受众个人特点的需求，例如关注的文献、涉及的专业等。

4）基于神经网络的向量表示

受众的信息传播行为可以表示为信息的输入、输出等状态，不同状态通过受众在社交网络中的传播行为决定。基于神经网络的向量表示中，假定受众偏好模型的特点是当受众的偏好趋于稳定后，在受众的信息传播链中会表现出一种特征化的链接权重值，从而可以使用神经网络结构表达受众传播行为的偏好状态。例如，受众不断更新微博内容，神经网络便可以从受众原始数据中得到相应的传播链权重值，然后对受众日常关注的新闻、娱乐、时政等方面的主题偏好进行分类识别，并不断修正各个分类的权重值，从而得到受众偏好模型。基于神经网络向量表示的受众偏好模型具有稳定性好、可靠性高的特点，并能够很方便地用于各类社交网络的预测中。

2. 受众偏好模型的学习

接下来要对已经完成数学表示的受众偏好模型进行学习。受众偏好模型学习就是利用机器学习技术对与受众相关的信息进行挖掘，去除影响机器学习的噪声，生成能够表达受众偏好的有效信息结构，并将其规范化，使其具备标准的结构化模式。受众偏好模型学习主要依赖机器学习算法，相关技术包括 TF-IDF 技术、决策树归纳技术、神经网络技术和聚类技术等。

1）TF-IDF 技术

TF-IDF 技术是舆情信息处理中反复使用的算法之一，它也可以通过计算特征词的权重来表示受众的偏好。通过改写式(4－7)，可得到受众的特征词权重 w_i：

$$w_i = \mathrm{tf}(t_i, d) \times \lg \frac{|D|}{\mathrm{df}(t_i)} \tag{4-12}$$

式中，$\mathrm{tf}(t_i, d)$为词频，表示特征词 t_i 在文档 d 中出现的次数；后一项代表特征词 t_i 的逆向文档频率，$|D|$、$\mathrm{df}(t_i)$分别为文档总数、频率。通过新的语料文档输入不断迭代更新式(4－12)，即可得到受众偏好的特征词及其权重。

2）决策树归纳技术

决策树归纳技术是用来做预测的机器学习方法，其核心思想是在决策树中利用最短路径原理将特定的输入文本划分到相应的子类别。首先，利用机器学习算法通过一定量的训练数据构造初始决策树，作为受众偏好模型的初始化过程；然后，设定某一偏好属性作为每次划分的参照，并设定划分的终止条件为每个子类仅包含唯一的实例类别；最后，使用受众偏好数据更新决策树，该决策树中的每个节点表示一个偏好属性决策点，受众数据的计算结果值决定了决策树的构造方向。当该过程达到终止条件或构造至叶子节点后，受众偏好模型完成。

3）神经网络技术

神经网络技术是目前机器学习的重要载体，具备强大的表达能力、预测能力和学习能力。用神经网络表示的受众偏好模型，其学习过程一般需要在神经网络中构造反向传播、长短记忆网络等中间层训练受众偏好模型，然后调整网络链接权重，使神经网络上的节点收敛于稳态，则神经网络输出的即是按照输入数据所划分的受众类别。

4）聚类技术

聚类技术是按照确定的规则将具有类似属性、特点的受众数据划分到不同组别的机器学习方法。使用聚类技术的系统，其输出结果一般都是特征相似的受众集合或者该受众群组的综合模型。

3. 受众偏好模型的更新

受众偏好模型在初始学习阶段结束后，为了提高对受众偏好判定的准确度，需要对模型进行更新。受众偏好模型更新技术是使模型能够反映出受众最新的偏好，以提高分析类别的质量和准确性。国内外研究者在研究受众偏好模型更新时经常使用如下几种技术。

1）信息增补技术

信息增补技术是目前应用最广泛的受众偏好模型更新技术。信息增补技术采用两种方式来对受众偏好模型进行更新，即直接信息增补和调整权重的信息增补。直接信息增补在原有受众偏好模型基础上增加了反馈机制，这个反馈来自受众的新数据。增补过程中没有对其他权重信息进行调整。这种受众偏好模型更新方式未考虑新受众信息和旧受众信息在模型建立阶段所起的不同作用，所以这种方式很可能导致模型的预测结果出现假阳性错误，也就是预测的结果是受众不感兴趣的内容。

相比之下，调整权重的信息增补方式在受众偏好模型中更新信息的同时，还对新受众信息和旧受众信息的权重进行了更新，使反映受众最新偏好的信息在模型使用阶段起到更重要的作用。因此调整权重的信息增补方式通过更新权重的方法，在一定程度上避免了直接信息增补方式的假阳性错误现象。同时，调整权重的信息增补方式更能反映在舆情事件中受众偏好逐渐变迁的过程。

2）遗传算法

遗传算法以生物进化为背景，通过模拟自然选择、杂交、遗传、突变等过程，实现对某个群体演化的建模和预测，是研究群体行为最常用的搜索进化算法。遗传算法中，假定个体存在于种群中，种群的发展经历自然选择过程，用适应度函数描述个体的存续状态，种群为了使整体的存续状态达到最优，需要不断变异、交叉，最终搜索到最优的进化路径和状态。

使用遗传算法对受众偏好模型进行更新，首先将受众偏好模型中每个偏好类别进行染色体编码，同时产生随机的初始种群，且这个种群伴随其他类型染色体。其次，初始种群不断在新受众信息上进化，一旦满足停止条件后，用编码适应性最好的染色体代替当前受众偏好模型，即完成了受众偏好模型的更新。

3）神经网络技术

基于神经网络建立的受众偏好模型需要使用神经网络技术继续对模型的权重参数进行更新，以保持模型的准确性。更新过程是将受众的新信息作为模型训练的输入，不断更新模型训练的输出结果，直至受众偏好模型再次稳定。用神经网络技术来更新受众偏好模型主要有以下两种方式：

第一种方式是通过神经网络调整新的偏好类别和过时的偏好类别各自所占的权重，实现受众偏好模型的更新；

第二种方式是消除旧的偏好类别对应的链接关系来应对受众偏好模型的变化，使神经网络能够更快识别新的偏好类别。

以第二种方式进行受众偏好模型更新会引起神经网络结构的变化，因此需要重新建立神经网络各层的结构，并训练新的参数来识别受众偏好类别的变化。

4.2.2 受众偏好分类算法

受众偏好分类是一个模式识别的过程。受众偏好的分类，需要从概率分布上估计输入文本与输出类别的关系，并通过得到的经验或映射关系实现比较理想的分类。

在算法实现上，偏好文本分类需要运用机器学习算法，把文本的内容分到不同的类别中。其基本步骤是，首先用训练样本训练出具备较高准确率的分类器，然后用测试文本进行分类操作，得到分类结果。本节以微博内容为例，对分类算法进行分析，并识别出微博文本所属的偏好类别，从而获取微博内容中隐含的受众偏好，见算法 4.5。

算法 4.5　受众偏好分类算法。

输入：受众偏好文本。

输出：分类结果。

步骤：

(1) 对网络爬取的受众偏好文本进行预处理，包括对训练语料和测试语料进行分词、词性标注、去除停用词以及词频统计；

(2) 根据向量空间模型对文本特征进行表示、提取和规范化；

(3) 用文本分类算法构造分类器，并对分类器进行训练和测试；

(4) 对目标微博文本进行实时分类。

偏好分类算法处理流程如图 4-7 所示。其中，训练过程和测试过程均要经过文本预处理、特征选择、权重设置等步骤，区别在于输入的训练样本不同。这两个过程可以同步进行，也可分阶段逐个进行，其中同步进行分类学习的过程称为在线学习。训练过程和测试过程的流程大致相同，即文本预处理成特征词后，选择出能够代表文本主要信息的特征词构成特征向量；而后对选好的特征词赋予权重，以区分不同特征词对特征向量的影响；最后将赋予权重的特征向量输入分类器进行分类。

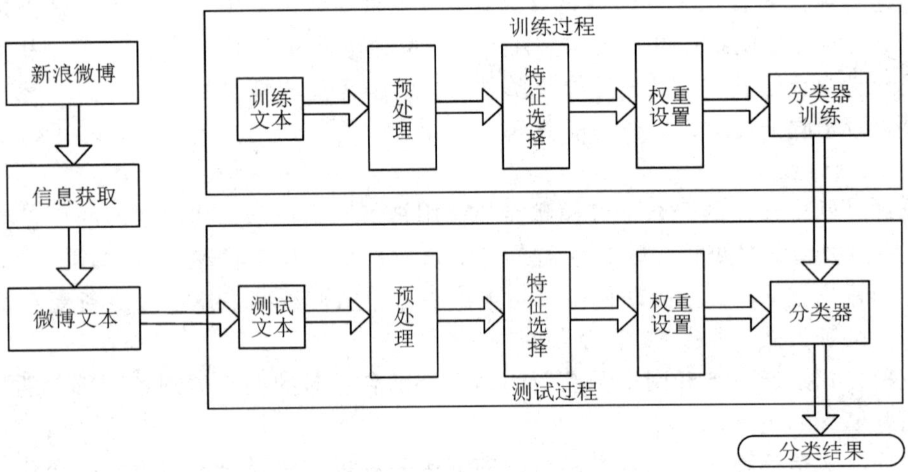

图 4-7　偏好分类算法处理流程

为了提高分类结果的准确率，通常采用随机森林算法或者支持向量机算法设计分类器。此处，我们以基于二叉树的支持向量机分类算法为例介绍分类的原理和过程。支持向量机分类算法的基本原理是，通过计算样本集合的类均值距离，而后计算不同样本的类距离，并将其与类均值距离比较，从而将样本区分为不同的类别。类距离、类均值距离和类均值向量的具体计算方法如下：

类距离 $d_{i,j}$ 定义为样本类别 i 和样本类别 j 的类均值向量间的距离减去其各自的类均值距离，即

$$d_{i,j} = \| m_i - m_j \|^2 - r_i - r_j \tag{4-13}$$

$$r_i = \frac{1}{n} \sum_{k=1}^{n_i} \| x_k^j - m_i \|^2 \tag{4-14}$$

$$m_i = \frac{1}{n}\sum_{k=1}^{n_i} x_k^j \tag{4-15}$$

其中，m_i 表示样本类别 i 的类均值向量，$\| m_i - m_j \|^2$ 表示样本类别 i 和样本类别 j 的类均值向量间的距离，r_i 和 r_j 分别表示样本类别 i 和样本类别 j 的类均值距离，n_i 表示样本类别 i 的样本数目。

根据上述分类原理，基于二叉树的支持向量机多类分类算法训练过程见算法 4.6。

算法 4.6　基于二叉树的支持向量机多类分类算法。

输入：样本数据集。

输出：分类结果。

步骤：

(1) 计算训练数据集合类别总数，记为 N；

(2) 构造一个二叉树节点；

(3) 如果 $N>2$，则转至步骤(4)，如果 $N\leqslant 2$，则转至步骤(7)；

(4) 将该训练数据集前 $N/2$ 个类别的数据划分到子集 A，将剩下的数据划分到子集 B；

(5) 将训练数据子集 A 中的每个训练数据标记为 -1，将训练数据子集 B 中的每个训练数据标记为 $+1$，然后用 A 和 B 两类训练数据子集构造一个支持向量机二类分类器；

(6) 将训练数据子集 A 和训练数据子集 B 分别重复步骤(1)至(3)，进入下一次训练过程；

(7) 如果 $N=2$，则转至步骤(8)，如果 $N=1$，则转至步骤(9)；

(8) 把二类训练数据其中一个类别标记为 -1，把另一个类别标记为 $+1$，训练一个支持向量机二类分类器；

(9) 将该训练数据类别编号设定为二叉树结构的叶子节点，此类别的编号就是测试数据进入该叶子节点时的分类编号；

(10) 把训练完毕的支持向量机二类分类器作为二叉树结构的中间节点，步骤(9)中编号节点作为二叉树结构的叶子节点，则叶子节点的数量即为分类器支持的最大分类数。

4.2.3　群体受众偏好的兴趣漂移策略

在社交网络中，群众受众偏好往往随着时间推移而缓慢地变化，受众会逐渐遗忘以前感兴趣的类别，同时会慢慢发现新的感兴趣的类别。我们把受众偏好或感兴趣的主题发生变化的现象称为兴趣漂移。由于社交网络随时间的变化，其结构、热点内容等也在发生改变，因此在受众偏好模型研究中应当考虑受众的兴趣漂移问题。

在受众偏好模型研究中，研究者经常用到的兴趣漂移策略有以下两种：

第一种是采用遗忘函数来衰减样本，这种策略侧重受众遗忘，不考虑受众新出现的偏好；

第二种是采用滑动时间窗口模型并结合遗忘函数来表示受众偏好模型的变化，这种策略既考虑了受众遗忘，也考虑了受众偏好模型的实时性。

1. 基于遗忘函数的兴趣漂移策略

人的记忆遵循自然遗忘的规律，即人的记忆随着时间的流逝而逐渐减弱。我们假设受众偏好的衰减也和记忆一样遵循自然遗忘规律，受众偏好特点是与时间变化有密切关系的，即随着时间加长，衰减速度逐渐变慢。在社交网络中表现为受众在短期内可能有比较频繁地更换主题的偏好，但是有一部分的主题偏好是在相对长期的时间段内稳定不变的，可以通过让感兴趣的主题偏好不断"衰老"，以达到过滤部分偏好的目的。

接下来，在衰减现象的定量描述中，通过设置执行遗忘的功能因子，即遗忘因子将某些偏好遗忘掉。为了更新受众偏好模型，一方面要向受众偏好模型中加入新的偏好类别，另一方面要对受众偏好模型中现有偏好类别的权重进行调整，即通过遗忘因子 $F(x)$ 来修正偏好类别中的特征词权重，逐步把那些不再使用的、"老"的特征词淘汰掉。遗忘因子 $F(x)$ 计算公式为

$$F(x)=\mathrm{e}^{-\frac{\ln 2(\mathrm{cur}-\mathrm{est})}{\mathrm{hl}}} \tag{4-16}$$

其中，参量 cur 代表目前时间点；est 代表首次出现特征词的时间点；半衰期 hl 是偏好在淘汰过程中的衰减周期时间，即过了 hl 时间长度后，模型中的权重将会减半，偏好衰减速度由 hl 的值直接控制。

如图 4－8 所示，如果将偏好半衰期 hl 设置为 10 天，那么第 10 天，受众偏好模型中特征词权重将降低一半，则遗忘因子的值为 0.5。

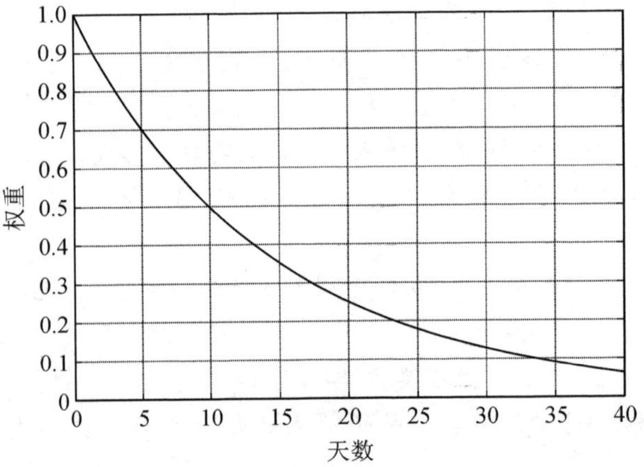

图 4－8　偏好衰减曲线

2．基于时间窗口的兴趣漂移策略(时间窗策略)

时间窗策略也是描述受众的兴趣漂移的常用策略，其主要原理是，在建立模型过程中，仅仅考虑到受众最近发生的 k 个行为动作。这种策略仅受时间控制，而且对任何偏好衰减都是平等的，其缺点是无法对受众长期偏好进行保持。

为了从受众数据中更好地挖掘受众偏好，很多研究者试图给旧数据赋予较低权重，给新的数据赋予较高权重，并利用所有的受众数据进行建模；从而克服时间窗策略的缺点，以达到完善受众偏好模型的功能。例如，通过建立受众偏好遗忘模型，并加入受众偏好衰减和自然遗忘的规律，从而兼顾短期偏好和长期偏好。如图 4－9 所示，遗忘模型即在陈旧的受众偏好模型基础上引入最新的受众数据，给最新的受众数据赋予较高权重，给陈旧的数据赋予较低权重，重新组合生成新的受众偏好模型。同时，也有研究者将遗忘函数算法

加入上述模型中用于准确刻画受众的兴趣漂移，其原理是首先为所选每个样本赋予一个初始值，这个值将随着度过的时间而增加；然后为模型的每个偏好类别设置一个阈值，起到控制作用，当样本的值超过该阈值时则被淘汰，而用没有被淘汰的样本数据建立漂移后的受众偏好模型。

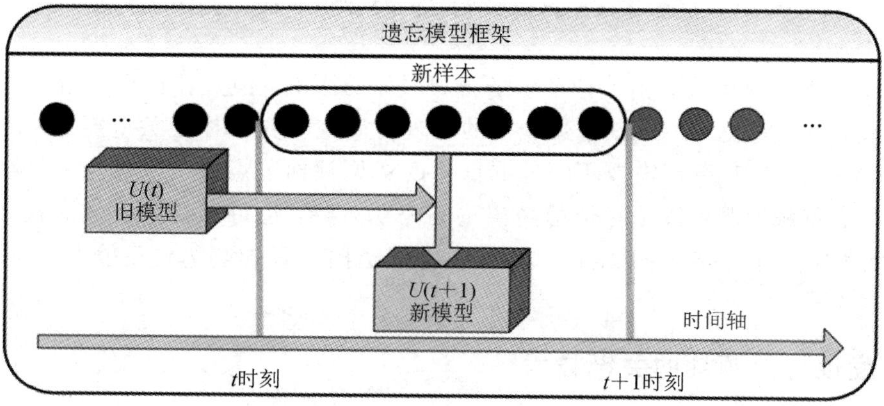

图 4-9　遗忘模型框架

遗忘模型虽然能够处理受众偏好在较长一段时间内的变化过程，可是很难对短期内受众偏好的突然变化做出响应。为了解决这一问题，根据两种模型的特点，对短期偏好模型和长期偏好模型分别采用不同的兴趣漂移策略。

在短期偏好模型兴趣漂移策略中，为了应对受众偏好类别变化频繁、跨越度大的特点，处理受众数据时采用滑动时间窗口的方法，位于滑动窗口中的信息即为受众的短期偏好。但随着受众数据的更新，滑动窗口随时间窗口按照 t_k 的长度进行滑动，滑动窗口宽度：

$$U_{\mathrm{tk}}^{\mathrm{cur}}=\frac{1}{N}\sum_{j=1}^{N}\frac{1}{S_j}\sum_{i=1}^{S_j}W(t_k,\ p_i) \tag{4-17}$$

其中，S_j 表示受众在第 j 天更新偏好的数目，N 表示滑动时间窗口的大小。

在长期偏好模型兴趣漂移策略中，对于长期形成的受众偏好，在相对短期内是比较稳定的，但是长期偏好需要淘汰某些偏好类别，即受众对某些偏好的遗忘导致该类别的偏好度随着时间的推移慢慢降低。当受众长期偏好发生漂移时，首先利用衰减算法更新受众的长期偏好模型，然后将更新后的偏好模型和新的偏好模型进行合并，得到偏好总体模型的描述，即是该受众最新的偏好模型描述。偏好窗口宽度计算方法如下：

$$U_{\mathrm{lt\_new}}=U_{\mathrm{lt\_old}}^{-\frac{\mathrm{lb}(d-d_{\mathrm{new}})}{hl}} \tag{4-18}$$

$$U_{\mathrm{pre}}=U_{\mathrm{lt\_new}}+U_{\mathrm{st}} \tag{4-19}$$

其中，d 表示当前更新长期偏好模型时的时间，d_{new} 表示特征词上次更新的时间，U_{st} 表示短期偏好的半衰期，$U_{\mathrm{lt\_old}}$ 表示当前长期偏好的半衰期，$U_{\mathrm{lt\_new}}$ 表示更新的长期偏好的半衰期。式(4-18)表示受众原来的长期偏好经过遗忘函数处理以后得到的受众偏好窗口宽度；式(4-19)表示受众的偏好 U_{pre} 是将两个偏好叠加后所得到的更新以后的受众长期偏好窗口宽度，从中可以看出，短期偏好是经过遗忘因子函数计算后所得的偏好表达式。

综上，为了解决受众偏好模型在建立和更新阶段的兴趣漂移现象，设计受众偏好模型的兴趣漂移策略具有重要意义。兴趣漂移策略使用的基本思想是在受众偏好模型基础上，引入恰当的受众偏好模型衰减算法，解决长期偏好的遗忘；引入滑动时间窗口的方法，解决短期偏好的变化。

4.3 基于语义结构的舆情评论分析方法

虽然个体偏好对形成舆情群体产生了微观层面的影响，但是在社交网络舆情发展中起到重要推动作用的是意见领袖。意见领袖的发现对研究社交群体至关重要。为了引导和治理网络舆情事件，管理部门需要不断挖掘重要的意见领袖节点来引导舆论的发展方向。一般情况下，意见领袖既可以是一个德高望重的公众人物，也可以是某领域的权威群组。由于社交网络中的个体具有不确定性，通常条件下挖掘最具影响力的受众群组更具有实际意义。

4.3.1 发现意见领袖的关键技术

意见领袖的发现是社交网络舆情分析的关键技术之一。接下来，在阐述意见领袖及其影响力的基础上，分别对受众关系网络的构建、倾向性分析和利用文本相似性构建受众关系等挖掘技术做简要介绍。

1. 意见领袖及其影响力

大量社交网络平台的涌现不仅增加了人们沟通交流的方式，还潜移默化地改变了人们在交换信息过程中所扮演的角色，不少人由信息接收者变为了信息生产和传播者。数据显示，截至 2020 年 6 月，中国网民规模已达到 12.85 亿人，Internet 的普及率已经达到了 86.2%，虽然这个数据没有美国、日本、英国等国家(他们均超过 90%)的高，但是这已经远高于世界的平均水平。经调查，所有网民平均上网时间为 2.7 小时/天，而各类社交网络的在线活跃时间平均超过 1 小时/天，这些现象都说明社交网络的信息传播已经成为大众传媒的重要方式，其覆盖率已经远远超过了其他任何一种传统媒体。除了覆盖规模，我国在舆论表达的强度上也早已成为世界第一梯队。2015 年以来，随着我国经济的发展和社会各层次改革开放力度的进一步加大，网络舆论力度陡然增强，网民的阶层更加广泛，对于中国现实社会中的热门事件，越来越多的网民自觉地参与其中，各抒己见。网民突如其来的积极性，为舆论引导与管控提出了更大的挑战，其中，对意见领袖的意见倾向性分析成为社交网络舆情分析的关键技术之一。

意见领袖不是通常意义上的领袖，而是在信息传播过程中发挥主导作用的普通人。社会学里的意见领袖，需要众望所归且具有强大的影响力；而社交网络中的意见领袖在连接结构和传播行为上与众不同，对于其擅长的领域，意见领袖可以作为一个领导者做出舆论引导行为，而在其不擅长或者不熟悉的领域，意见领袖则变成普通追随者，即社交网络中意见领袖随参考系的不同，具有相对性和动态性。

意见领袖的传播行为和意见偏好对社交网络的舆情传播有着举足轻重的影响力，其传播行为具有以下四个方面的特点：

首先，意见领袖自身与其他受众是处于平行的网络连接关系中；

其次，意见领袖可能存在于任何类型的受众群体中，与群体的流动性、群体等级没有直接关系；

第三，意见领袖具有远高于普通受众的影响力；

第四，从复杂网络结构上看，意见领袖具有连接的广泛性，具有促成大量传播的潜力。

上述特点决定了意见领袖的评论意见拥有更高的稳定性和更强的传播力，因此意见领袖是管理部门治理舆论导向的重点。

研究意见领袖的实际意义就是意见领袖的评论意见能够为监督管理部门了解相关舆论导向提供重要的参考。人们已经逐渐意识到意见领袖所蕴含的巨大价值，而意见领袖相关的算法和技术也会随着人们的认知与研究逐渐成熟。接下来围绕社交网络中意见领袖的特点，着重解决意见领袖及其意见的挖掘问题。

对意见领袖意见倾向性的分析挖掘，就是通过数据挖掘策略，从海量的网络数据中挖掘出具有代表性观点的一项技术。意见领袖的挖掘有三个基本目标：意见持有者、挖掘对象和挖掘的意见。与此同时，目标的呈现形式分为三个层面：文本层次、句子层次、特征层次。文本层次和句子层次均是对情感进行分类，其中文本层次是要对整个评论进行情感性分类，而句子层次则是要识别出句子的主客观性。特征层次的分析挖掘包含三部分：首先，识别并抽取出评价对象的特性，即描述主题的特征词；接下来，判断该特征词对应观点的情感类别；最后，找到该特征词的同义词，并进行分组，从而得到基于对象特征的观点集合。

2. 受众关系网络的构建

挖掘意见领袖，是进一步获取舆情信息的重要途径。挖掘意见领袖首先要从构建意见领袖的网络关系开始。通过 4.1 节的介绍可知，无论利用爬虫技术还是通过 API 技术获得数据，其保存格式都是 XML 格式，如图 4－10 所示。

```
<Reviewer sequence=”187”>
<name>校园文化</name>
<comment>零零后校园文化非主流发展……</comment>
<date>2022-05-22 19:20:09</date>
<referencerlist>
<Reviewer sequence=”180”>
<name>零零后火星文</name>
<comment>二次元世界里你我皆平行，地球人你们好</comment>
<date>2022-05-22 20:05:23</date>
</Reviewer>
</referencerlist>
</Reviewer>
```

图 4－10　XML 格式的信息内容结构

在图 4－10 中，格式良好的网页文件都有各自对应的“reference list”标签，该标签不仅体现了评论间的结构关系，而且直接反映了评论间的回复与被关注关系。该标签内容可以用于构建受众评论之间的对应表，其中含有＜name，value＞键值。设 F 为在当前网页中搜索到的所有受众构成的集合，对任意的受众 $f \in F$，根据评论间的结构关系在 f.value 中积累积分，受众初始积分值为 0。通过建立受众的关系网络，伴随对节点的遍历操作，部分受众的积分值不断累加。当所有网页文件遍历完成后，分值排在前面的少数受众节点即可成为潜在的意见领袖。

3. 倾向性分析

情感倾向性是对评论内容的主观情感的表达，是体现评论意见核心信息的要素。加入对受众情感倾向性的分析，增加情感因素会对社交网络传播内容的分析更加全面。在语义的分词和标注技术中，我们已介绍了词汇的正面(肯定)和负面(否定)等用于表达情感的词性，接下来依据每个词汇的情感倾向性，计算语句的情感倾向性，最后计算出整条文本的情感倾向性。对文本 v 的情感倾向性的计算公式如下：

$$\mathrm{QG} = \sum_{i=1}^{m}\left(\mathrm{sz}_i \times \sum_{j=1}^{n} m_{ij} G\right),\ \mathrm{sz}_i \in \{1, -1, 0\} \tag{4-20}$$

$$\mathrm{EN} = \begin{cases} 1, & \mathrm{QG} > 0 \\ 0, & \mathrm{QG} = 0 \\ -1, & \mathrm{QG} < 0 \end{cases} \tag{4-21}$$

其中，QG 是表达情感倾向性的值(也称情感度倾向)，m_{ij} 是取自文本第 i 条语句的第 j 个词，G 代表这个词的情感倾向性数值。系数 sz_i 用于统计评论文本 v 中的第 i 个语句的情感倾向性，即表达否定语气词汇个数的奇偶性，若为偶数则系数 $\mathrm{sz}_i = 1$，否则 $\mathrm{sz}_i = -1$。在公式(4-21)中，EN 代表了 v 的最终情感度倾向结果。

4. 文本相似性构建受众关系

在文本中，词语间是有序并且有密切依赖关系的。因此，研究意见领袖的传播内容，不仅可以从语义的倾向性得到传播关系，还可以依据文本结构建立传播关系。文本结构的分析通常利用树结构来分析不同成分之间的依赖关系，该结构记为 ST。ST 分析的基本思想是，要对受众所有的文本分别构造对应的树结构，通过计算树结构间的相似性来为受众之间传播关系建立桥梁。

接下来的 ST 构建和分析以汉语为例，汉语语句中存在典型句子结构：动词-副词，即 R-F，如迅速地传播；动宾短语，即 R-S，如爱护动物、喜欢你；主谓结构，即 Z-R，如我喜欢，我们很勇敢；主谓宾结构，即 Z-R-S，如我很喜欢你、我们要爱护动物。其中，Z 表示主语；R 表示谓语，如“是、作为”；F 是副词，如“非常、十分”，用来表示程度；S 为宾语，表示动作的客体、对象。

构建 ST 有以下两步：

第一，利用分词工具将句子切分成单个词；

第二，使用 TF-IDF 等方法找出关键词，使其能够代表句子的主干，一般是名词、代词、动词、形容词、副词等。

文本来源不同，词语所反映的内容存在较大的差别。这里利用了计算机中搜狗领域词汇表结构，如表 4-4 所示。

表 4 - 4　搜狗领域词汇表

目录	子目录	数目
地理类	城市-省州	807
篮球类	篮球-球面语言	2376
语言类	网络-方言-成语俚语	1083
娱乐类	外国的-中国明星 小汽车-服装-家用电器 歌曲-电影-电视节目-电视剧	977 1145 2567
…	…	…

在树结构中，节点用 x：sl 形式表达，x 指符合典型汉语句式的成分，如主语、谓语、宾语等结构顺序词的某一种，而 sl 代表文本里 x 的数量。不同词性的词有着不同的内容表现力，因此一般采取赋予表现力权值的办法，用 x_i.value 表示，例如，名词为 0.6，动词为 0.6，形容词为 0.4，代词为 0.1，副词为 0.1。在根节点到叶子节点之间构成的路径上，各分配不同词性的词语，这些词语构成了一个文本语义表达，其语义相似值用 SC 表示，其计算公式如下：

$$SC = \sum_i (x_i.\text{value} \times v_i),\ x_i.\text{value} \in \{0.6,\ 0.4,\ 0.1\} \tag{4-22}$$

设某一文本评论是由三条语句构成的，其分词和词性标注分别为：Y1＝"恐怖分子|g 杀|r 残忍|kl"，Y2＝"杀|r 路人|n"，Y3＝"杀|r 无辜的|klj 路人|g"。在 ST 中插入以上三个语句，如图 4 - 11 所示，每个 ST 代表每一条语句，节点及其位置代表词汇成分及其表现力权重。

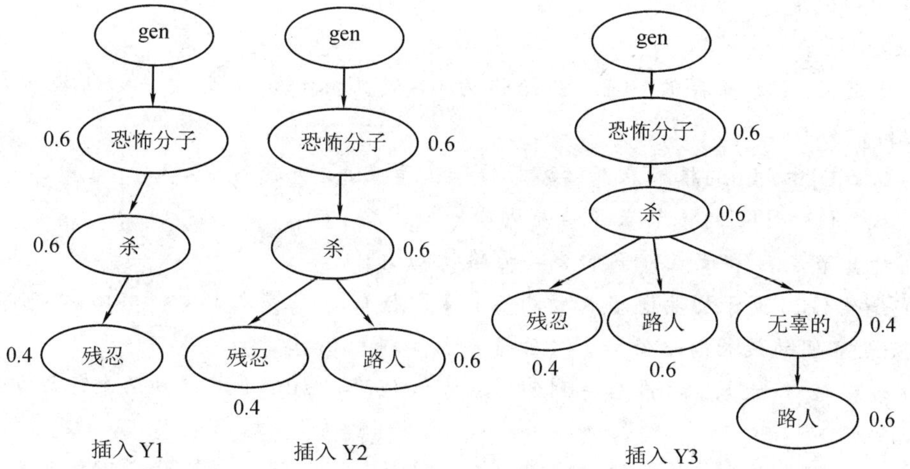

图 4 - 11　创建 ST 树

图 4 - 11 中，共有 3 条树结构，分别是 Y1＝"恐怖分子杀残忍"，$SC_1 = 1.6$；Y2＝"杀路人"，$SC_2 = 1.2$；Y3＝"杀无辜的路人"，$SC_3 = 1.6$。基于不同的得分得到排列顺序：$SC_3 = SC_1 > SC_2$。

评论间相似度是根据 ST 树算出来的，需要计算不同评论的公共通路值 GL 和相似度 Sim：

$$GL = \sum_i (x_i.\text{value} \times v_i),\ x_i.\text{value} \in \{0.6,\ 0.4,\ 0.1\} \tag{4-23}$$

$$\text{Sim}(b_1,\ b_2) = \frac{\sum_{k=1}^{m} GL_k \mid \text{public\_route}(b_1,\ b_2)}{\sum_{k=1}^{m} SC_k \mid j_s(b_1)} \tag{4-24}$$

接下来对评论间相似度的计算方法做一介绍，这种方法具有可扩展的优点。首先，假设 ST_1 是评论 a_1 和 a_2 构成的，ST_2 是评论 b_1 和 b_2 构成的，且 b_1 影响着 b_2，利用公式(4-23) 计算得到 ST_1、ST_2 中的公共通路的值 GL_1、GL_2，即两棵树的节点序列构成的通路值；然后计算 b_1 与 b_2 间的相似度，即 $\sum GL_2/\sum SC_2$ 的值；最后，运用公式(4-24) 来计算评论 b_1 和 b_2 之间的相似度 $\text{Sim}(b_1,\ b_2)$，其中 m 是公共通路的计数，j_s 是 ST_2 上的最长通路值。由于公式(4-22) 中的词 x_i 并没有都在 ST_1 中出现，而公式(4-23) 中的词 x_i 都在 ST_1 中出现过，ST_2 只提供了公共通路，因此 ST_1 在相似度的计算过程中起决定性作用。

计算评论相似度时，W、N 两个变量作为临界值，用于控制两个输入的路径是否存在相似关系。W 作用于公共通路 GL，用于避免仅找到一个短小的通路就停止的情况。N 用于控制 Sim 相似度，使算法可以自动过滤掉不相关的评论内容，仅保留较好的相似度结果。

算法 4.7 描述了上述计算过程。

算法 4.7 相似度计算方法。

输入：评论 i 的 ST 树的节点 ST_i，评论 j 的 ST 树的节点 $ST_j (i \neq j)$，公共通路 GL 长度阈值 W，相似度阈值 N。

输出：相似度。

步骤：

(1) 定义 sum 变量存储 SC_k，初始化为 0，定义 comsum 变量存储所有公共通路值 GL_k，初始化为 0；

(2) 从 ST 树 ST_i 的根节点开始遍历每一个节点 x，并执行步骤(3)～(5)；

(3) 从 ST 树 ST_j 的根节点开始遍历每一个节点 y；

(4) 计算节点 x 和节点 y 间的公共通路值 GL_k；

(5) 如果 GL_k 大于公共通路长度阈值 W，则将 GL_k 值累加到 comsum 上，并且计算节点 x 和节点 y 间的最长通路值 j_s，然后将其累加到 sum 上；

(6) 步骤(2)结束后，将最后得到的 comsum 值除以 sum 值，得到两个评论 b_1、b_2 的相似度 Sim；

(7) 如果相似度 Sim 大于相似度阈值 N，则输出 Sim 值，如果 Sim 小于阈值 N 则输出 0，判定两个评论不相似。

在算法 4.7 中，第(2)～(6)步用于遍历树结构下的所有点后，输出树中 GL 值的最大通路值 j_s、公共通路值 GL_k，如果 $GL_k \geqslant W$，则暂存 GL_k。接下来按照公式(4-24)计算 Sim，如果 $\text{Sim} \geqslant N$，说明受众发表的两个文本具有相似性。

算法 4.8 和 4.9 分别是对公共通路值和最长通路值进行计算的流程。

算法 4.8　公共通路值计算。

输入：ST_i 从根到节点 i 处的节点，ST_j 从根到节点 j 处的节点。

输出：公共通路值 GL。

步骤：

(1) 寻找 ST_j 从根到节点 j 处和 ST_i 从根到节点 i 处的公共通路；

(2) 计算公共通路值上的 qz、pl，其中 qz 指公共路径中每一个节点 x_i 对应的词性的权重，pl 为出现的频数；

(3) 按照式(4-23)计算并输出公共通路值 GL。

算法 4.9　计算最长通路值。

输入：ST_i 从根到节点 i 处的节点，ST_j 从根到节点 j 处的节点。

输出：最长通路值 j_s

步骤：

(1) 寻找 ST_j 中包含节点 j 的最长通路；

(2) 计算最长通路上的 qz、pl，qz 参量指公共路径中每一个节点 x_i 对应的词性的权重，pl 为出现的频数；

(3) 按照式(4-23)计算并输出最长通路值 j_s。

在算法 4.8、4.9 中，第(2)步均用于计算通路值，描述中参量 qz 和 pl 需要根据 ST 进行统计定义。

图 4-12 显示了 b_1 和 b_2 形成的树。其中，假如各词汇的权重：名词为 0.6、动词为 0.6、其他为 0.1，则根据树结构中各节点的权重和出现频数，可以计算出评论的相似度。例如公共通路 GL_1＝“杀路人”和 GL_2＝“恐怖分子”，GL_1 包含动词“杀”、名词“路人”，因此可以计算：$GL_1=3\times0.6+2\times0.6=3$；$GL_2$ 是另一条公共通路，其中包含名词“恐怖分

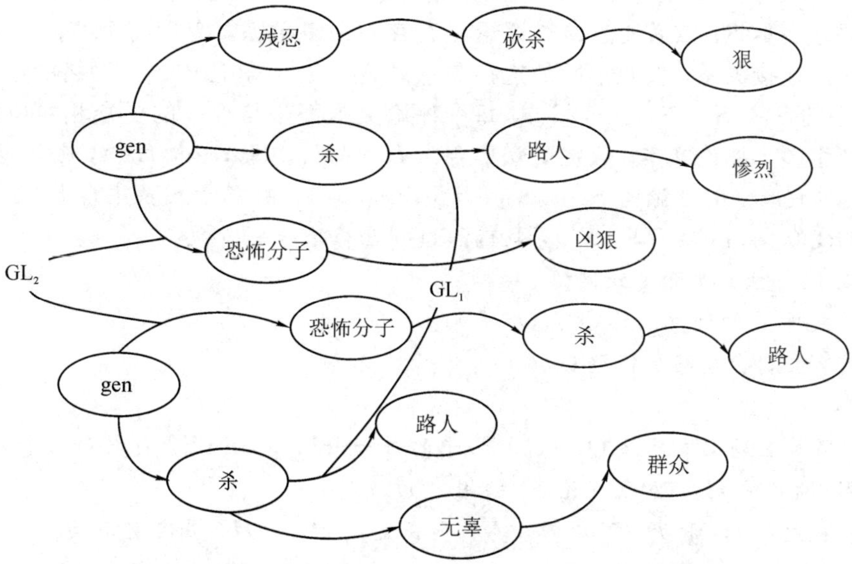

图 4-12　相似性路径计算的示意图

子”，所以 $GL_2=0.6$。在公共通路 GL_1 中，评论为“杀路人惨烈”，它的语义相似值 $SC_1=3\times0.6+2\times0.6+0.1=3.1$。另一条公共通路 GL_2，评论为“恐怖分子凶狠”，所以 $SC_2=0.6+0.4=1$。那么就得到：$\mathrm{Sim}(b_1, b_2)=(3+0.6)/(3.1+1)=0.88$。基于以上计算，最终可以获得 b_1 和 b_2 之间的相似度为 0.88。

4.3.2 挖掘关系网络中的意见领袖

本节针对不同类型的社交网络介绍由主题文本构成的网络模型，而后讨论在不同网络模型下如何通过计算受众的积分，筛选出满足一定连接数目的意见领袖。

1. 独立主题文本网络

在社交网络中最普遍的评论文本就是独立主题的，例如某一个人发了一条时事评论，下面评论区有很多转发评论。假设独立主题设为 T，对应的文本集 $S=\{S_1, S_2, \cdots, S_n\}$，与该主题直接或间接相关的评论、转发等构成了文本网络的边，其中直接关系用 P 表示，间接关系用 O 表示。下面的算法 4.10 描述了输入某主题的文本集合，得到对应的主题文本网络。

算法 4.10 独立主题文本网络模型。

输入：主题 T 的评论文本集 S。

输出：独立主题的文本网络 $Q_{S_n}(O, P)$。

步骤：

(1) 初始化文本网络 $Q_{S_n}(O, P)$，并将文本集合 S 按时间排序；

(2) 遍历集合 S 中的每一个评论 S_i，并考察在其前面发表的评论 S_j；

(3) 如果 S_i 直接回复 S_j，则 S_i 和 S_j 是直接连接关系，将 (S_i, S_j) 加入 P；

(4) 如果 S_i 不是直接回复 S_j，但是两者观点相似，则两者是间接连接关系，将 (S_i, S_j) 加入 O；

(5) 否则两者之间不相关。

算法 4.10 首先对独立主题下评论文本进行遍历操作，构建网络关系，网络中的节点即是受众的评论文本 S；然后通过检查评论是否存在回复关系，衡量两个节点间是直接连接关系还是间接连接关系，按照不同的连接关系对 S_i、S_j 在算法中建立网络的边。

对 T 中的 $S=\{S_1, S_2, \cdots, S_n\}$，每个评论文本都是与唯一的受众相对应的，而每个受众可以产生多个评论文本。假定受众集合为 $H=\{H_1, H_2, \cdots, H_m\}$，则任意的 $H_i\in H$ $(1\leqslant i\leqslant m)$ 对应产生的评论为 $S_i=\{S_{i1}, S_{i2}, \cdots, S_{is}\}$。由集合 S 及集合 H 可以构建出独立主题下的受众网络 $Q_{H_i}(O', P')$，其构建过程如算法 4.11 所示。

算法 4.11 独立主题受众网络。

输入：主题 T 的独立网络 $Q_{S_n}(O, P)$。

输出：单主题受众网络模型 $Q_{H_i}(O', P')$。

步骤：

(1) 遍历单主题文本网络 $Q_{S_n}(O, P)$ 中的每一条连接 $S_i\rightarrow S_j$（包括直接和间接），寻找发表评论 S_i 的用户 H_i，发表评论 S_j 的用户 H_j；

(2) 如果受众 H_i 和 H_j 不是同一人，则在受众 H_i 和 H_j 间构建连接。

2. 复杂主题文本网络

社交网络中，受众关注的信息类别和出现的文本网络位置是复杂多样的，例如，在论坛中，某个受众所转发的留言不仅出现在同一版块下，也很可能出现在别的版块下，受众一般是同时关注多种信息，导致主题文本网络出现复杂的连接关系。假如社交网络中复杂主题表示为 $T=\{t_1, t_2, \cdots, t_s\}$，其中 s 是版块内主题数量，则在 $t_i(1\leqslant i\leqslant s)$ 主题下产生的评论文本表示为 $S_i=\{S_{i1}, S_{i2}, \cdots, S_{in}\}$。若进一步考虑受众间的评论关系，则社交网络将变为三个维度上的连接关系。

多个受众构成社交网络中的受众集合 $H=\{H_1, H_2, \cdots, H_m\}$，其中 m 为 T 下的受众数量。任意的受众 $H_i(1\leqslant i\leqslant m)$ 通过评论、转发等动作，产生若干文本 $S'_i=\{S'_{i1}, S'_{i2}, \cdots, S'_{in}\}$，则可以依次建立复杂主题的文本网络 QMHI$(O, P)$，其结构如图 4-13 所示。该网络中的节点对应一个受众 H_i，受众 H_i、H_j 间具有直接或间接关系，则边 $P_{ij}\in P$，$P_{ij}=\{\text{an}_1, \text{an}_2, \cdots, \text{an}_n\}$。

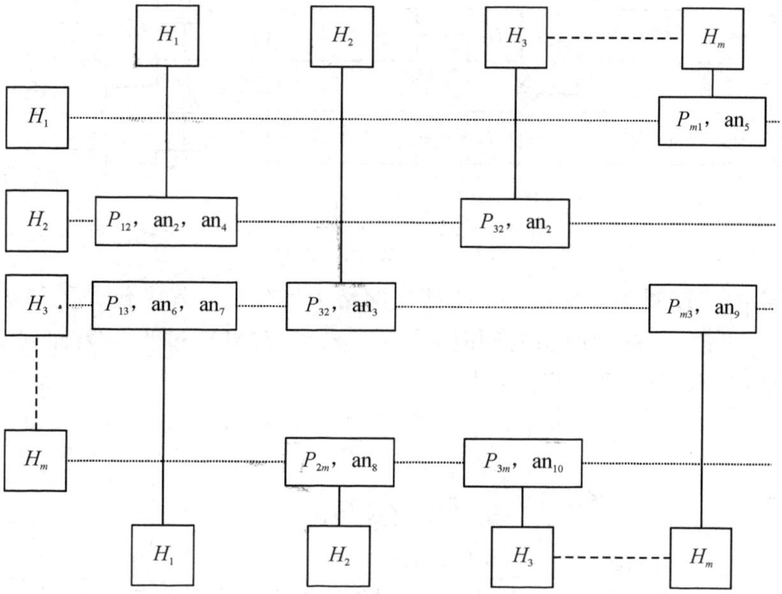

图 4-13　复杂主题受众关系网络

在图 4-13 中，随着评论文本或者受众的增加，该网络会更加庞大且复杂，其全部关系由边 an_i 决定，在此基础上计算每个受众的积分值，进而可以构建复杂主题的受众关系网络 QCHI(O, P)，根据积分排名即可筛选出意见领袖。算法 4.12 给出了网络中计算受众积分值的具体方法。

算法 4.12　复杂主题文本网络。

输入：复杂主题网络评论文本集 S。

输出：受众积分表 JFB。

步骤：

(1) 初始化主题集合为 $T=\{t_i\}(1\leqslant i\leqslant s)$，根据 S 计算每个受众的初始积分表 JFB；

(2) 将主题 t_i 对应的受众评论按照时间进行排序；

(3) 遍历 t_i 所有的受众评论 s_j；

(4) 如果评论 s_j 之后的评论 s_i 与评论 s_j 有连接关系，则修改评论 s_j 所对应受众 H_j 在 JFB 中的值。

在众多交叉连接关系的复杂主题文本网络中，每个主题 t_i 下面会产生若干文本，将其遍历排序，建立受众连接关系网，并刷新积分表中被回复者 H_j 的值；依次对每一个主题使用算法 4.11，便可以构建受众关系网络 QCHI(O，P)。4.3.1 小节提出在 f.value 中保存受众积分，在这里 JFB 便可以使用该结构保存，作为对网络中受众构成关系数量的详细记录。图 4-14 给出了 JFB 更新机制的基本流程，随着新评论文本的不断加入，受众 H 的 JFB 不断更新，待 JFB 更新完毕后，即可通过对积分进行排序，评估每个受众在该网络中的影响力。

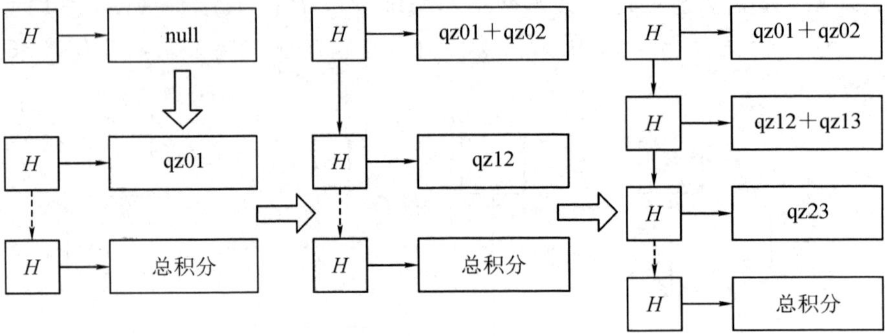

图 4-14　更新示意图

从图 4-14 中可以看到，受众 H_j 在社交网络中产生 s_j，其中包含了与 H_i 的直接、间接关系。算法 4.12 对 s_j 进行遍历的同时，计算 qz_{ij} 并在更新过程中累加到 H_i 的积分上，便得到 H_i 的总积分。qz_{ij} 的计算公式如下：

$$\mathrm{qz}_{ij}=\begin{cases}1 & s_i=\mathrm{EN}\\ -1 & s_i\neq\mathrm{EN}\\ \mathrm{Sim}(s_i,\ s_j)/n_j & s_i=\mathrm{EN}\\ \mathrm{Sim}((s_i,\ s_j)/n_j) & s_i\neq\mathrm{EN}\end{cases}\tag{4-25}$$

其中，EN 为最终情感度倾向，$\mathrm{Sim}(s_i,\ s_j)$由式(4-24)计算得到，n_j 专指对 s_i 有间接关系的文本计数。为了简化复杂的间接关系，避免掩盖直接关系的贡献量，假设 s_j 存在间接文本 $s_k(1\leqslant k\leqslant n_j)$，则 s_j 会存在 $1/n_j$ 概率受到 s_k 的干扰。这种假设在社交网络中也是符合信息传播规律的。更新积分表的计算过程如算法 4.13 所示，该算法的输出结果中积分最靠前的受众即为该网络的意见领袖。

算法 4.13　意见领袖的发现算法。

输入：复杂主题评论文本集 S，公共通路阈值 W，相似度阈值 N。

输出：受众积分表 JFB。

步骤：

(1) 将受众评论转换为 XML 文件 X；

(2) 对于每一个主题重复步骤(3)～(6)；

(3) 为主题建立受众 JFB；

(4) 对每个受众 $H_i(i>0)$，遍历受众 H_i 之前的受众 H_j；

(5) 分析两个受众 H_i 和 H_j 的评论 s_i 和 s_j 的情感度倾向，情感度倾向由公式(4-21)计算；

(6) 如果评论 s_i 和 s_j 之间是直接连接或者间接连接，但是两者之间的相似度 $\mathrm{Sim}(s_i, s_j)$ 大于相似度阈值 N，且公共通路值 GL 大于公共通路阈值 W，则用公式(4－25)计算得到 qz_{ij}，并修改 H_j 对应的 JFB。

从以上的计算过程可以看出，受众积分表很大程度上由网络中关系的连接数量决定，因此，意见领袖挖掘主要取决于关系连接的数目，也就是说，受众积分表从侧面反映了意见网络的基本情况。在该表中，受众 H 的最终积分值是排序的唯一依据，那么赢得高分的部分受众就是最有影响力的传播者，即该受众网络中定义的意见领袖。

本节对社交网络舆情信息中意见领袖的挖掘进行了定义，并对挖掘的基本方法进行了系统的梳理，其中包括挖掘框架下的形式化定义，如情感倾向性、文本相似度和公共通路等关键概念的定义。在此基础上，本节建立了独立主题文本网络和复杂主题文本网络，进而构建对应的受众关系网络，最后通过计算网络中受众的积分表，筛选出该网络中的意见领袖。

从实现方法上可以看出，社交网络中受众关系网络的构建要依据文本的直接、间接连接关系，通过计算文本相似度的方法可以建立不同受众之间的连接关系。此外，在关系网络中，加入情感倾向性的因素，并赋予关系权重值，以区别正面、负面评论内容的类型与表达强度，最终通过计算受众关系网络中每个个体的积分表，得到受众对网络的影响力排序。

本章小结

从社交网络中获取有价值的舆情信息需要建立一整套有效的分析方法，这是网络舆情研究工作的重要基础。社交网络中受众群体产生和传播的信息量是巨大的，其关系形态是动态变化的，信息呈现出非结构化特点，因此，社交网络舆情的分析方法多种多样，没有固定技术路线。本章内容针对社交网络舆情信息特点，着眼于社交网络信息内容，采用归纳主题内容的关键词的方式来组织舆情信息，构造了结构化评论内容及其对应的受众关系，建立了基于受众个性化行为的舆情信息检索基本流程，提出了社交网络中舆情信息搜索、清洗、存储等有效的组织管理方法，并利用该方法来筛选意见领袖。

第五章　基于社交网络结构演化的舆情规律分析

社交网络的拓扑结构在很大程度上决定了社交网络信息传播的效率、影响力和影响广度等演化规律，研究社交网络结构的演化规律是进一步研究社交网络信息传播规律的基础。本章从社交网络的拓扑结构出发，探讨了基于TOPSIS和灰色关联度的社交网络拓扑评价和预测模型构建技术。

5.1　社交网络的拓扑结构

互联网中的社交网络是社会关系网络的一种，所以对社交网络的研究可以借鉴传统社会关系网络的研究方法和手段。最初，有学者提出用网络平均路径长度来衡量任意两个网络个体的平均距离。通过实际数据发现，在人际关系网络中的个体之间的平均路径长度是6跳，这就是著名的六度分离理论。大量社交网络的实例数据证明，在社交网络中的连接可以分为强连接和弱连接两种，其中强连接的社交网络内部具有更高的聚类现象，例如，Newman等人研究的互联网学术论文合作发表网络和电影演员合作网等网络，都是具有较小的平均路径长度和较高聚类系数的小世界网络，且其网络拓扑具有明显的幂律分布特性。

社交网络中，个体关系的强弱直接决定了个体所能获得信息的价值以及信息传播的难易程度。在对社会就业问题所做的一项社会调查中发现，美国主流社交网络存在着明显的弱关系特性：那些久未谋面的朋友、同学、同事或只有数面接触的人往往能够提供更有价值的就业信息，而与其关系比较紧密的亲朋好友在寻找工作过程中所起的作用反而很有限。这是由于弱关系代表着较长的连接距离，所以通过弱关系可以接触到更广泛的信息和领域，也就增加了求职成功率；而在强关系中，节点之间的相似度较高，其接触的渠道范围和掌握的信息程度都较为接近，所以求职失败率较高。

通过长期的社会关系研究，人们发现：强关系和弱关系在社交网络信息传播过程中均起到不可替代的作用。强关系通常出现在社团内部，起到巩固社团关系的作用，而弱关系通常位于社团之间，作为维系社团关系的桥梁。强关系在社团内部信息流动方面起主要的推动作用；而相比于强关系，弱关系在推动信息于社团之间流动方面更具优势。另一方面，社团之间的弱关系并不会明显导致信息传播范围的扩大，但是这种弱关系在维护社交网络的连通性方面起到重要的作用。

为了进一步研究网络拓扑的形成机制和演化规律，人们又相续提出了很多网络拓扑模型，其中比较著名的是，随机游走网络模型、小世界网络模型和无标度网络模型。在这三个基本模型的基础上，再加入网络拓扑的结构要素，就可以构造有向网络、无向网络、静态网络、动态网络等多种模型。

近年来，有很多学者从自然科学和交叉学科的角度进一步刻画社交网络规律，通过建立多种演化模型，研究社交网络的演化过程。从建模方式上来看，有的模型侧重于群体特征的描述，直接建立群体行为的动态演化过程模型；有的模型侧重于刻画个体的交互机制，通过建立个体观点的更新规则模型，研究宏观上产生的群体观点演化现象。

社交网络演化模型中，通常假设在一个社交网络中的所有个体，都可能会参与观点和信息的交互。建立模型时，首先按照一定的规则将个体分布在网络拓扑中，个体的观点、信息可以用一个连续量或者是离散量进行表示；其次，从网络个体选择交互策略和选择状态更新规则两个方面规定观点的交互规则，使节点与其在网络拓扑中的某个或某些邻居个体进行交互，并根据规定的交互规则选择交互策略，同时对观点同步更新。网络中的观点随着演化的推进，从初始的随机观点分布到逐渐呈现为收敛、折中、极化或分裂等最终稳态。模型建立后，借助计算机仿真可以对社交网络拓扑结构、交互规则、初始状态、个体特性以及其他仿真参数进行设定，研究各类参数、因素对观点演化过程的影响作用。当所有个体交互的变量叠加在一起，并随着时间、结构等要素进行动态变化，即可定量地描述社交网络的演化规律，从而对网络中的节点重要性、影响力等指标进行评估，也可以对社交网络中的事件演化进行预测。

接下来，我们对不同拓扑结构的社交网络节点评估和社交网络结构演化的具体技术做一个详细阐述。

5.2　基于 TOPSIS 和灰色关联度的社交网络节点评价

社交网络中针对重要节点的挖掘和分析一直备受广大研究人员的关注。节点重要性评价在各个网络关键节点的挖掘、网络病毒源的锁定和网络舆情的定向干预等方面具有重要应用前景。传统的节点重要性评价算法存在适应范围有限，评价结果与现实情况存在较大出入等问题，例如第四章的意见领袖挖掘算法，只考虑了单一因素的评价，容易造成结果失真。社交网络，是真实世界中人与人之间社交关系在网络上的延伸，其节点之间复杂的网络关系直接造成节点重要性程度存在巨大区别。准确地发现社交网络中有着重要性质的节点，必然对社交网络的研究起着至关重要的作用。

2013 年以前，研究人员一直针对静态网络中节点的单个属性设计节点重要性评价算法。Google 公司在搜索引擎中最早运用 PageRank 算法对网络节点进行分级和重要性评价，后来，该算法被逐渐推广到各类内容网络和社会网络中。但在真实的社交网络中，主题内容和传播方式的多维度导致了网络结构的复杂性和动态性，所以单纯以节点的单个属性来评价其重要性显然是不全面的。国内于会等人首次采用 TOPSIS 算法，统筹分析节点的多个属性，并根据实际情况赋予各个属性相应的权值，达到了较好的效果。但是 TOPSIS 算法存在过度依赖样本数据，不能完全反映真实网络的变化趋势等缺点，同时网络本身的复杂性和当下数据挖掘技术的局限性，使得该算法无法充分挖掘网络中节点信息和隐藏节点。另一方面，灰色关联度算法能够很好地反映样本各个属性同真实网络之间的变化趋势，且适用于贫信息条件下的样本学习。因此，本节充分结合 TOPSIS 算法和灰色关联度算法的优点，介绍了一种混合的节点重要性评价算法，简称为节点混合评价算法，目的在于提高节点重要性评价算法的准确性，扩大其适用范围。

接下来将节点混合评价算法、TOPSIS 算法和 PageRank 算法分别应用于小说《悲惨的世界》(作者为 Victor Hugo)中的人物关系网络，从算法结果上得到小说中人物间关系结构，即可明确说明节点的重要性程度。最后为了验证上述三种算法的性能，将其实现方案分别应用在周期为一个月的 Facebook 数据上，该数据集是真实的社交网络关系数据，能够直接反映算法在真实社交网络中的效果。

5.2.1　属性体系

TOPSIS 和灰色关联度相结合的节点混合评价算法充分利用了 TOPSIS 算法的准确性和灰色关联度算法适用于贫信息的特点，提高了社交网络中节点重要性评价算法的准确性，并扩大了适用范围。算法中选取了节点度、特征向量中心性、接近中心性和介数中心性等四个常用节点属性指标，形成一个属性体系，来综合衡量节点重要性程度。

(1) 节点度：节点与邻接节点之间边的数量，节点度越大，其重要性程度越高。

(2) 特征向量中心性：表征节点与邻接节点数量关系的属性。节点的特征向量中心性值越大，节点在该网络中的重要性程度越高。

(3) 接近中心性：表征节点数据传输能力大小的属性。节点的接近中心性值越大，节点越接近中心网络，节点在该网络中的重要性程度越高。

(4) 介数中心性：表征节点与最短路径之间关系的属性。介数中心性值越大，节点对于网络的数据传播作用越大。

节点属性指标的选取一般要考虑节点的度、位置、连通性等方面因素，具体属性的选取方法可以根据需要进行更换，从而更贴近社交网络实际情况。

5.2.2　节点混合评价算法

各个节点的评价指标用 $X_{ij}(i=1, 2, \cdots, m; j=1, 2, \cdots, n)$ 来表示，即网络中第 i 个节点的第 j 个指标值的大小，节点混合评价算法由以下步骤组成。

1. 标准化处理

由于节点的评价指标较多，且各类指标的量纲不相同，比如节点的中心性指标 D_i 值越大，代表该节点在网络中越重要，而结构洞指标中，结构洞的值越小，节点在网络中的重要性程度越高。所以节点指标首先要经过正相关型指标(值越大，节点重要性程度越高)和负相关型指标(值越大，节点重要性程度越低)的归类，而后才能对其进行标准化处理。

对于正相关型指标 X_{ij}，标准化处理方法为

$$r_{ij}=\frac{X_{ij}}{(X_{ij})^{\max}} \tag{5-1}$$

对于负相关型指标 X_{ij}，标准化处理方法为

$$r_{ij}=\frac{(X_{ij})^{\min}}{X_{ij}} \tag{5-2}$$

式(5-1)中，$(X_{ij})^{\max}=\max\{X_{ij} \mid 1\leqslant i\leqslant m\}$，表示所有节点的第 j 指标值中的最大值；式(5-2)中，$(X_{ij})^{\min}=\min\{X_{ij} \mid 1\leqslant i\leqslant m\}$，表示所有节点的第 j 指标值中的最小值。

2. 计算加权标准化矩阵

加权标准化矩阵的计算如下：

$$\boldsymbol{R}=(w_j r_{ij})_{m\times n} \tag{5-3}$$

式中，w_j 表示第 j 个指标的权重，且 $\sum w_j=1$，这里各个权重均取 0.25。

3. 确定理想节点指标集

理想节点指标集是根据标准化处理后的 X_{ij} 进行分类得到的节点指标集。根据矩阵 $\boldsymbol{R}$ 确定正理想节点指标集和负理想节点指标集，分别覆盖由式(5-1)和式(5-2)计算得到的标准化指标。

正理想节点指标集：

$$R^{+}=(r_{i1}^{+},\ r_{i2}^{+},\ \cdots,\ r_{in}^{+}) \tag{5-4}$$

负理想节点指标集：

$$R^{-}=(r_{i1}^{-},\ r_{i2}^{-},\ \cdots,\ r_{in}^{-}) \tag{5-5}$$

4. 计算节点指标集距离

分别计算每个节点指标集到正理想节点指标集 R^{+} 和负理想节点指标集 R^{-} 的距离 D_i^{+} 和 D_i^{-}：

$$D_i^{+}=\sqrt{\sum_{j=1}^{n}(r_{ij}^{+}-r_{ij})^2} \tag{5-6}$$

$$D_i^{-}=\sqrt{\sum_{j=1}^{n}(r_{ij}^{-}-r_{ij})^2} \tag{5-7}$$

5. 计算节点指标集的灰色关联度

在原始数据标准化处理后，进而可计算节点与理想节点指标集之间的灰色关联度：

$$a_{ij}^{+}=\frac{\min\limits_{i}\min\limits_{k}\Delta i(k)+p\max\limits_{i}\max\limits_{k}\Delta i(k)}{p\max\limits_{i}\max\limits_{k}\Delta i(k)} \tag{5-8}$$

$$a_{ij}^{-}=\frac{\min\limits_{i}\min\limits_{k}\Delta i(k)+p\max\limits_{i}\max\limits_{k}\Delta i(k)}{\Delta i(k)+p\max\limits_{i}\max\limits_{k}\Delta i(k)} \tag{5-9}$$

式(5-8)和式(5-9)中，$\Delta i(k)$表示第 i 个节点的第 j 个指标与正理想节点指标集或负理想节点指标集的差值；$\min\limits_{i}\min\limits_{k}\Delta i(k)$表示第 j 个指标中，所有节点与正理想节点指标集或负理想节点指标集差值的最小绝对值；$\max\limits_{i}\max\limits_{k}\Delta i(k)$表示第 j 个指标中，所有节点与正理想节点指标集或负理想节点指标集差值的最大绝对值；$p\in[0,1]$，p 为分辨系数，若正、负理想节点指标集中元素个数相同，则 p 取值为 0.5。

6. 获取灰色关联矩阵

由步骤 5 的结果可以获取各节点与正理想指标集和负理想指标集之间的灰色关联矩阵，计算分别如下：

$$\boldsymbol{A}^{+}=\begin{Bmatrix} a_{11}^{+} & a_{12}^{+} & \cdots & a_{1n}^{+} \\ a_{21}^{+} & a_{22}^{+} & \cdots & a_{2n}^{+} \\ \vdots & \vdots & \vdots & \vdots \\ a_{m1}^{+} & a_{m2}^{+} & \cdots & a_{mn}^{+} \end{Bmatrix} \tag{5-10}$$

$$\mathbf{A}^{-}=\begin{Bmatrix} a_{11}^{-} & a_{12}^{-} & \cdots & a_{1n}^{-} \\ a_{21}^{-} & a_{22}^{-} & \cdots & a_{2n}^{-} \\ \vdots & \vdots & \vdots & \vdots \\ a_{m1}^{-} & a_{m2}^{-} & \cdots & a_{mn}^{-} \end{Bmatrix} \tag{5-11}$$

7. 计算灰色关联度

根据灰色关联矩阵计算各节点的灰色关联度：

$$A_i^{+}=\frac{1}{n}\sum_{j=1}^{n}a_{ij}^{+} \tag{5-12}$$

$$A_i^{-}=\frac{1}{n}\sum_{j=1}^{n}a_{ij}^{-} \tag{5-13}$$

8. 无量纲化处理

根据计算得到的灰色关联度，分别对 D_i^{+}、D_i^{-}、A_i^{+} 和 A_i^{-} 进行无量纲化处理：

$$\alpha_i=\frac{\beta_i}{\max(\beta_i)} \tag{5-14}$$

其中，β_i 分别表示 D_i^{+}、D_i^{-}、A_i^{+}、A_i^{-}，α_i 分别对应表示 d_i^{+}、d_i^{-}、a_i^{+}、a_i^{-}。

9. 确定距离和灰色关联度的比例关系

依据 TOPSIS 和灰色关联度两个算法可知，如果 $d_i^{-}+a_i^{+}$ 越大，则对应 i 节点越接近于负理想指标集，如果 $d_i^{+}+a_i^{-}$ 越大，则对应 i 节点越接近于正理想指标集。若同时考虑距离和灰色关联度对节点的评价影响，则需要计算贴近度：

$$T_i^{+}=\varphi_1 a_i^{+}+\varphi_2 d_i^{-} \tag{5-15}$$

$$T_i^{-}=\varphi_1 a_i^{-}+\varphi_2 d_i^{+} \tag{5-16}$$

其中，φ_1 和 φ_2 满足 $\varphi_1+\varphi_2=1$，一般取 $\varphi_1=\varphi_2=0.5$。T_i^{+} 和 T_i^{-} 分别反映了 i 节点与正理想指标集和负理想指标集的接近程度。

10. 计算相对贴近度

最后，计算各节点与正理想指标集和负理想指标集在态势变化上的相对贴近度：

$$C_i=\frac{T_i^{+}}{T_i^{+}+T_i^{-}} \tag{5-17}$$

通过式(5-17)即可得到网络中各节点在当前态势变化中的重要性程度评价指标。相较于 TOPSIS 算法和 PageRank 算法，该综合指标具有节点重要性程度评价准确，适用范围广的特点。

5.2.3 仿真与分析

社交网络作为人类真实世界中社交关系在网络虚拟世界的延伸，其组织形式与现实世界非常相似，因此可以将现实世界中的人物作为社交网络的节点，将人与人之间的关系作为社交网络的边。为了验证节点混合评价算法，本小节以小说《悲惨的世界》里的人物关系所形成的社交网络作为实验数据集，验证上述三种算法的效果。该人物关系网络中包含社会各个阶层的代表，有社会底层，如工厂女工 Fantine；有中下阶级人物，如酒馆夫妇

Thenardier、警察 Javert；也有由社会底层跃升为市长的主人公 Valjean 和由贵族转变到革命人士的 Marius，其关系网络如图 5-1 所示。该关系网络囊括阶层范围大，各个阶层之间关系错综复杂，具有很好的研究价值。该网络一共有 77 个节点和 254 条边。在表 5-1 至表 5-4 中，列举了各指标中排名前十的节点。表 5-1 列出了人物关系网络中对节点度进行排名，并取前 10 名的结果；表 5-2 列出了人物关系网络中对节点的特征向量中心性进行排名，并取前 10 名的结果；表 5-3 列出了人物关系网络中对节点的接近中心性进行排名，并取前 10 名的结果；表 5-4 列出了人物关系网络中对节点的介数中心性进行排名，并取前 10 名的结果。

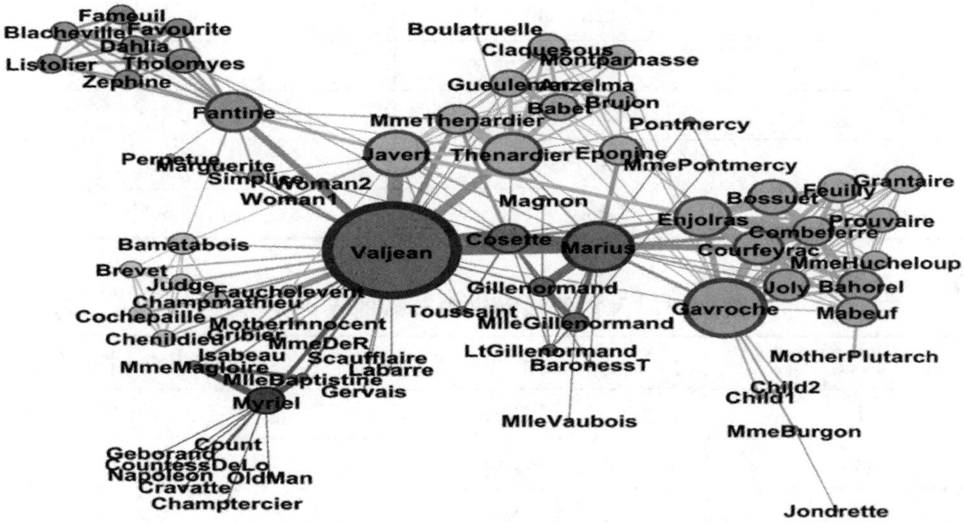

图 5-1 《悲惨的世界》人物关系网络

表 5-1　人物关系网络中的节点度

排名	节点	节点度
1	Valjean	36
2	Gavroche	22
3	Marius	19
4	Javert	17
5	Thenardier	16
6	Enjolras	15
7	Fantine	15
8	Bossuet	13
9	Courfeyrac	13
10	Bahorel	12

表 5-2　人物关系网络中节点的特征向量中心性

排名	节点	特征向量中心性的值
1	Valjean	1.000
2	Gavroche	0.995
3	Marius	0.828
4	Enjolras	0.816
5	Bossuet	0.724
6	Courfeyrac	0.680
7	Javert	0.676
8	Thenardier	0.676
9	Bahorel	0.643
10	Joly	0.643

表 5-3　人物关系网络中节点的接近中心性

排名	节点	接近中心性的值
1	Valjean	0.644
2	Marius	0.531
3	Javert	0.517
4	Thenardier	0.517
5	Gavroche	0.513
6	Enjolras	0.481
7	Cosette	0.477
8	Bossuet	0.475
9	Gueulemer	0.463
10	Babet	0.463

表 5-4　人物关系网络中节点的介数中心性

排名	节点	介数中心性的值
1	Valjean	1624
2	Myriel	504
3	Gavroche	470
4	Marius	376
5	Fantine	369

续表

排名	节点	介数中心性的值
6	Thenardier	213
7	Javert	154
8	MlleGillenormand	135
9	Enjolras	121
10	Tholomyes	115

经过数据处理，可以根据式(5－15)、(5－16)计算得到每个节点与正理想指标集的贴近度 T_i^+，以及与负理想指标集的贴近度 T_i^-，同时也可以根据式(5－17)计算得到节点与正理想指标集和负理想指标集在变化趋势上的相对贴近度 C_i，结果如表 5－5 所示。

表 5－5　人物关系网络部分评价结果

排名	节点	T_i^+	T_i^-	C_i
1	Valjean	5.02	1.46	0.774
2	Gavroche	3.16	2.62	0.546
3	Marius	2.79	2.80	0.499
4	Thenardier	2.47	3.11	0.442
5	Javert	2.47	3.17	0.438
6	Enjolras	2.52	3.24	0.437
7	Fantine	2.24	3.16	0.415
8	Bossuet	2.36	3.38	0.411
9	Courfeyrac	2.21	3.61	0.380
10	Myriel	2.09	3.47	0.375

为了更好地分析节点重要性评价算法的优劣，接下来基于该样本数据分别采用节点混合评价算法、TOPSIS 算法和 PageRank 算法进行对比分析。表 5－6 列出了三种算法的前 10 名节点，图 5－2 中的对比结果更清晰地展示了三种算法的排序结果。

表 5－6　三种算法排序结果

排名	节点混合评价算法		TOPSIS 算法		PageRank 算法	
	节点	权重	节点	权重	节点	权重
1	Valjean	0.774	Valjean	1	Valjean	0.0754
2	Gavroche	0.546	Gavroche	0.429	Myriel	0.0428
3	Marius	0.499	Marius	0.365	Gavroche	0.0357
4	Thenardier	0.442	Myriel	0.288	Marius	0.0308

续表

排名	节点混合评价算法		TOPSIS 算法		PageRank 算法	
	节点	权重	节点	权重	节点	权重
5	Javert	0.438	Fantine	0.286	Javert	0.0303
6	Enjolras	0.437	Thenardier	0.280	Thenardier	0.0279
7	Fantine	0.415	Enjolras	0.274	Fantine	0.0270
8	Bossuet	0.411	Javert	0.273	Enjolras	0.0218
9	Courfeyrac	0.380	Bossuet	0.242	Cosette	0.0206
10	Myriel	0.375	Courfeyrac	0.222	MmeThenardier	0.0195

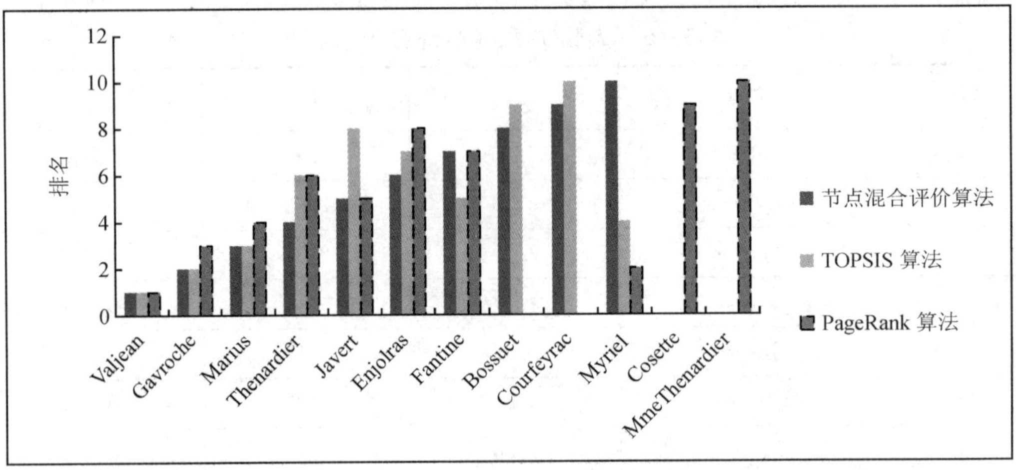

图 5-2　三种算法排序结果对比

从表 5-6 中可以看出，节点混合评价算法和 TOPSIS 算法位于前 3 名的节点是相同的，且结果符合关系网络的真实情况，因此均为有效算法。Thenardier 夫妇在小说中作为一家酒店的老板，接触社会各个阶层人物较多，显然是整个人物关系网络中较重要的一个节点，节点混合评价算法将其排在第 4 位，而 TOPSIS 和 PageRank 算法却将 Thenardier 排在第 6 位，分别位于 Myriel(TOPSIS 算法)和 Gavroche(PageRank 算法)之后，显然节点混合评价算法更合理；再看重要性相对较弱的人物 Myriel，节点混合评价算法中将 Myriel 排在第 10 位，位于主要人物 Fantine 之后，而 TOPSIS 和 PageRank 算法分别将 Myriel 重要程度排在第 4 位和第 2 位，且均在主要人物 Fantine 之前，显然节点混合评价算法的结果更符合实际情况。

接下来，进一步采用本节的节点混合评价算法和 TOPSIS 算法对实际大数据集进行测试，测试的数据集为 2019 年 Facebook 一个月内新奥尔良地区网络的数据。该网络一共有 63 399 个节点，分别采用节点混合评价算法和 TOPSIS 算法进行评价排序，并取两种算法结果的前 20 名进行对比分析。表 5-7 是节点混合评价算法和 TOPSIS 两种算法的仿真实验部分结果(各取前 20 名)，图 5-3 显示了前 20 名节点四个属性指标值名次对比情况，图 5-4 为两种算法结果对比。

从图 5-4 中可以看出，除 215 号节点外，节点混合评价算法和 TOPSIS 算法所产生的前 20 名的节点相同，并且第 3 到第 8 名上的节点排名相同，说明节点混合评价算法在较大规模数据集中同样适用；其次，两种算法对第 1 名和第 2 名节点位置排序不同，由图 5-3 可以看出，839 号节点的四个属性指标值大小在各自单独排名中有两个第 1，一个第 2，一个第 5，147 号节点四个属性指标值在各自属性指标排名中第 1、第 3 和第 4 名各一个，且本节所采用的各个属性权重相同，所以可以明显判定 839 号节点要比 147 号节点重要，节点混合评价算法将 839 号节点排在第一位，更贴近实际情况，说明节点混合评价算法相对于 TOPSIS 算法更准确。

表 5-7　两种算法部分结果

排名	节点混合评价算法		TOPSIS 算法		排名	节点混合评价算法		TOPSIS 算法	
	编号	标签	编号	标签		编号	标签	编号	标签
1	839	2332	147	554	11	921	84	1018	1729
2	147	554	839	2332	12	1018	1729	3533	2208
3	145	471	145	471	13	3917	2322	140	423
4	22	23	22	23	14	140	423	68	469
5	144	451	144	451	15	238	2805	3917	2322
6	132	280	132	280	16	68	469	237	2560
7	1007	1463	1007	1463	17	237	2560	1354	10 397
8	128	207	128	207	18	896	7510	238	2805
9	3533	2208	921	84	19	409	110	215	2372
10	199	1996	199	1996	20	1354	10397	896	7510

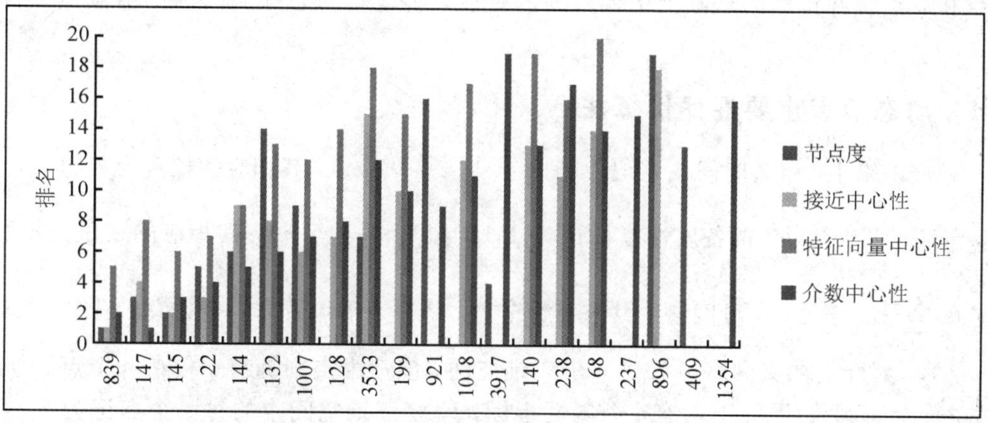

图 5-3　节点四个属性指标值名次对比

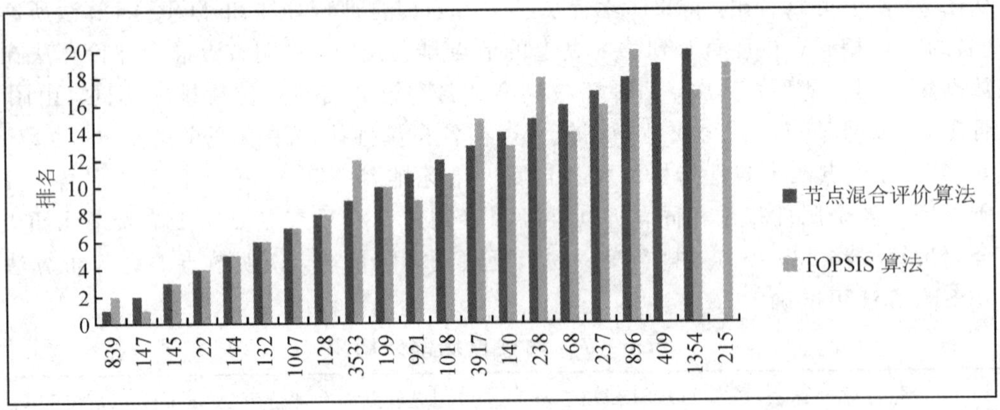

图 5－4　两种算法结果对比

为了拓展评价算法适用的社交网络类型，本节介绍的节点混合评价算法综合了 TOPSIS 算法和灰色关联度算法的优点，实现在贫信息条件下对节点的多属性评价决策，更符合当下社交网络的发展趋势。实验结果对比显示：一方面，节点混合评价算法对两个数据集检测结果同传统的 TOPSIS 算法和 PageRank 算法在主要节点的排序上是基本一致的；另一方面，在准确性上，节点混合评价算法的排序结果明显优于 TOPSIS 算法和 PageRank 算法，节点的评价结果更贴近实际情况。

5.3　动态社交网络的节点评价

社交网络是一直不断变化的动态网络，如随着人的喜好变化，会有微博的相互关注或者取消关注；随着人际关系的变化，会有加入或者退出微信的某个讨论群等。节点和节点连边的不断变化会引起节点在该网络中重要性程度的巨大变化，因此对动态社交网络进行节点重要性评价是极具现实研究意义的。本节将三维灰色关联度运用于动态社交网络节点重要性评价算法中，实现动态网络重要节点的筛选。三维灰色关联度算法的基本思想是，在节点和节点属性指标的基础上引入时间的维度，实现对动态社交网络中节点重要性综合评价。

5.3.1　动态节点重要性评价算法

在社交网络中，将各时间快照记为 $T_i(i=1, 2, \cdots, m)$，其相应的权重为 $e_i(0<e_i<1, \sum_{i=1}^{m} e_i=1)$；将节点对应的各属性指标记为 $p_j(j=1, 2, \cdots, n)$，其相应的权重为 $w_{ij}(0<w_{ij}<1, \sum_{j=1}^{n} w_{ij}=1)$。设网络中共有 q 个节点，将每个节点看作一个方案，记作 $S_k(k=1, 2, \cdots, q)$。综上，社交网络可看作一个三维空间，该三维空间拥有 $q \cdot m \cdot n$ 个点。每个方案 S_k 在 m 个时间快照 T_i 下均有 n 个属性指标 p_j，将三维空间中的每一个点记为 a_{kij}，表示第 k 个节点在 T_i 时刻下对应 p_j 属性指标的值。动态节点重要性评价算法（简称动态评价算法）由以下 6 个步骤组成。

1. 计算决策矩阵

计算第 k 个方案 S_k 的决策矩阵 $\boldsymbol{A}_k$：

$$\boldsymbol{A}_k = \begin{matrix} T_1 \\ T_2 \\ \vdots \\ T_m \end{matrix} \begin{bmatrix} p_1 & p_2 & \cdots & p_n \\ a_{k11} & a_{k12} & \cdots & a_{k1n} \\ \vdots & \vdots & \cdots & \vdots \\ a_{km1} & a_{km2} & \cdots & a_{kmn} \end{bmatrix} = (a_{kij})_{m\times n} \tag{5-18}$$

在该方案 S_k 的决策矩阵中，第 j 列表示指标 p_j 的一个时间快照，第 i 行表示方案 S_k 在 T_i 时刻各个属性指标的值。

2. 计算规范化决策矩阵

节点的规范化过程与节点混合评价算法相似，可分为正相关型指标(指标值越大，节点越重要)和负相关型指标(指标值越大，节点越不重要)。

正相关型指标：

$$b_{kij} = \frac{a_{kij} - \min\limits_{k}\min\limits_{i} a_{kij}}{\max\limits_{k}\max\limits_{i} a_{kij} - \min\limits_{k}\min\limits_{i} a_{kij}} \tag{5-19}$$

负相关型指标：

$$b_{kij} = \frac{\min\limits_{k}\min\limits_{i} a_{kij} - a_{kij}}{\max\limits_{k}\max\limits_{i} a_{kij} - \min\limits_{k}\min\limits_{i} a_{kij}} \tag{5-20}$$

利用式(5－19)、式(5－20)的计算结果构造规范化决策矩阵 $\boldsymbol{B}_k$：

$$\boldsymbol{B}_k = \begin{matrix} T_1 \\ T_2 \\ \vdots \\ T_m \end{matrix} \begin{bmatrix} p_1 & p_2 & \cdots & p_n \\ b_{k11} & b_{k12} & \cdots & b_{k1n} \\ b_{k21} & b_{k22} & \cdots & b_{k2n} \\ \vdots & \vdots & \cdots & \vdots \\ b_{km1} & b_{km2} & \cdots & b_{kmn} \end{bmatrix} = (b_{kij})_{m\times n} \tag{5-21}$$

3. 确定最优方案和最劣方案

根据规范化决策矩阵 $\boldsymbol{B}_k$ 分别确定最优方案和最劣方案：

最优方案为

$$\boldsymbol{B}^{+} = (b_{ij}^{+})_{m\times n} \tag{5-22}$$

最劣方案为

$$\boldsymbol{B}^{-} = (b_{ij}^{-})_{m\times n} \tag{5-23}$$

其中，矩阵 $\boldsymbol{B}^{+}$、$\boldsymbol{B}^{-}$ 中的元素分别为

$$b_{ij}^{+} = \max_{k}(b_{kij}^{+}) \tag{5-24}$$

$$b_{ij}^{-} = \min_{k}(b_{kij}^{-}) \tag{5-25}$$

其中 $i=1, 2, \cdots, m$；$j=1, 2, \cdots, n$。

4. 计算关联系数

在原始数据规范化后，根据二维灰色关联度分析方法计算关联系数，即规范化决策矩阵 $\boldsymbol{B}_k$ 中的元素 b_{kij} 分别与最优方案 $\boldsymbol{B}^{+}$ 和最劣方案 $\boldsymbol{B}^{-}$ 中的元素建立关联关系，正、负关联

系数分别为

$$r_{kij}^{+}=\frac{\min_k\min_i\min_j|b_{ij}^{+}-b_{kij}|+\rho\max_k\max_i\max_j|b_{ij}^{+}-b_{kij}|}{|b_{ij}^{+}-b_{kij}|+\rho\max_k\max_i\max_j|b_{ij}^{-}-b_{kij}|} \tag{5-26}$$

$$r_{kij}^{-}=\frac{\min_k\min_i\min_j|b_{ij}^{-}-b_{kij}|+\rho\max_k\max_i\max_j|b_{ij}^{-}-b_{kij}|}{|b_{ij}^{-}-b_{kij}|+\rho\max_k\max_i\max_j|b_{ij}^{-}-b_{kij}|} \tag{5-27}$$

其中，$\rho(0<\rho<1)$为分辨系数，通常取$\rho=0.5$；$k=1, 2, \cdots, q$；$i=1, 2, \cdots, m$；$j=1, 2, \cdots, n$。

5. 计算关联度

由于时间快照之间和指标之间存在重要程度上的差异，因此关联程度上的差异必须考虑相应的权重。在社交网络的发展过程中，每个时间快照的权重是同等重要的，可是节点的各个属性指标的权重是不一样的，所以在属性指标的权重 w_{ij} 固定的情况下，各个方案 S_k 对应于最优方案 $\boldsymbol{B}^+$ 和最劣方案 $\boldsymbol{B}^-$ 的正、负关联度分别为

$$\xi_k^{+}=\sum_{i=1}^{m}\sum_{j=1}^{n}w_{ij}r_{kij}^{+} \tag{5-28}$$

$$\xi_k^{-}=\sum_{i=1}^{m}\sum_{j=1}^{n}w_{ij}r_{kij}^{-} \tag{5-29}$$

6. 计算相对贴近度

由几何意义可知，最优方案 $\boldsymbol{B}^+$ 和最劣方案 $\boldsymbol{B}^-$ 对应于各个方向上最优和最劣的离散点所构成的最优曲面和最劣曲面，关联度 ξ_k^+ 和 ξ_k^- 表示方案 S_k 对应的曲面与最优曲面和最劣曲面之间的接近程度。如果 ξ_k^+ 越大，则方案 S_k 与最优方案 $\boldsymbol{B}^+$ 关联度越大，如果 ξ_k^- 越大，则方案 S_k 与最劣方案 $\boldsymbol{B}^-$ 的关联度越大。方案 S_k 与最优方案 $\boldsymbol{B}^+$ 和最劣方案 $\boldsymbol{B}^-$ 的相对贴近度为

$$d_k=\frac{\xi_k^{+}}{\xi_k^{+}+\xi_k^{-}} \tag{5-30}$$

对于每个方案 S_k，相对贴近度可作为在每个时间快照对该节点 k 做出的动态重要性评价结果。

5.3.2　仿真与分析

本小节用于仿真的社交网络实例数据为 Facebook 在新奥尔良地区连续三个月的用户数据集，第一个月包含 52 299 个节点，第二个月包含 53 469 个节点，第三个月中包含 56 221 个节点。该数据集能够很好地反映出社交网络中人与人之间的交往状态。本节仍然使用经典的 TOPSIS 算法作为对照算法。

根据数据集组成的社交网络结构，实验选取的指标为特征向量中心性、接近中心性、介数中心性和节点度四个效益型指标，指标权重均相同，即设置 $w_{ij}=0.25(i=1, 2, 3; j=1, 2, 3)$，时间快照长度设置为一个月。接下来采用动态评价算法，对三个月数据中的所有节点进行重要性评价排名，并选取重要性程度较高的前 20 名节点进行分析。

首先，根据动态评价算法的步骤，分别对三个月数据进行归一化处理，计算得到最优方案 $\boldsymbol{B}^+$ 和最劣方案 $\boldsymbol{B}^-$：

$$B^{+}=\begin{Bmatrix} 0.932\,790\,22 & 0.984\,602\,21 & 0.981\,348\,34 & 1 \\ 0.932\,790\,22 & 0.990\,304\,28 & 0.987\,542\,57 & 0.988\,608\,72 \\ 1 & 1 & 1 & 0.984\,466\,63 \end{Bmatrix};$$

$$B^{-}=\begin{Bmatrix} 0 & 0 & 0 & 0 \\ 0 & 0.060\,048\,06 & 0.054\,352\,22 & 0 \\ 0 & 0.060\,782\,86 & 0.055\,058\,35 & 0 \end{Bmatrix}$$

然后，依据最优方案和最劣方案，可得到正、负关联度(ξ_k^+、ξ_k^-)。表 5-8 列出了所有节点的正关联度 ξ_k^+ 排名前 20 的数据，表 5-9 列出了所有节点的负关联度 ξ_k^- 排名前 20 的数据。

表 5-8　正的关联度 ξ_k^+

名次	标签	ξ_k^+	名次	标签	ξ_k^+
1	121	8.508	11	125	7.174
2	21	8.329	12	181	7.173
3	119	7.856	13	123	7.007
4	127	7.675	14	951	7.000
5	110	7.442	15	168	6.978
6	800	7.393	16	200	6.929
7	712	7.381	17	8	6.870
8	138	7.366	18	788	6.788
9	743	7.317	19	3223	6.756
10	136	7.308	20	114	6.725

表 5-9　负关联度 ξ_k^-

名次	标签	ξ_k^-	名次	标签	ξ_k^-
1	51 686	10.568	11	51 225	10.330
2	51 145	10.518	12	51 504	10.329
3	51 399	10.514	13	49 126	10.310
4	52 191	10.503	14	52 152	10.302
5	51 685	10.468	15	49 859	10.295
6	51 402	10.438	16	51 947	10.276
7	51 144	10.375	17	52 019	10.259
8	52 182	10.361	18	51 398	10.255
9	49 860	10.359	19	51 497	10.254
10	52 153	10.338	20	52 101	10.248

最后，对正、负关联度进行相对贴近度计算，即可得到三个月中所有节点的重要性排名情况。表 5－10 列出了相对贴近度排名前 20 的数据，即三个月中所有节点的重要性排名前 20 的节点。

表 5－10　相对贴近度 d_k

名次	标签	d_k	名次	标签	d_k
1	21	0.607	11	800	0.508
2	121	0.587	12	138	0.506
3	119	0.559	13	123	0.503
4	110	0.537	14	168	0.503
5	127	0.522	15	951	0.499
6	712	0.516	16	200	0.495
7	181	0.516	17	8	0.491
8	136	0.515	18	875	0.486
9	743	0.509	19	788	0.485
10	125	0.508	20	374	0.482

接下来，采用 TOPSIS 算法分别对各月节点进行重要性排名。表 5－11、5－12、5－13 分别列出了第一至第三个月的节点重要性排名前 20 的结果。

表 5－11　第一个月 TOPSIS 算法计算结果

名次	标签	权重	名次	标签	权重
1	121	0.999	11	817	0.227
2	119	0.604	12	748	0.221
3	706	0.584	13	827	0.218
4	110	0.427	14	106	0.209
5	762	0.374	15	164	0.202
6	181	0.338	16	50	0.196
7	21	0.302	17	3635	0.177
8	3014	0.272	18	5203	0.170
9	136	0.265	19	1478	0.167
10	115	0.230	20	166	0.164

表 5-12 第二个月 TOPSIS 算法计算结果

名次	标签	权重	名次	标签	权重
1	121	0.999	11	823	0.224
2	712	0.606	12	833	0.217
3	119	0.600	13	755	0.216
4	110	0.424	14	106	0.205
5	769	0.370	15	166	0.197
6	118	0.365	16	51	0.193
7	21	0.296	17	3757	0.172
8	3075	0.266	18	5416	0.168
9	817	0.262	19	1488	0.165
10	115	0.226	20	168	0.163

表 5-13 第三个月 TOPSIS 算法计算结果

名次	标签	权重	名次	标签	权重
1	127	0.997	11	871	0.221
2	743	0.634	12	882	0.215
3	125	0.595	13	788	0.209
4	114	0.420	14	110	0.203
5	124	0.386	15	179	0.188
6	807	0.361	16	57	0.186
7	21	0.325	17	199	0.175
8	865	0.264	18	3955	0.167
9	3223	0.253	19	5749	0.164
10	121	0.223	20	181	0.158

经过对表 5-10 至 5-13 的结果分析可知，若节点在三个月的整体数据集中重要性排名靠前，则在每个月排名均应相对靠前或者在某个月中格外活跃。例如在真实网络舆情传播中，一些别有用心的网络节点会广泛活跃在一些话题之中，或者在某事件发生时进行大肆鼓吹，造成一定影响后，会自动或在监管部门干预压力下消失一段时间，而后再次出来诱导舆论走向，起到推波助澜的作用。基于以上实验数据，我们对表 5-10 中排名前 10 的节点在 TOPSIS 算法单个月排名情况进行了统计，统计结果如表 5-14 所示。由于表 5-10 中从第 10 名到第 20 名的节点在 TOPSIS 算法单个月排名中基本不在前 20 名，所以表 5-14 只列举了表 5-10 中前 10 名节点在 TOPSIS 算法单个月排名中处于前 20 的情况，

不在前 20 名的均以 0 表示。

表 5 - 14　节点重要性排名情况对比

标签	动态评价算法（名次）	第一个月（名次）	第二个月（名次）	第三个月（名次）	处于前 20 名的次数
21	1	7	7	7	3
121	2	1	1	10	3
119	3	2	3	0	2
110	4	4	4	14	3
127	5	0	0	1	1
712	6	0	2	0	1
181	7	6	0	0	1
136	8	9	0	0	1
743	9	0	0	2	1
125	10	0	0	3	1

从表 5 - 14 中可以看出，动态评价算法中排名前 10 的节点在 TOPSIS 算法单个月的节点重要性排名中也是比较靠前，至少有一个月的名次是处于前 20 名；而后 10 名的节点在 TOPSIS 算法单个月的排名情况则总体靠后，这充分说明基于三维灰色关联度的动态重要性评价算法能更好地反映客观情况。

动态评价算法并不是简单地将节点在单个月的重要性排名情况统计叠加，因此不能通过 TOPSIS 算法单月节点重要性排名去推算节点在多个月的排名情况。图 5 - 5 为节点重要性排名的柱状对比图，此图更清晰展示了节点排名情况。

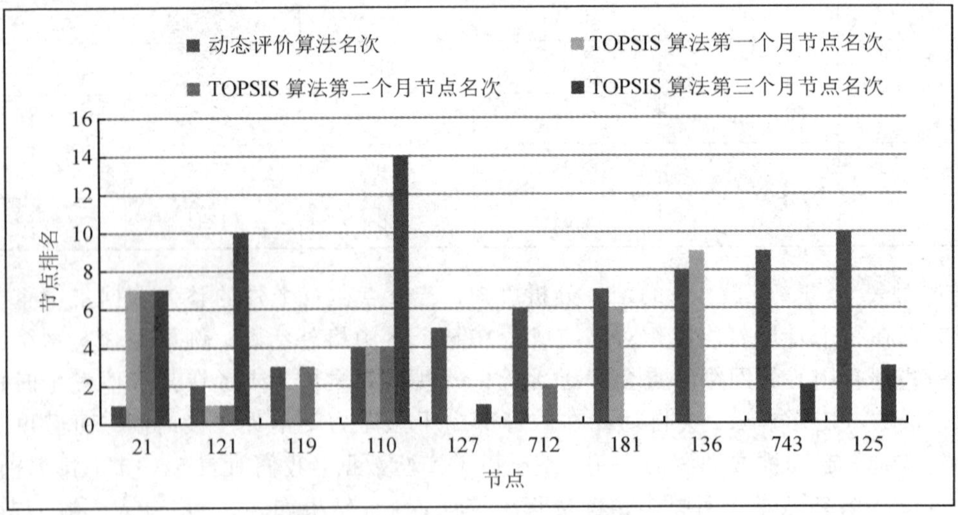

图 5 - 5　节点重要性排名的柱状对比图

由图 5－5 可以看出，节点 21 在动态评价算法中排名第 1，在单个月中排名均为第 7；节点 121 在动态评价算法中排名第 2，在单个月的排名依次为 1、1、10；节点 110 在动态评价算法中排名第 4，在单个月的排名依次为 4、4、14。因此，如果单从节点在各个月的排名情况看，节点 21 的重要性程度要低于节点 121，与节点 110 重要性程度相似，但是从三个月的整体性来看，节点 21 的重要性程度更高。

综上，基于三维灰色关联度的动态评价算法，能够较好地统筹各个时间快照下节点的重要性情况，能够较为准确地分析动态节点在当前所有节点中的重要性程度，使节点的重要性评价算法从静态下的多属性评价跨越到动态下的多属性评价。

5.4 基于事件的社区演化预测模型

社区是指具有某些共同属性或共同利益的节点集合构成的社交网络，在线社区已成为社交网络的主流形式。当前，研究社区的演化规律以及预测社区的发展趋势，已经成为网络舆情研究的关键之一。准确揭示复杂网络环境中社区演化规律，对网络舆情的判别和治理具有重要的指导意义。

在复杂网络分析领域，社交网络中社区发现和演化问题一般转化为基于事件框架下的事件分析和预测来解决。自从 Palla 等人首次提出事件框架这个概念以来，众多研究人员提出事件的多种定义方法，但是均存在着时间复杂度高或定义过于严格等问题，不能达到准确揭示复杂网络中社区演化过程和变化规律的目的。张学武等人利用节点相似度这一概念定义社区事件，并根据网络结构的变化规律定义了 7 类社区事件，在一定程度上提高了各类事件发现数量，但是该定义只关注到两个社区的节点相似度，而忽视了动态社区中节点和节点之间连接关系的重要地位。显然在社区中节点和边是同等重要的，如图 5－6 中所示，两个社区 C_1、C_2 节点相同，但是因为节点间连接关系的不同导致两个社区具有明显差异。本节将介绍一种新的社区事件定义和发现方法，增加了边对社区演化过程的影响，可以更加细致地刻画社区事件，提高事件发现的准确程度。该方法通过运用节点和边的相似度理论，重新定义形成、消失、保持、合并和分裂 5 类社区事件，并对合并和分裂事件重新进行了定义，使其更符合实际情况。在真实数据集上的实验表明该方法具备更好的适用性。

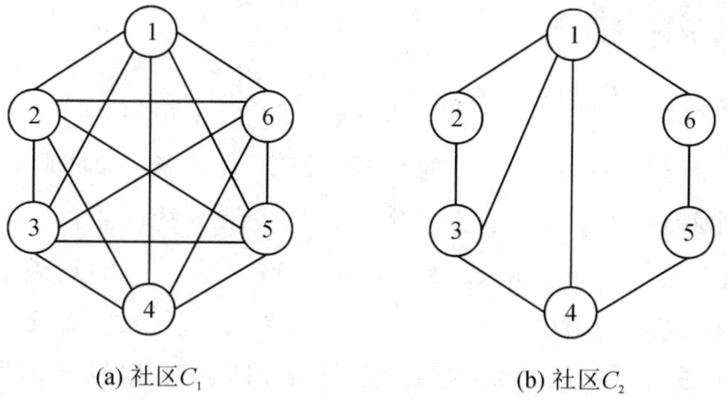

图 5－6 节点相同的两个社区

5.4.1 社交网络的表示方法

社交网络展现了个人的关系结构，而关系结构通常都是基于交互的类型而定义的，例如朋友关系，雇佣关系等，且每种关系随着时间推移不断发生变化。社交网络作为人类真实世界在网络虚拟世界的延伸，其结构也是动态变化的。动态网络可以看作几个相邻时间快照下静态网络的组合。下文中，社交网络用$G(N, E)$来表示，其中$N=\{v_1, v_2, \cdots, v_n\}$表示网络$G$中所有节点的集合；$E(e_1, e_2, \cdots, e_{n\times n})\subseteq N\times N$，$E$表示网络$G$中所有边的集合；$|N|=n$，表示网络$G$中所有节点的数量；$G_i(N_i, E_i)$代表第$i$个时刻的静态网络，$N_i$、$E_i$分别代表$i$时刻具有共同兴趣的节点集合和节点之间边的集合。

网络社区是由对于某个话题具有共同兴趣爱好的个人或者团体逐渐聚合而形成的。同一个人可以对不同的话题同时产生兴趣，就像一个人同时参加了两个兴趣小组，即出现了社区的重叠。所以重叠社区可以定义为有共同兴趣爱好的节点以及节点之间边的集合。社区结构可用$C_i^a=(N_i^a, E_i^a)$来表示，C_i^a表示i时刻的a社区，N_i^a、E_i^a分别表示i时刻a社区节点和边的集合，如社区$C_1=\{1, 2, 3, 4, 5, 6\}$和社区$C_2=\{5, 6, 7, 8, 9, 10\}$，均含有节点5和节点6，故而形成重叠社区。

5.4.2 社区与事件模型的构建

在动态社区事件演化的判别方法中，相似度算法为社区与事件建模提供了基本依据。社区与事件模型构建的基本思路是，在节点相似度模型的基础上，增加边的相似度模型，建立不同事件的相似度指标，用于判定社区事件演化情况。首先定义不同时间快照下的社区节点相似度指标和节点之间边的相似度指标，然后通过相似度指标完成社区形成、消失、保持、合并和分裂等5类事件的定义。

定义的节点相似度公式如下：

$$N_{\mathrm{sim}}(C_i^a, C_j^b)=\frac{|N_i^a\cap N_j^b|}{\max\{|N_i^a|, |N_j^b|\}} \tag{5-31}$$

式中，C_i^a、C_j^b分别表示i、j两个时刻下a，b两个社区，$|N_i^a|$表示i时刻a社区的节点数，$|N_j^b|$表示j时刻b社区的节点数，$|N_i^a\cap N_j^b|$表示两个社区相同的节点数。

节点之间边的相似度公式为

$$E_{\mathrm{sim}}(C_i^a, C_j^b)=\frac{|e_i^a\cap e_j^b|}{\max\{|E_i^a|, |E_j^b|\}} \tag{5-32}$$

式中，$|E_i^a|$表示第i时刻a社区对应边的数量，$|E_j^b|$表示第j时刻b社区对应边的数量，e_i^a表示a社区中两个社区共有节点的边的集合，e_j^b表示b社区中两个社区共有节点的边的集合，$|e_i^a\cap e_j^b|$是两个社区相同边的数量。式(5-31)、式(5-32)均满足$0\leqslant N_{\mathrm{sim}}(C_i^a, C_j^b)$，$E_{\mathrm{sim}}(C_i^a, C_j^b)\leqslant 1$。在实例应用中，$N_{\mathrm{sim}}(C_i^a, C_j^b)$，$E_{\mathrm{sim}}(C_i^a, C_j^b)$需要分别设定阈值，当两个相似度值同时大于各自阈值时即认为两个社区是相似的。根据相似度指标，社区演化可定义为以下5类事件。

1. 形成事件

如果社区C_i^a在其前t个时刻内与任何其他社区都不相似，即可认为C_i^a为新形成的社区。如图 5-7 所示，若在 i 时刻，网络 G_i 中的社区 C_i^a，经过 t 个时刻的演化后，与 $i-t$ 时刻网络 G_{i-t} 中的三个社区 C_{i-t}^1、C_{i-t}^2、C_{i-t}^3 均不相似，则认为 C_i^a 为新形成的社区。形成事件表示为

$$\text{Birth}(C_i^a) = \exists \begin{Bmatrix} N_{\text{sim}}(C_i^a,\ C_j^b) < \alpha \\ E_{\text{sim}}(C_i^a,\ C_j^b) < \beta \end{Bmatrix} \quad (i-t \leqslant j < i,\ j \in \mathbb{Z}) \tag{5-33}$$

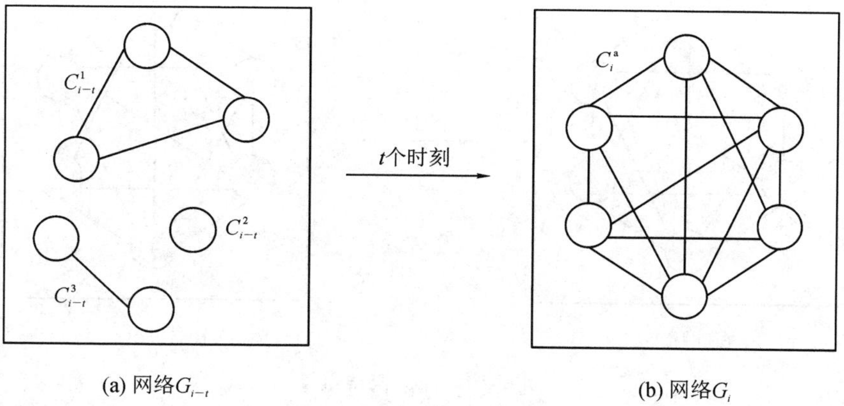

图 5-7　社区形成事件

2. 消失事件

与社区形成事件类似，如果社区 C_i^a 在其后 t 个时刻内，网络中均没有与其相似的社区出现，则认为该社区已消失。如图 5-8 所示，若在 i 时刻，网络 G_i 中的社区 C_i^a，经过 t 个时刻的演化后，与 $i+t$ 时刻网络 G_{i+t} 中的三个社区 C_{i+t}^1、C_{i+t}^2、C_{i+t}^3 均不相似，则认为 C_i^a 社区消失。消失事件表示为

$$\text{Death}(C_i^a) = \exists \begin{Bmatrix} N_{\text{sim}}(C_i^a,\ C_j^b) < \alpha \\ E_{\text{sim}}(C_i^a,\ C_j^b) < \beta \end{Bmatrix} \quad (i < j < i+t,\ j \in \mathbb{Z}) \tag{5-34}$$

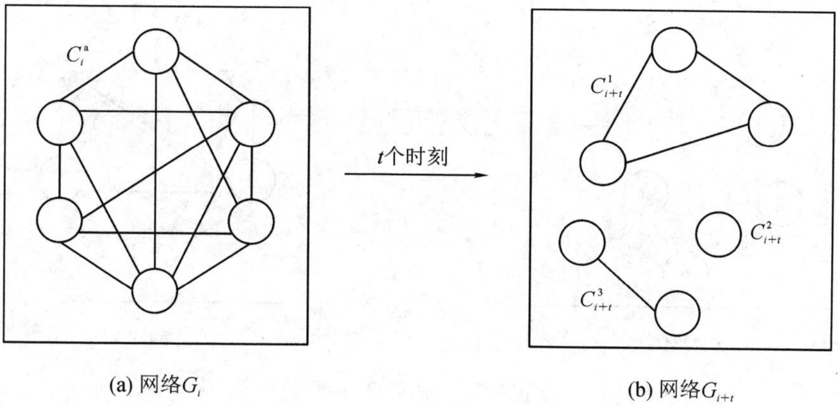

图 5-8　社区消失事件

3. 保持事件

社区 C_i^a 所在的网络只要在$(i,\ i+t]$内的任意时刻出现与其相似的社区，则认为该社区发生保持事件。如图 5-9 所示，若在 i 时刻，网络 G_i 中的社区 C_i^a，经过 r 个时刻的演化

后，与 $i+r$ 时刻的网络 G_{i+r} 中的社区 C_{i+r}^{a} 相似，则认为 C_i^a 社区发生保持事件，其中 $r\in(i, i+t]$。保持事件表示为

$$\text{Remain}(C_i^a)=\exists\begin{Bmatrix}N_{\text{sim}}(C_i^a, C_j^b)\geqslant\alpha\\E_{\text{sim}}(C_i^a, C_j^b)\geqslant\beta\end{Bmatrix}\quad(i<j<i+t, j\in\mathbb{Z})\tag{5-35}$$

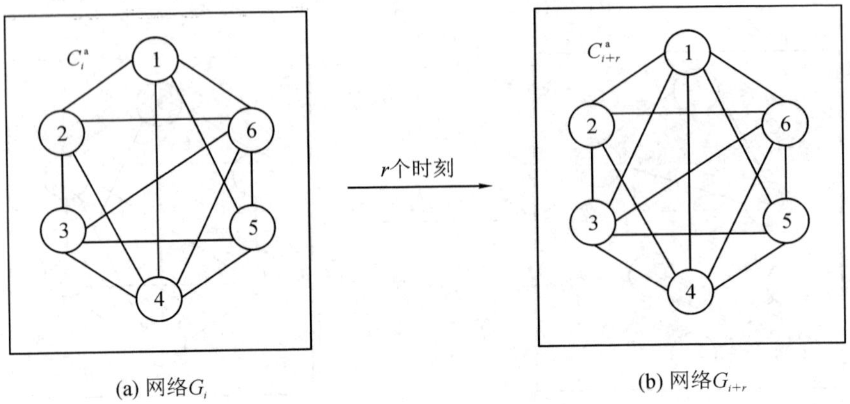

图 5-9　社区保持事件

4. 合并事件

社区 C_i^a 在其前 t 个时刻内，如果第 j 时刻网络中存在几个社区$\{C_j^1, C_j^2, \cdots, C_j^n\}$同时与 C_i^a 相似，则认为 C_i^a 是社区集合$\{C_j^1, C_j^2, \cdots, C_j^n\}$的合并。如图 5-10 所示，若在 i 时刻，网络 G_i 中的社区 C_i^a，与在此之前的第 j 个时刻存在的 C_{i-j}^1、C_{i-j}^2、C_{i-j}^3 三个社区同时相似，则认为社区 C_i^a 为这三个社区的合并，其中 $j\in[i-t, i)$。合并事件表示为

$$\text{Merge}(C_i^a)=\exists\begin{Bmatrix}N_{\text{sim}}(C_i^a, C_j^b)\geqslant\alpha\\E_{\text{sim}}(C_i^a, C_j^b)\geqslant\beta\end{Bmatrix}\quad(i-t<j\leqslant i, j\in\mathbb{Z})\tag{5-36}$$

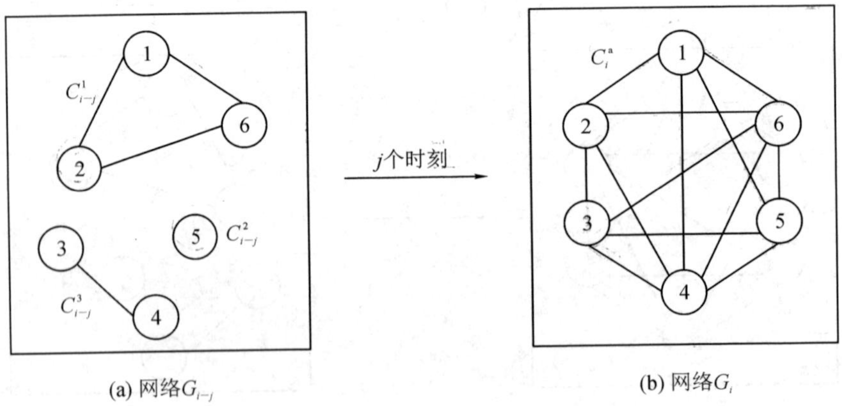

图 5-10　社区合并事件

5. 分裂事件

与社区的合并事件相对应，社区 C_i^a 在其后 t 个时刻内，如果第 j 时刻在网络中存在多个社区$\{C_j^1, C_j^2, \cdots, C_j^n\}$同时与 C_i^a 相似，即认为社区发生了分裂。如图 5-11 所示，若在 i 时刻，网络 G_i 中的社区 C_i^a，经过 j 个时刻的演化后，与 $i+j$ 时刻网络 G_{i+j} 中的三个社区 C_{i+j}^1、C_{i+j}^2、C_{i+j}^3 相似，则认为 C_i^a 社区发生分裂事件，其中 $j\in(i, i+t]$。分裂事件表示为

$$\mathrm{Split}(C_i^a)=\exists\begin{cases}N_{\mathrm{sim}}(C_i^a,\ C_j^b)\geqslant\alpha\\E_{\mathrm{sim}}(C_i^a,\ C_j^b)\geqslant\beta\end{cases}\quad(i<j<i+t,\ j\in\mathbb{Z})\tag{5-37}$$

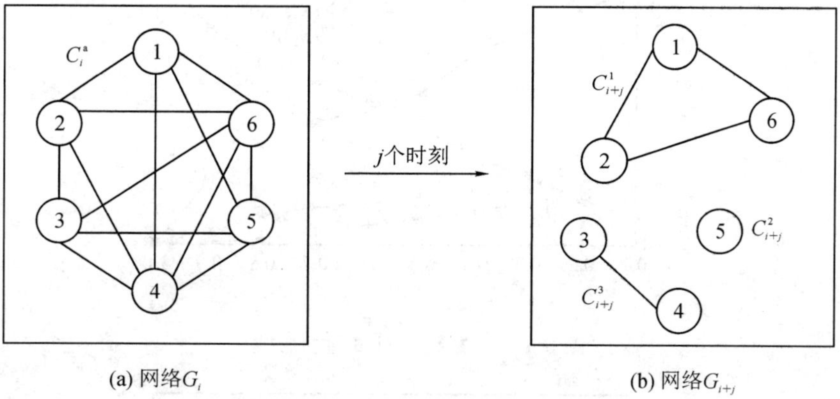

图 5-11　社区分裂事件

在构建事件框架模型方面，由于动态社区不断变化，可能出现社区节点的暂时性隐藏，造成社区事件发现算法结果失真。因此仅比较临近时刻的社区结构会存在很大的误差。比如社区的形成事件，只要社区在其前 t 个时间快照内不存在相似社区，即认为这个社区为新形成的社区。对于社区的合并和分裂，i 时刻的几个社区经过不断演化，可能需要跨越多个时刻才达到合并的效果，所以上述事件模型要求在 t 个时刻内达到合并的阈值，即认为社区发生了合并演化。

5.4.3　仿真与分析

本节仿真实验的主要目的是为了衡量 5.4.2 节所述模型与真实网络的吻合程度，同时与张学武等人提出的事件框架做对比，衡量处理社交网络数据时的效果。数据集采用 WS 小世界网络生成算法生成的网络数据集。表 5-15 为 WS 小世界网络生成参数。

表 5-15　WS 小世界网络生成参数

节点数	边数
500	1514
700	2118
900	2649
1100	3156
1300	3682

测试的两种事件框架均用到了三个参数，分别是社区节点和边的相似度阈值 α 和 β，以及一定的时间间隔 t。恰当地设置阈值 α 和 β 可以实现较好的事件区分度，也起到保护社区话题不变的作用。由图 5-12 可知，在 α 为 0.5 的时候，各类事件发生数目达到一个平衡，所以 α 取值为 0.5，同样 β 也设置为 0.5。由图 5-13 可以看出，当 $t=3$ 时各个事件发生数目开始趋于稳定，所以 t 的取值为 3。

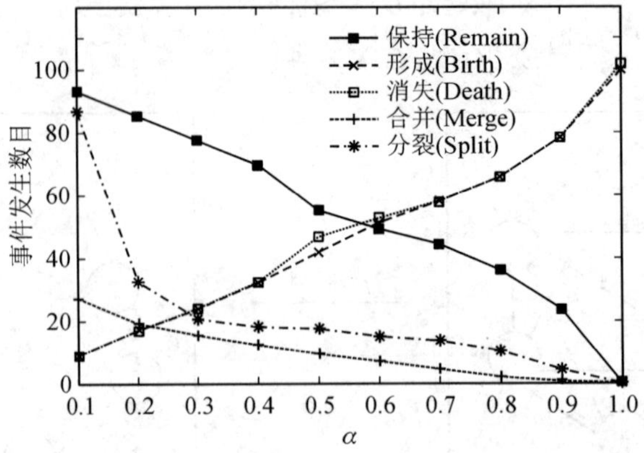

图 5-12　参数 α 对事件的影响

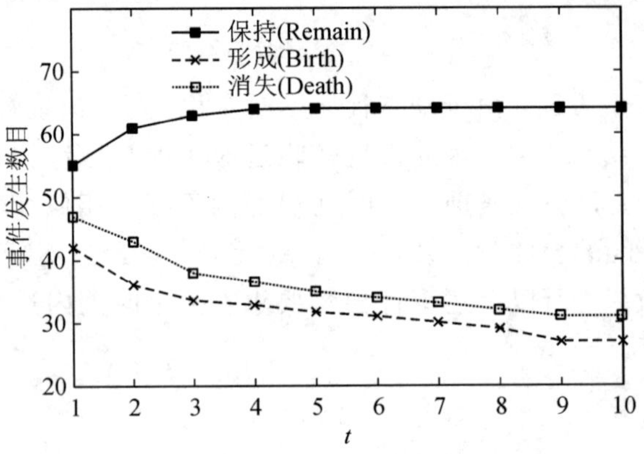

图 5-13　事件发生数目与时间的关系

仿真实验通过 WS 小世界网络生成算法得到了五个时刻的网络。由图 5-14 到图5-16 可以看出，本节算法的形成、保持、消失事件发生数目均少于张学武等人提出的算法。这是

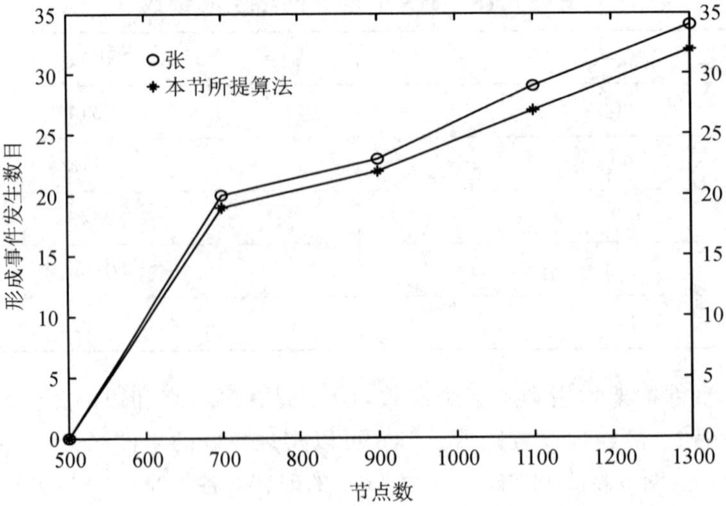

图 5-14　形成事件发生数目对比

由于他们的算法只考虑了节点相似度，制约条件要少于本节所提算法，两算法结果的差值，就是社区变化过程中边起到影响作用的社区数量。

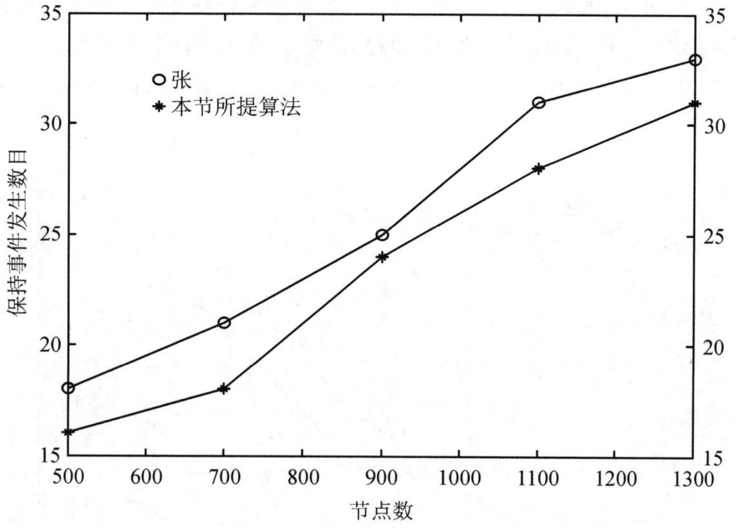

图 5-15　保持事件发生数目对比

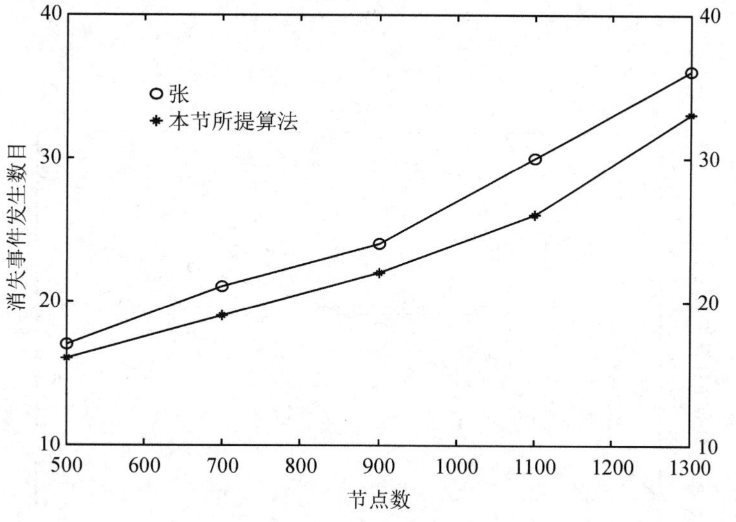

图 5-16　消失事件发生数目对比

由图 5-14 和图 5-16 可知，节点数量为 700 时，形成事件发生数目差值为 1，消失事件发生数目差值为 2；节点数量为 1300 时，形成事件发生数目差值为 2，消失事件发生数目差值为 3。因此，事件发生数目随着节点数量的增多，两算法对事件发生数目的差值也逐渐增大。仿真采用的节点数和边的数量较少，而当节点和边的规模高达百万级以上时，两种算法得到的结果差别会更大。因此，本节所提算法就会产生较小的误差，更能准确地反映社区演化情况。

从图 5-17、图 5-18 中可以看出，本节所提算法的对应事件发生次数均要多于张学武等人提出的算法。这首先由社区的合并和分裂事件验证，当前时刻的社区经过不断演化，可能在经历多个时刻后才达到合并或分裂事件发生的条件，因此不能只对相邻时刻进行观察；其次随着节点规模的增加，以及数据集的活跃程度升高，两种算法的差别逐渐变大，这说明在几个相邻时间快照里发生变动的可能性变大，即在相邻时间快照里出现合并或者分裂事件的可能性变大，说明本节介绍的事件模型相对现有的模型来说，在活跃度较高的数据集上更能反映社区真实的演化情况，有利于预测社区的真实演化规律。

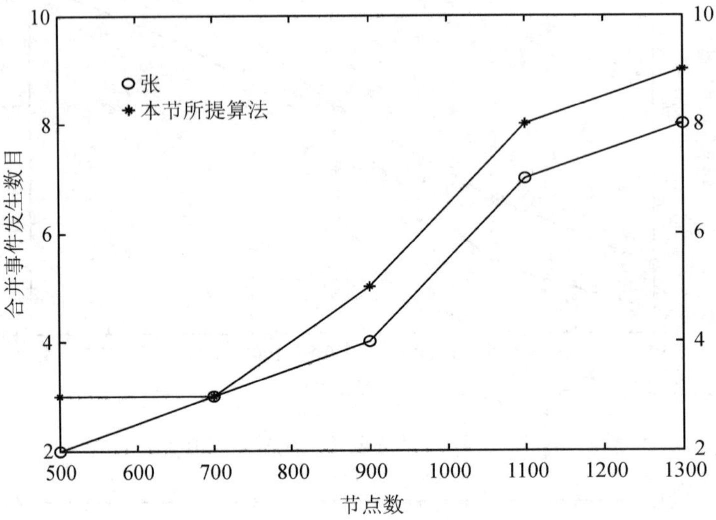

图 5 - 17　合并事件发生数目对比

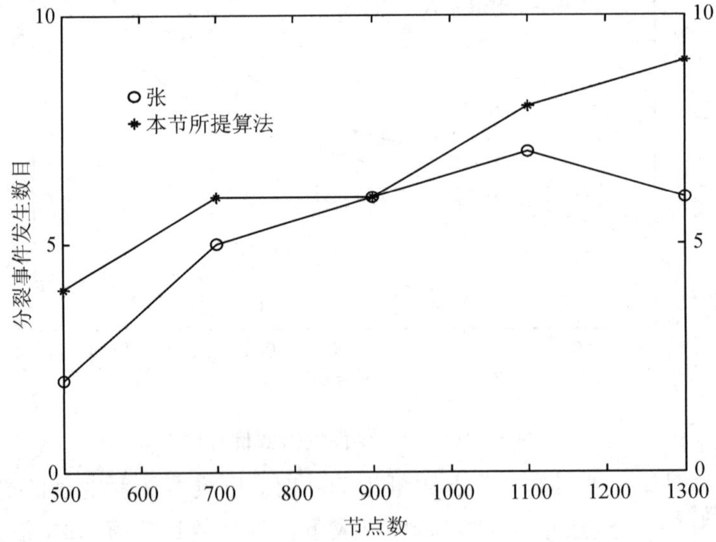

图 5 - 18　分裂事件发生数目对比

本节在社区演化模型的事件框架基础上，同时运用社区节点相似度和边的相似度算法，重新构建了 5 类社区事件框架模型，并在 WS 小世界网络中对比了不同演化模型的效果，体现出基于事件演化模型的优势。该事件框架在提高预测精度的前提下，并没有明显减少社区事件发生数目。因此，该事件框架可以应用于发现舆情传播社区的演化规律，预测舆情传播行为的演化方向，为研究舆情干预时机和干预条件提供必要的理论参考。

本章小结

社交网络的结构承载着社交网络中节点之间的连接关系和信息传播关系，是社交网络舆情发展的重要体现形式。社交网络的拓扑结构在很大程度上决定了社交网络信息传播的效率、影响力和传播范围等规律，研究社交网络结构的演化规律是进一步研究社交网络信息传播规律的基础。本章从社交网络的拓扑结构出发，探讨了基于 TOPSIS 和灰色关联度的社交网络节点重要性评价算法和预测模型，充分利用了 TOPSIS 算法的准确性和灰色关联度算法适用于贫信息的特点，提高了社交网络中节点重要性评价算法的准确性，扩大了适用范围；而后，在节点重要性评价算法基础上，介绍了基于事件的社区演化预测模型，从而由节点相似度指标扩展到网络结构相似度指标，为分析和理解社交网络的结构提供了量化依据。

第六章 基于语义信息的社交网络舆情规律分析

语义信息是社交网络舆情的主要载体，分析其内容、情感和观点的倾向性是社交网络舆情分析的重要内容。本章从社交网络语义倾向性分析的一般概念和方法入手，借助以微博为背景的Single-pass聚类和情感倾向性分析，系统阐述语义倾向性分析的一般规律和实现过程。

6.1 社交网络舆情语义信息倾向性概述

6.1.1 倾向性分析定义及主要任务

情感分析(Sentiment Analysis，SA)又称为倾向性分析，常见于意见领袖挖掘、自然语言处理、文本分析以及语言计算等领域，其目的在于抽取上述信息中的主观文本，并分析这些主观文本中所蕴含的情感倾向。

倾向性分析的目的决定了舆情倾向性分析的任务内容。单纯从研究的角度的来看，倾向性分析的任务分为主观句倾向性分析、要素级倾向性分析、句子级倾向性分析以及文档级倾向性分析。其中主观句倾向性分析是倾向性分析的研究基础，其主要任务是识别评论信息中蕴含作者情感态度的句子；要素级倾向性分析又可以划分为情感词抽取、倾向性定义、评价对象抽取和评价短语识别等内容；句子级倾向性分析主要任务是识别句子的主题词等有效词语，并将其语义结构化；文档级倾向性分析多以句子级倾向性分析为基础，全局把握评论信息的情感态度。

为了推动倾向性分析的研究，国内外不少语言识别和研究机构均将倾向性分析作为一个重要的研究内容，并设置了多项评测或公开任务，其中，TREC 2006 Blog Track是第一个关于意见检索的任务，该任务吸引了十四个单位参赛。自此，倾向性分析便成为TREC评测的一个重要任务，并一直延续至今。

为推动中文倾向性分析的发展以及各类中文语料的建设，2008年，中国中文信息学会信息检索委员会率先发起第一届中文倾向性分析评测(Chinese Opinion Analysis Evaluation，COAE)，迄今为止陆续举办了六届，其评测语料也由单一的评论文本逐渐向社交网络内容转变。

6.1.2 社交网络语义倾向性分析的现有技术和挑战

同国际研究方向一致，中文倾向性分析也是从词语、句子以及文档三个层次展开的。

1. 词语倾向性分析

词语倾向性分析最早始于香港城市大学Yuan等人的工作，他们在中文分词的基础上，研究了汉语极性词的自动获取方法。自此以后，复旦大学朱嫣岚等人提出了基于语义相似度和语义相关场的两种词汇的语义倾向性计算方法，通过计算目标词汇与HowNet词库中已标注褒贬性词汇间的相似度，获取目标词汇的语义倾向性。大连理工大学徐琳宏采用HowNet作为基准词，通过计算目标词与基准词的关联度，确定目标词汇的语义倾向性。中科院自动化所的王根提出了词语倾向性的极坐标方式，并使用了均衡化的互信息方法探讨了词语独立于上下文的自身倾向性。山西大学王素格等从词、搭配、主题特征与情感词关联等不同粒度表示入手，开展文本情感的倾向性建模、分析与计算研究，探索了文本情感分析的新技术与新方法。大连理工大学信息检索研究团队发布了情感词汇本体库，将中文词典资源建设推进了一步。

2. 句子倾向性分析

句子是组成文档的基本单位，研究句子倾向性分析方法有利于提高文档倾向性分析精确度。长期以来，国内研究者们在句子倾向性分析领域做了大量工作，为推动中文倾向性分析做出了贡献。其中，哈尔滨工业大学赵妍妍为了解决句子倾向性分析中手工模板和规则构建困难的问题，提出一种基于句法路径的情感评价单元自动识别方法。该方法自动获取句法路径来描述评价对象及其评价词语之间的修饰关系，并通过计算句法路径距离来改进评价单元抽取系统的性能。北京大学计算语言研究所吴云芳等针对捕捉单字词倾向性困难的问题，提出了一种依赖于目标词的单字词倾向性消歧方法。福州大学廖祥文等认为一个句子的情感倾向不仅与情感词有着直接的关系，还与句子的语法结构有着密切的联系。他们利用句法特征、语义特征构造了一个n-gram超核函数，利用SVM分类器对句子进行情感分类。针对评论文本中存在大量的条件句现象，杨源等首先将条件句划分为四类，再利用贝叶斯分类器识别评论文本中的条件句，并依据不同的条件句分析句子倾向性。

3. 文档倾向性分析

在句子倾向性分析的基础上，国内不少研究者探索了文档的全局倾向性分析方法。其中，中国科学院计算技术研究所廖祥文为了检索出给定查询主题相关的评论内容，将概率推理模型应用于博客倾向性检索中，提出一种基于概率推理模型的博客倾向性检索算法，该算法把主题评分和倾向性评分合并到一个统一的概率推理模型中，用来计算博客文章中出现的主题描述与查询主题之间的相关性。山西大学王素格和李德玉等提出了一种基于赋权隶属度的文本情感分类方法，该方法将特征倾向强度引入到文本的向量空间表示中，建立了基于二元组属性的文本表示模型。此外，他们还提出了基于情感倾向强度序的离散属性方法，将特征选择融入离散化过程，达到数据降维的目的，并利用特征倾向强度，定义了赋权隶属度用于文本情感分类。

研究者认为文档中句子的位置是影响该句子对文档贡献的关键因素，同时也是影响文档倾向性的关键所在。基于该思想，杨江等人将文档结构引入到文档倾向性分析之中，该方法首先识别文档中的主题句，然后通过计算主题句的情感倾向性来定义整篇文档的情感倾向。林政等人基于该思想，采用关键句排序的方法获取文档的整体情感倾向，为了验证关键句是文档倾向性分析的关键，他们选取8个领域的数据集，均验证了所提出的方法。

国内外有关倾向性分析的研究表明，倾向性分析方法集中于基于词典的方法和基于语料的方法两类，这些方法归根结底是将倾向性分析建立在情感词的分析基础上，由情感词的倾向性逐渐向句子倾向性，最后向文档倾向性扩展。

现有倾向性分析的研究方法多侧重于情感词本身倾向性的研究，没有进一步从根本上解决情感词倾向性的上下文依赖性以及领域依赖性的问题。情感词的倾向性往往依赖于该情感词所处的上下文环境，同一情感词在不同的上下文环境中所表现的情感倾向不尽相同，再加上情感词的分布情形也会因所处的领域不同而用法各异，这造成了倾向性分析所用的标注语料分布不均衡现象。譬如，有关"手机"标注语料很容易从互联网获取，而有关"中医药"的标注数据却又十分稀缺。对于某个领域稀缺的语料数据，目前只能依靠人工标注获取，而人工标注却是一件十分费时的工作。另外，自然语言是一个复杂的集合体，简单句仅占少量比例，不同的句式给句子倾向性分析带来的影响也不尽相同，简单句倾向性分析方法显然并不适合大多数复合句倾向性分析。

综上所述，当前中文倾向性分析的研究存在如下几个亟待解决的问题：

(1) 如何解决情感词的上下文依赖性，使得构建的情感词词典具有较高的领域可移植性和上下文可移植性？

(2) 针对句子中可能包含否定词、比较词以及不同倾向性情感词等复杂语言，能否构建一个合理的句子倾向性分析模型？

(3) 能否构建一个适合评论文本的表示模型，使之能够很好地描述评论文本的纵向层次关系及横向关联关系，最终达到描述用户整体情感倾向的目的？

6.1.3 社交网络语义倾向性分析方法

1. 基于统计的方法

基于统计的方法是社交网络语义倾向性分析的基本方法，其数学原理在第 2 章已经介绍过。目前，最具代表性的方法是点互信息方法，即 PMI 方法，该方法的基本思路是，评论信息的情感倾向性可由它所包含的形容词或动词的平均性倾向词来定义。评价短语情感倾向性的定义可通过计算给定短语与关键词之间的互信息获得。具体方法如下：

首先，标注给定关键词集合 $W=\{w_1, w_2, \cdots, w_n\}$，其中每个词汇被分类标注为正面情感倾向、负面情感倾向或未出现词，分别记为 W^{p}、W^{n} 和 W^{u}；然后分别计算未出现词 W^{u} 和正向情感倾向关键词、负向情感倾向关键词的互信息。W^{u} 情感倾向计算公式如下：

$$O(W^{\mathrm{u}}) = \sum_{w_i \in W^{\mathrm{p}}} \mathrm{PMI}(W^{\mathrm{u}}, w_i) - \sum_{w_i \in W^{\mathrm{n}}} \mathrm{PMI}(W^{\mathrm{u}}, w_i) \tag{6-1}$$

其中，$\mathrm{PMI}(W^{\mathrm{u}}, w_i)$为未出现词与关键词之间的互信息。为了准确地得到未出现词与关键词的互信息，可以采用 W^{u} 与关键词逐个匹配的方式计算，方法如下：

$$\mathrm{PMI}(W^{\mathrm{u}}, w_i) = \mathrm{lb}\,\frac{\mathrm{hits}(W^{\mathrm{u}}, w_i)}{\sum_{j=1}^{n} \mathrm{hits}(W^{\mathrm{u}}, w_j)} \tag{6-2}$$

2. 基于图的方法

基于图的方法，是将文档中包含的关联词作为触发规则，构建词与词之间的关系图，从而达到预测文档中形容词情感倾向性的目的。该方法首先从语料库中抽取由关联词连接的形容词对，构建一个线性分类器，对不同关联词抽取的形容词对进行分类，使具有相同情感倾向或相反情感倾向的词建立关联，构成情感关系图；然后利用聚类算法分割该图，最终将具有相同情感倾向的词聚类在一起。以线性回归分类器为例，为了确定形容词对之间相同或相反的关系，首先定义目标函数：

$$\phi(p)=\sum_{i=1}^{2}\left(\frac{1}{|c_i|}\sum_{x,\ y\in c_i,\ x\neq y}d(x,\ y)\right) \tag{6-3}$$

其中，$|c_i|$表示类的数量，$d(x,\ y)$表示词之间情感相似度。当形容词对具有相同的情感倾向时，令 $y=1$，否则 $y=0$。为了使目标函数快速达到最优，一般需要添加一个约束条件，如下所示：

$$\frac{1}{|C|-1}\sum_{y\in C,\ x\neq y}d(x,\ y)<\frac{1}{|\bar{C}|-1}\sum_{y\in\bar{C}}d(x,\ y) \tag{6-4}$$

其中，C 为类别集合，$\bar{C}$ 为 C 的补集。

3. 条件随机场

文本的情感倾向性分析可视为一类特殊的文本标注过程，当限定该标注过程不依赖大量语料时，条件随机场(Conditional Random Fields，CRF)便成为首选的标注算法。假设输出文本构成马尔可夫随机场，则条件随机场是在给定一组输入随机文本条件下，计算输出随机文本的条件概率分布模型。该方法的实现原理如下：

设 X 和 Y 是随机变量，$P(Y\mid X)$ 是在给定 X 的条件下 Y 的条件概率分布。若随机变量 Y 构成一个由无向图 $G=(V,E)$ 表示的马尔可夫随机场，即

$$P(Y_v\mid X,Y_w,w\neq v)=P(Y_v\mid X,Y_w,w\sim v) \tag{6-5}$$

若式(6-5)对任意节点 v 成立，则称条件概率分布 $P(Y\mid X)$ 为条件随机场，其中，$w\sim v$ 表示在图 $G=(V,E)$中与节点 v 有连接关系的所有节点 w，$w\neq v$ 表示节点 v 以外的所有节点。

依据 Hammersley-Clifford 定义，设 $P(Y\mid X)$ 为线性链条件随机场，则在随机变量 X 取值为 x 的条件下，随机变量 Y 取值为 y 的条件概率可以表示为

$$P(y\mid x)=\frac{1}{Z(x)}\exp\left(\sum_{i,\ k}\lambda_k t_k(y_{i-1},\ y_i,\ x,\ i)+\sum_{i,\ l}u_l s_l(y_i,\ x,\ i)\right) \tag{6-6}$$

其中，$Z(x)$称为规范化因子，计算方法为

$$Z(x)=\sum_{i,\ k}\exp\left(\sum_{i,\ k}\lambda_k t_k(y_{i-1},\ y_i,\ x,\ i)+\sum_{i,\ l}u_l s_l(y_i,\ x,\ i)\right) \tag{6-7}$$

式中，t_k 和 s_l 是特征函数，λ_k 和 μ_l 是特征函数对应的权值。

6.2　基于 Single-Pass 聚类的微博话题检测方法

微博作为社交网络的重要组成部分，每一次热点事件几乎都与其密不可分。一方面，人们在微博上对不同事件、商品以及公众人物的评论，都包含了个体主观情感；另一方面，这些社交网络用户表达的情感或多或少对其他用户的情感产生影响；同时，管理者的决策行为往往也会被公众的观点和行为所影响。因此，如何从微博中准确、实时地获取当前热点话题是舆情分析至关重要的问题。

传统的话题检测算法一般对评论文本进行向量化表示，使用不同的聚类方法对热点话题进行检测。现有的方法均是以网页新闻为研究对象，而对微博话题缺少对应的研究。但

是随着微博用户数的快速增长，对微博话题的研究必将成为趋势。

Single-Pass 聚类算法是一个经典的无监督文本聚类算法，可以快速自动地检测目标文本中的话题。本节在 Single-Pass 聚类算法基础上，针对聚类中心的敏感性问题加入时间控制因素，介绍一种全新的微博话题检测方法，该方法更加全面地考虑了时间特征与语义特征等相关因素，降低了热点话题检测中的漏检率和误检率。

6.2.1 三层话题演化模型

微博话题演化过程的模型，一般采用多个层次进行描述，最基本的一类是微博-话题-事件的三层话题演化模型，而这三个层次都是建立在时间轴之上，即话题内容和热点话题演化方向均随着时间动态变化。一般认为，事件是由特定话题的微博文本描述的，且假定一个微博对应一个特定话题，那么微博话题的演化过程可以抽象为图 6-1 所示的演化模型。

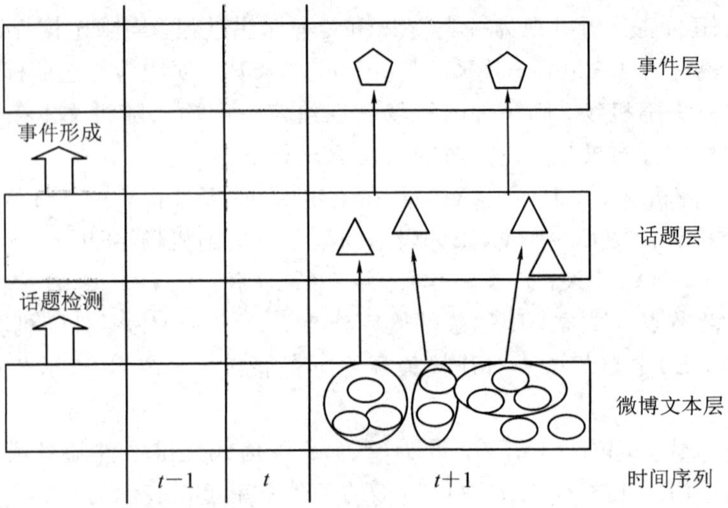

图 6-1 三层话题演化模型图

一段时间内的微博所讨论的事件构成了事件集 $E=\{E_i\}$，其中每个事件 E_i 由相关的话题 T_i 组成，即 $E_i\leftarrow\{T_i\}$，而话题 T_i 由相关微博文本 m_i 组成，即 $T_i\leftarrow\{m_i\}$，这样就形成了三层话题模型。三层映射关系中，从第一层微博文本层到第二层的话题层是本节重点讨论的内容。

6.2.2 微博文本处理

在微博文本层，文本处理是话题检测的前提，其处理步骤包括文本预处理、特征权重计算和相似度计算。

1. 文本预处理

预先对微博文本进行预处理的目的是为了提高算法运行速率和准确率，其主要过程是将无结构的文本语句表示为空间向量的形式，包含去除噪声(去噪)、分词、特征提取和向量表示等主要步骤。去噪是对文本进行初级过滤，比如过滤对文本主题贡献较小的标点符号、标识符号以及网址的链接等内容；分词采用中文通用性较好的中科院分词(NLPIR)系统对文本进行分词。NLPIR 系统功能主要包括中文词汇划分、命名实体识别、词性标注、去除停用词和新词识别等，目前最新版本 NLPIR 系统分词精度达到 98.45%，是中文分词工具的首选。经过预处理后的微博文本 m_i 映射为一组特征词的集合，即 $m_i \rightarrow \{t_1, t_2, \cdots, t_j\}$。

2. 特征词权重计算

对于微博来说，每个特征词的词性不同导致其重要程度不同，为了准确表示每个特征词的重要程度，引入了特征词权重的概念。根据特定规则赋予每个特征词相应的权重 w_j，于是，微博文本又可以表示为 $m_i \rightarrow \{t_1, w_1; t_2, w_2; \cdots; t_j, w_j\}$，其中特征词 t_j 对应的权重是 w_j。

特征词权重一般采用 TF-IDF 函数进行计算，该方法不仅可以过滤噪声信息，还可以降低数据维度，防止引入无效的计算，有助于提高算法的准确率和效率。在 4.1.4 节中已经对 TF-IDF 函数进行了介绍，这里直接给出结论：

$$\mathrm{tf}_{ij} = \frac{n_{ij}}{\sum_k n_{kj}} \tag{6-8}$$

$$\mathrm{idf}_i = \lg\left(\frac{|D|}{|\{j: t_i \in d_j\}|} + 0.01\right) \tag{6-9}$$

其中，加入的平滑因子 0.01 是为了计算未出现词。

特征词 t_i 的权重为 $w_{ij} = \mathrm{tf}_{ij} \cdot i\mathrm{df}_i$，经过归一化处理后的权重计算公式：

$$w_{ij} = \frac{\mathrm{tf}_{ij} \cdot \mathrm{idf}_i}{\sqrt{\sum_{i\in j} (\mathrm{tf}_{ij} \cdot \mathrm{idf}_i)^2}} \tag{6-10}$$

其中，w_{ij} 表示特征词 t_i 在文本 d_j 中的权重，tf_{ij} 表示特征词 t_i 在文本 d_j 中出现的次数，$|\{j: t_i \in d_j\}|$ 表示出现 t_i 的文本总数，$|D|$ 表示文本总数。

一般情况下，人名、地名、机构名等特征词相对于其他特征词更好区分，因此可以适当增加此类词的权重，降低其他词的权重。为了更好地体现特征词的重要性，式(6-10)中引入权重因子 F_w，则特征词权重计算公式为

$$w_{ij} = \frac{\mathrm{tf}_{ij} \cdot \mathrm{idf}_i}{\sqrt{\sum_{i\in j} (\mathrm{tf}_{ij} \cdot \mathrm{idf}_i)^2}} \cdot F_w \tag{6-11}$$

在分析微博文本时，不失一般性前提下，我们将人名、地名、机构名和标题特征词的权重因子分别设置为 3、2、1.5 和 2.5。同时，在应用式(6-11)之前，需要设定特征词出现频率的阈值范围来进行特征词的筛选。如果频率过高，则该特征词不具区分性；如果频率过低，本身携带信息不够，所以排除出现频率小于 2 的特征词。

3. 相似度计算

考虑到微博的时效性较强，因此在计算微博文本相似度时，不仅要考虑内容之间的相似度，还要考虑时间特征。通常情况下，某个热点话题的相关评论会持续一段时间，评论与话题的间隔时间越长，与该话题的相关性就越弱。因此，为了提高话题检测的精度，需要引入时间衰减函数 T，其计算方法为

$$T(m_i, m_j)=\begin{cases}1-\dfrac{t}{q} & (t<q)\\ 0 & \text{其他}\end{cases} \tag{6-12}$$

其中，$t=|t(m_i)-t(m_j)|$，$t(m_i)$表示微博文本 m_i 的时间戳，即微博文本 m_i 产生的时间，$t(m_j)$表示话题中心产生的时间；q 是时间衰减因子，表示允许间隔的最长时间，例如将 q 的值设为 15 天，则表示间隔 15 天以上的微博文本之间不相关。考虑文本特征与时间特征的文本相似度计算方法为

$$\mathrm{Sim}(m_i, m_j)=\omega\times\cos(m_i, m_j)+\lambda\times T(m_i, m_j) \tag{6-13}$$

其中，ω 和 λ 为两个平衡因子，且 $\omega+\lambda=1$，考虑到在文本相似度计算中，内容相似度占据了绝大部分，因此有 $\omega>\lambda$，一般取 $\omega=0.8$，$\lambda=0.2$。用余弦公式 $\cos(m_i, m_j)$表示微博文本的内容相似度，计算方式如下：

$$\cos(m_i, m_j)=\frac{\sum_{k=1}^{n}w_{ik}\times w_{jk}}{\sqrt{\sum_{k=1}^{n}w_{ik}^2\times\sum_{k=1}^{n}w_{jk}^2}} \tag{6-14}$$

6.2.3　Single-Pass 聚类算法

如何从微博文本中准确提取出“隐藏”的话题是长久以来研究的一个问题，从目前的研究成果来看，主要采用聚类算法检测微博热点话题。目前已有的聚类算法包括四种基本类型：基于层次的聚类算法(AGENS 等)、基于划分的聚类算法(K-Means 等)、基于密度的聚类算法(DBSCAN 等)和增量型聚类算法(Single-Pass 等)。本节重点讨论微博话题的检测，该检测过程是一个典型的增量过程，因此这里采用了 Single-Pass 聚类算法的基本步骤。

传统 Single-Pass 聚类算法可以快速自动地获得话题，是一个无监督的聚类过程，应用在微博话题检测时，需要在以下几个方面做适当改进：将微博文本按时间片划分增量；在文本相似度计算中，引入时间特征；调整聚类中心的更新策略，以适应微博文本的传播特性。

Single-Pass 聚类算法具体步骤如下：

(1) 将采集的微博文本按照时间顺序排列；

(2) 在时间片 t_1 内，将第一个微博文本 m_1 作为种子话题，并设定文本相似度阈值 θ；

(3) 将新加入的文本与现有的话题聚类中心进行比较，计算文本相似度，如果文本相似度大于阈值 θ，则加入该话题中，反之，则将该文本作为新的话题聚类中心；

(4) 按照聚类中心策略更新聚类中心，即当新文本加入后，分别计算原聚类中心 C_{i-1} 和新文本与聚类 C_i 内各个文本的相似度，并求得各自的平均值 k_{i-1} 和 k_i，如果新文本与聚类内文本相似度的平均值相差较大，则作为新的聚类中心，否则保持不变。

(5) 对新文本执行步骤(3)、(4)；

(6) 最后获得时间片 t_1 内的话题集合$\{T_1, T_2, T_3, \cdots\}$；

(7) 对其他时间片执行相同操作，获得其他时间片内的话题。

上述算法比较符合热点话题随着时间变化的发展过程，能够自主进行增量聚类，最终达到话题聚类的目的。算法执行流程图如图 6-2 所示。

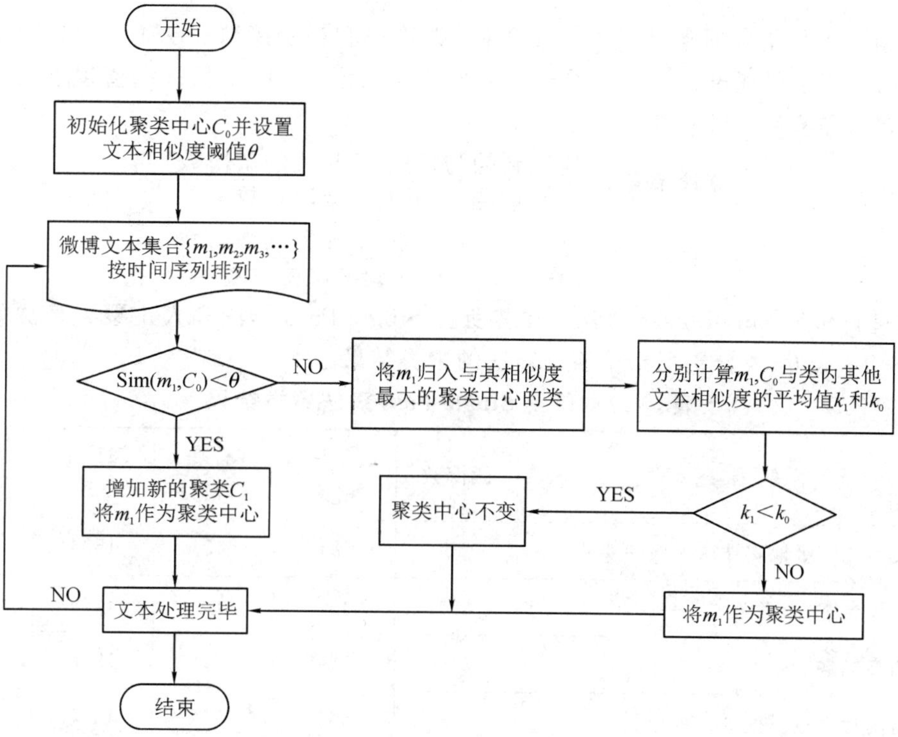

图 6－2　Single-Pass 聚类算法流程图

6.2.4　仿真与分析

接下来以新浪微博 API 随机获取 2017 年 9 月 1 日到 2017 年 9 月 30 日这一个月内产生的博客评论作为分析的对象，共 68 549 条微博，按照名称、内容、日期、回复评论、转发评论的类别分别存放。为了简化模型，本节只对文本内容和发表时间进行相似度计算，对评论数和转发数不予考虑。微博话题从开始到消亡往往只有几天时间，大部分话题会快速地被新的话题"淹没"。经过统计分析，取时间间隔 Δt 为全部样本持续时间的上分位长度，约为 7 天。结合新浪热点中的相关数据，人工获取前 4 个时间间隔内热度排名前 2 的话题，并对这些话题的相关博文进行人工标注和数量统计，其结果可作为对比实验，如表 6－1 所示。

表 6－1　前 4 个时间间隔内排名前 2 的热点话题表

时间间隔	话 题 标 题	微博数	开始时间
t_1	朝鲜发生 6.3 级地震被认为核弹实验	689	9 月 3 日
	陕西女婴名字"王者荣耀"	526	9 月 5 日
t_2	薛之谦高磊鑫复合	785	9 月 8 日
	墨西哥附近海域发生 8.4 级地震	613	9 月 11 日
t_3	"九一八"事变纪念日	848	9 月 18 日
	飞机放开手机使用引发争议	626	9 月 20 日
t_4	长征二号丙火箭一箭三星发射成功	755	9 月 24 日
	重庆原书记孙政才被"双开"	520	9 月 27 日

话题检测评价指标通常有三个：漏检率、误检率和耗费函数。在耗费函数固定的情况下，算法的性能主要通过漏检率和误检率两个指标来评价，两个指标的值越小表明算法的准确率越高。漏检率和误检率分别定义如下：

$$\text{漏检率}=\frac{\text{未检测到的与话题 } T \text{ 相关的微博数}}{\text{与话题 } T \text{ 相关的微博总数}} \tag{6-15}$$

$$\text{误检率}=\frac{\text{检测到的与话题 } T \text{ 不相关的微博数}}{\text{话题 } T \text{ 下检测到的微博总数}} \tag{6-16}$$

下面进行传统 Single-Pass 算法、本节所提 Single-Pass 算法和人工聚类算法的对比实验，表 6-2～表 6-4 分别列出了不同算法的聚类结果。

表 6-2　传统 Single-Pass 算法聚类结果

话题标题	微博数	聚类相关	聚类不相关	漏检率/%	误检率/%
朝鲜发生 6.3 级地震被认为核弹实验	689	581	43	15.6	6.9
陕西女婴名字“王者荣耀”	526	463	19	11.9	3.9
薛之谦高磊鑫复合	785	684	70	12.8	9.3
墨西哥附近海域发生 8.4 级地震	613	539	38	12.1	6.6
“九一八”事变纪念日	848	740	24	12.7	3.1
飞机放开手机使用引发争议	626	551	33	11.9	5.7
长征二号丙火箭一箭三星发射成功	755	686	47	9.1	6.4
重庆原书记孙政才被“双开”	520	463	12	10.9	2.5

表 6-3　本节所提 Single-Pass 算法聚类结果

话题标题	微博数	聚类相关	聚类不相关	漏检率/%	误检率/%
朝鲜发生 6.3 级地震被认为核弹实验	689	622	30	9.7	4.6
陕西女婴名字“王者荣耀”	526	479	18	8.9	3.6
薛之谦高磊鑫复合	785	712	52	9.3	6.8
墨西哥附近海域发生 8.4 级地震	613	561	24	8.5	4.1
“九一八”事变纪念日	848	774	15	8.7	1.9
飞机放开手机使用引发争议	626	573	27	8.5	4.5
长征二号丙火箭一箭三星发射成功	755	704	36	6.8	4.9
重庆原书记孙政才被“双开”	520	480	10	7.7	2.0

表 6-4　人工聚类结果

话 题 标 题	微博数	聚类相关	聚类不相关	漏检率/%	误检率/%
朝鲜发生 6.3 级地震被认为核弹实验	689	640	21	7.1	3.2
陕西女婴名字“王者荣耀”	526	493	13	6.3	2.6
薛之谦高磊鑫复合	785	742	23	5.5	3.0
墨西哥附近海域发生 8.4 级地震	613	583	18	4.9	3.0
“九一八”事变纪念日	848	804	26	5.2	3.1
飞机放开手机使用引发争议	626	597	18	4.6	2.9
长征二号丙火箭一箭三星发射成功	755	723	21	4.2	2.8
重庆原书记孙政才被“双开”	520	491	10	5.6	2.0

从表 6-2～6-4 中可以看出，首先人工聚类算法和其他算法相比，漏检率和误检率都是最低的，其中平均漏检率分别比传统 Single-Pass 算法和本节所提 Single-Pass 算法低了 6.67%、3.08%；平均误检率分别比传统 Single-Pass 算法和本节所提 Single-Pass 算法低了 2.72%、1.22%。其次，本节所提的 Single-Pass 算法相比于传统 Single-Pass 聚类算法在漏检率和误检率上平均降低了 3.59%和 1.86%，原因在于充分考虑文本内容相似度的基础上，使用了时间衰减函数，同时也对聚类中心更新策略进行了改进。

在信息爆炸的时代，每天都有海量的舆情信息产生，如何从这些信息中快速找到热点主题并获取有用信息是一个重要研究内容。本节在已有的话题检测方法的基础上，介绍了基于 Single-Pass 聚类算法的微博话题检测方法，针对微博话题做了三个方面的改进：根据话题形成过程设计了微博-话题-事件三层话题演化模型；根据话题特征词的权重不同，对特征词赋予了合理的权重因子；引入了时间衰减函数，并对聚类中心更新策略进行了改进。经过仿真实验分析，针对微博话题做出适当调整的检测方法在漏检率和误检率上较传统 Single-Pass 算法有了一定的降低，能够较好地对微博热点话题进行实时检测。

6.3　基于关键词提取与依存句法的微博情感倾向性分析

情感倾向性分析的理论基础已在前文详细介绍，在此不再赘述。本节重点围绕微博的特点，介绍流程化的微博情感倾向性实施方法。微博文本因直接建立在传统的 web 技术架构上，故为情感倾向性分析提供了足够的技术支持。目前，微博文本的情感倾向性分析方法主要包括以下三种：一种是基于词袋模型的方法，即将文本中情感词与情感词典进行匹配，找出情感词，对其情感值进行累加，最终得到文本情感倾向性；第二种是基于向量空间模型的方法，通过最大程度地提取文本分类特征，对文本进行情感倾向性分析，包括基于有监督学习的方法和基于无监督学习的方法；第三种是基于依存句法分析的方法，该方法通过对文本进行句子、文档的情感倾向计算，得出公众对某个微博事件的情感倾向性。该方法也可以将文档的关键句作为计算对象，累加所有关键句的情感值，并加权求和得到文本的情感倾向性。上述方法均具有不同程度的缺陷或难以解决的问题。词袋模型主要依赖于情感词典的准确性，有一定的主观性；向量空间模型仍然面临向量维度过高、特征提取困难的问题；基于依存句法分析的方法虽然效果较好，但仍然存在句子划分难以优化、关键句质量不高的问题。

本节在已有的基于关键句的情感分析相关研究的基础上，阐述了一种与主题相关的关键词提取算法。该算法首先根据关键词提取算法对主题包含的关键词进行提取；根据选取的关键词，再利用关键句提取算法提取文本的关键句；而后，根据依存句法分析确定出影响情感词情感倾向的词性搭配组合；最后，计算关键句的情感权重值并进行累加，从而得到微博的情感倾向性。

6.3.1 关键词提取

关键词是指在文本中起到关键性作用的片段或词组，是一个文本的精华所在。关键词提取技术是中文自然语言处理的核心与基础之一。相对于结构化文本而言，微博等非结构化文本的特征提取更为复杂。在实际应用中，为了实现文本摘要提取、文本分类、话题检测与跟踪等目的，首先需要进行关键词提取以提高进一步操作的精度，因此，关键词或者关键信息的提取变得越来越重要。

对于关键词的提取，国内外学者进行了大量的研究，并提出了很多方法，总体分为以下几类：① 基于统计的方法；② 基于语义的方法；③ 基于机器学习的方法；④ 基于词语网络的方法；⑤ 基于图模型的方法。这些方法的基本思路是对每个候选关键词按照重要性进行排序，然后选取排名靠前的多个关键词作为最终文本关键词。这些方法的共同缺点是选取的关键词与文本主题的相关性不够强。因此，针对微博文本的关键词选取，上述方法往往出现词汇冗余和主题覆盖度不够的问题，且选取的关键词质量无法保证。

接下来，本节讨论一种与文本主题密切关联的关键词提取算法。本节中的关键词提取过程基于以下设想：一是文本中的大多数词与关键词有语义相关性；二是文本内容围绕中心内容展开，即中心内容就是关键词。因此，提取算法需要综合考虑词语的统计特征和主题特征。为了融合词语的统计特征和主题特征，关键词提取过程需要使用 LDA 主题模型处理文本，并将主题作为文本的潜在语义特征。按照该思路，关键词提取算法分为文本预处理、统计特征计算、主题特征计算和关键词提取四个部分，如图 6-3 所示。

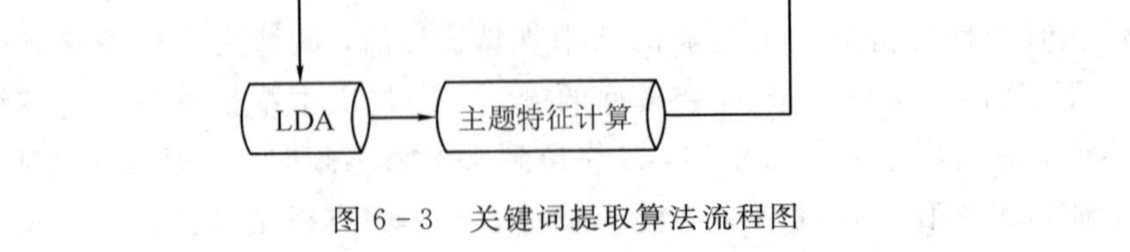

图 6-3 关键词提取算法流程图

1. 文本预处理

文本预处理的步骤与6.2节相似，需要经过去噪、分词等步骤。经过预处理后的文本 d_i 映射成为一组词的集合，即 $d_i \to \{w_1, w_2, \cdots, w_j\}$，$w_j$ 为集合中的单个词语。

2. 统计特征计算

计算词语统计特征的方法较多，一般包括词语的TF-IDF值、词语出现位置、词语的长度、词语出现的频率等。针对微博文本具有语句短小、信息量大等特点，此处采用TF-IDF值与出现位置相结合的方法进行词语统计特征的计算。另外，考虑到关键词位于句首和句尾的可能性比其他位置更大，因此优先使用基于位置的得分函数：

$$f_{\text{position}}(w_j) = \frac{1}{\min(i, n-i+1)} \tag{6-17}$$

其中，w_j 是经过预处理的词语集合中第 j 个词语，n 是句子中词语的个数，i 表示该词在句子中的位置，且满足 $1 < i \leqslant n$。从式(6-17)中可以看出，位于句首和句尾的词语得分较高，而位于句中位置的词语得分较低。

TF-IDF值的计算方法如下：

$$\text{idf}_i = \lg\left(\frac{|D|}{|\{j: t_i \in d_j\}|} + 0.01\right) \tag{6-18}$$

其中，为了避免计算结果为0，加入了平滑因子0.01，该因子对 idf_i 准确性的影响可以忽略。

一般认为如果某词语在该文档中出现的频率越高，并且在其他文档中不经常出现，则该词成为关键词的概率更大，即TF-IDF值与被选为关键词的概率成正相关，与位置得分函数成负相关。综上，词语 w_j 的统计特征计算公式表示为

$$p_{\text{statistic}}(d, w_j) = \frac{\text{idf}_i}{f_{\text{position}}(w_j)} \tag{6-19}$$

3. 主题特征计算

主题特征计算的目的是通过主题建立词语与文本之间的映射关系，而后将词语的主题特征作为词语的语义信息。由信息论知识可知，信息量表示为 $I(x) = -\lg p(x)$，其中事件 x 发生的概率 $p(x)$ 与其包含的信息量成负相关，即概率 $p(x)$ 越小，信息量越大。因此，在微博文本中，词语 w_j 在文本中出现的概率越小，成为关键词的可能性越大，同时，词语与文本的主题相关性越强，成为关键词的可能性越大。由LDA模型可知，文本在每个主题下都有一个条件概率分布 $p(k|d)$，同样地，每个词语在特定主题下也有一个条件概率 $p(w|k)$，将两者相乘，得到在一个主题下文本 d 与词语 w 的分布情况，即

$$p(w|d) = p(k|d) \cdot p(w|k)$$

根据以上结论，词语的主题特征计算方法如下：首先，按照主题概率排序并选择前 m 个主题，用来表示文本的主题；然后，对每个词语 w_j 在 m 个主题下的条件概率 $p(w_j|m)$ 加权求和，从而计算出词语 w_j 与文本在主题上的关联度 $p_{\text{topic}}(d, w_j)$(即主题特征值)：

$$p_{\text{topic}}(d, w_j) = \sum_{i=1}^{m} p(w_j \mid k_i) p(k_i \mid d) \tag{6-20}$$

上式表明，词语 w_j 主题特征值越小，代表被选为关键词的概率越大，其携带的信息量与文本主题的信息量相当。将主题特征值代入信息量计算公式即可得到主题特征值与信息量的关系，即

$$I_{\text{topic}} = -\lg p_{\text{topic}} \tag{6-21}$$

4. 选择与主题相关的关键词

由于与主题相关关键词的概率与主题特征成负相关，与统计特征成正相关，因此需要设置调节因子 α，调节各特征值的权重，词语 w_j 的特征值 $p(d, w_j)$ 具体计算方法如下：

$$p(d, w_j) = \alpha \cdot \frac{1}{p_{\text{statistic}}} + (1-\alpha) \cdot I_{\text{topic}} \tag{6-22}$$

其中，统计特征 $p_{\text{statistic}}$ 经过了归一化处理，调节因子 α 一般设为 0.5。从式(6-21)、(6-22)可以看出，特征值越低的词成为关键词的概率越大。根据特征值排序，选取前 k 个词作为文本的关键词，k 值的选择在下文进行说明。

6.3.2 关键句提取算法

关键句的提取主要考虑三个方面的特征，即关键词特征、位置特征和语义特征。文本由若干句子组成，表示为 $d=\{s_1, s_2, s_3, \cdots, s_n\}$，其中 n 为句子个数，句子 s_i 由一系列词按照一定的顺序组成，表示为 $s_i=\{w_{i1}, w_{i2}, w_{i3}, \cdots, w_{il}\}$，$l$ 表示句子中词的个数。句子的特征值由三个方面特征的得分函数加权求和得到，计算方法如下：

$$f(s_i) = \lambda_1 \cdot f_{\text{keyword}}(s_i) + \lambda_2 \cdot f_{\text{position}}(s_i) + \lambda_3 \cdot f_{\text{semantics}}(s_i) \tag{6-23}$$

其中 λ_1，λ_2，λ_3 代表了三个特征的权重，且满足 $\lambda_1+\lambda_2+\lambda_3=1$。接下来分别介绍关键词特征、位置特征和语义特征的计算方法。

1. 关键词特征

在 6.2.2 节中已经介绍了与主题相关的关键词筛选方法，该方法在计算微博文本关键词时同样适用，因此，直接定义关键词特征的得分函数如下：

$$f_{\text{keyword}}(s_i) = \sum_{l=1}^{n} \text{keyword}(w_{il}) \tag{6-24}$$

其中

$$\text{keyword}(w_{il}) = \begin{cases} 1 & w_{il}\text{ 是关键词} \\ 0 & w_{il}\text{ 不是关键词} \end{cases} \tag{6-25}$$

2. 位置特征

在微博文本中，如果句子出现在文本的开头或结尾，成为关键句的可能较高，其位置特征的得分越高。基于该结论定义位置特征的得分函数：

$$f_{\text{position}}(s_i) = ai^2 + bi + c \tag{6-26}$$

其中，n 为微博文本中的句子个数，i 为句子在微博文本中的位置，a、b 和 c 为系数。各参数满足 $-\frac{b}{2a}=\frac{n}{2}$，$i=\text{pos}(s_i)$，$a>0$，$b<0$。从函数表达式可以看出，文本中间位置句子的得分低，而位于开头和结尾的句子得分较高。

3. 语义特征

关键句中通常会有总结性、转折性或其他主观性的词语。总结性的词比如：因此、总之、所以、综上、综上所述、由此可见等，转折性的词比如：但是、尽管、虽然、然而等，主观性的词是除了上述两类词之外的词，比如：我、认为、估计、应该、也许、大概等。如果上述三类的词在句子中出现，该句成为关键句的概率将会很大。为了避免部分句子的特征得分明显过高，在计算语义特征时，如果一个句子中多次出现上述三类词，则只记一次得分。定义语义特征得分函数如下：

$$f_{\text{semantics}}(s_i)=\begin{cases}1.0 & \text{主观性的词}\\0.8 & \text{总结性的词}\\0.6 & \text{转折性的词}\end{cases} \tag{6-27}$$

上述三类特征经过各特征值加权求和，并代入式(6－23)得到关键句的特征。根据关键句的特征计算情况，合理设定阈值 $\theta\in(0,1)$，当句子得分 $f(s_i)>\theta$ 时，则句子 s_i 被选为关键句。重复以上过程，最终得到微博文本的关键句集合。

6.3.3 情感倾向计算

得到微博文本的关键词和关键句集合后，微博情感倾向性分析需要经过依存句法分析、词性和依存关系的情感计算、句子的情感计算以及微博文本的情感计算等过程，最终得到关于某事件的微博评论的情感倾向。

1. 依存句法分析

依存句法分析是使用句法分析工具(例如百度词云、哈工大语言云工具等)对关键句进行情感词及其依存关系的分析。该分析过程中，首先根据情感词典匹配出关键句中的情感词；而后使用句法分析工具找出与情感词有依存关系的词，并选出影响情感倾向的依存关系对。

词语间的依存关系通过句法结构树来表示，主要包括词性标注和依存关系标注两个部分。依存关系的句法结构树示例如图 6－4 所示。

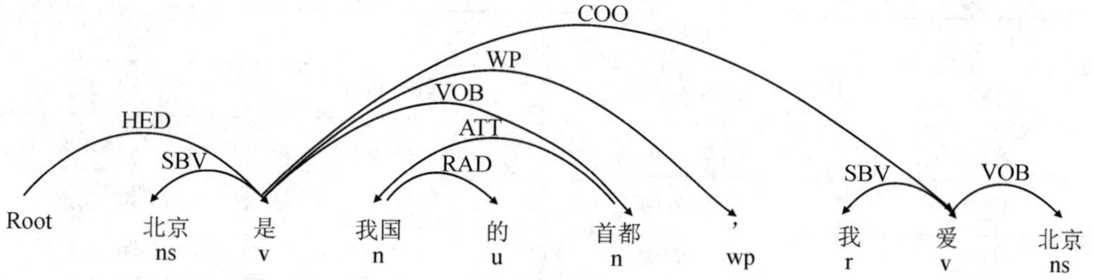

图 6－4　依存句法结构树示例

词性标注是对分词后的结果进行词性标记，其原则和方法见第二章。句子的依存关系对用依存弧表示，依存弧为有向弧，起点是核心词，终点是修饰词，例如，图 6－4 中“我”“爱”通过主谓关系 SBV 构成了依存关系对。中文分析工具中常用的词性标注如表 6－5 所示。

表 6-5 常用的词性标注表

符号	含义	符号	含义
a	形容词	nh	人名
b	其他修饰性词	ni	机构名
c	连接词	nl	位置名词
d	副词	ns	地名
e	感叹词	nz	其他名词
g	词素	p	介词
h	前缀词	q	数量词
m	算数词	r	人称代词
n	平凡名词	u	助动词
nd	方向名词	v	动词
wp	标点	ws	外文缩写

在情感词典中，每一情感词都有基础情感值，而依存关系对，会对情感词的情感值产生不同程度的影响。万常选等学者通过对 24 种依存关系进行分析，认为影响句子情感倾向性的词汇主要包括形容词、副词、动词和名词，依存关系标注集如表 6-6 所示。

表 6-6 依存关系标注集

符号	关系类型	符号	关系类型
ATT	定中关系	VV	联动结构
BEI	“被”结构	VOB	动宾关系
DE	“的”结构	SIM	比拟关系
DEI	“得”结构	POB	介宾关系
ADV	状中结构	MT	语态结构
COO	并列关系	IS	独立结构
DC	依存分句	RAD	右附加关系
APP	同位关系	QUN	数量关系
CNJ	关联结构	BA	“把”结构
HED	核心结构	LAD	左附加关系
DI	“地”结构	SBV	主谓关系
IC	独立分句	CMP	动补结构

2. 基于词性和依存关系的情感计算

微博文本中情感词属性，一般表示为情感评价三元组(情感极性、情感强度和情感值)。

情感极性分为正面和负面，情感强度表示其情感表达的强烈程度，而情感值即为二者按照情感计算规则运算的结果。这里将情感值、情感极性和情感强度分别记为 Score(w)，Polarity(w)和 Intensity(w)，其中 Score(w)的基础情感值一般在情感词典中已做了标注。

为了更加精确地对情感值进行计算，万常选等人对网络舆情中的句子结构与 24 种依存关系进行了对比，找出了对情感值产生影响的几种基本依存关系：ATT、CMP、CNJ、VV、COO、SBV、VOB、ADV。另外，表 6-6 中 DE、DEI 和 DI 可以转化为 ADV 关系。

接下来介绍基于词性和依存关系的情感计算规则，该规则主要涵盖 7 种词性搭配的情况，每一种搭配对应一种依存关系的情感值计算方法。句子中带有明显正、负情感倾向的情感词，其中正面的情感值记为+1，负面的情感值记为−1；句中的特征名词作为搭配，很大程度上决定了依存关系的情感极性。程度副词 w_1 的强度用 Intensity(w_1)表示，否定副词 w_2 的否定强度用 Intensity(w_2)表示，则 7 种词性搭配的依存关系情感值分别按如下规则计算。

规则 1“情感词+程度副词”，这种词性搭配出现在 ADV 和 CMP 中，计算方法如下：

$$\text{SentimentScore}=\text{Intensity}(w_1)\times\text{Score}(w)$$

规则 2“情感词+否定副词”，这种词性搭配出现在 ADV 和 CMP 中，计算方法如下：

$$\text{SentimentScore}=\text{Intensity}(w_2)\times\text{Score}(w)$$

规则 3.“情感词+程度副词+否定副词”，该词性搭配不会改变情感极性，只会减弱程度，因此计算方法如下：

$$\text{SentimentScore}=\text{Intensity}(w_2)\times\text{Intensity}(w_1)\times\text{Score}(w)$$

规则 4 “特征名词+情感词”，特征名词的情感极性会影响整个词性搭配的极性，这种词性搭配常在 ATT、VOB、SBV 中，计算方法如下：

$$\text{SentimentScore}=\begin{cases}\text{Score}(w) & \text{特征名词极性为正}\\ -\text{Score}(w) & \text{特征名词极性为负}\end{cases}$$

规则 5“特征名词+程度副词+情感词”，与规则 4 类似，将程度副词加入后，如果特征名词与情感词的极性相同，则程度副词起到增强作用，相反起到减弱作用，计算方法如下：

$$\text{SentimentScore}=\begin{cases}\text{Intensity}(w_1)\times\text{Score}(w) & \text{特征名词极性为正，情感词极性为正}\\ -\text{Intensity}(w_1)\times\text{Score}(w) & \text{特征名词极性为负，情感词极性为负}\\ 0.5\text{Intensity}(w_1)\times\text{Score}(w) & \text{特征名词极性为正，情感词极性为负}\\ -0.5\text{Intensity}(w_1)\times\text{Score}(w) & \text{特征名词极性为负，情感词极性为正}\end{cases}$$

规则 6“特征名词+否定副词+情感词”，这种搭配出现在 SBV、ATT 和 VOB 中。否定副词的作用与程度副词类似，只对情感词的情感强度有影响，特征名词与情感词极性相同时，否定词起到减弱的作用；反之，当特征名词与情感词极性相反时，否定词起增强作用。计算方法如下：

$$\text{SentimentScore}=\begin{cases}0.5\times\text{Intensity}(w_2)\times\text{Score}(w) & \text{特征名词极性为正，情感词极性为正}\\ -0.5\times\text{Intensity}(w_2)\times\text{Score}(w) & \text{特征名词极性为负，情感词极性为负}\\ \text{Intensity}(w_1)\times\text{Score}(w)/0.5 & \text{特征名词极性为正，情感词极性为负}\\ -\text{Intensity}(w_1)\times\text{Score}(w)/0.5 & \text{特征名词极性为负，情感词极性为正}\end{cases}$$

规则 7“特征名词+否定副词+程度副词+情感词”，与规则 6 类似，程度副词与否定副词一起作用于情感词，其计算方法如下：

$$\text{SentimentScore}=\begin{cases}0.5\times \text{Intensity}(w_2)\times \text{Intensity}(w_1)\times \text{Score}(w) & \text{特征名词极性为正，情感词极性为正}\\ -0.5\times \text{Intensity}(w_2)\times \text{Intensity}(w_1)\times \text{Score}(w) & \text{特征名词极性为负，情感词极性为负}\\ \text{Intensity}(w_2)\times \text{Intensity}(w_1)\times \text{Score}(w)/0.5 & \text{特征名词极性为正，情感词极性为负}\\ -\text{Intensity}(w_2)\times \text{Intensity}(w_1)\times \text{Score}(w)/0.5 & \text{特征名词极性为负，情感词极性为正}\end{cases}$$

3. 句子的情感计算

整个句子的情感计算包含两个部分，即经过依存关系修饰的情感词和没有经过修饰的情感词，假定其数量分别为 m 和 n。用 SentimentScore_i 表示第 i 个依存关系的最终情感值得分，用 rawScore_j 表示第 j 个不经修饰的情感词的情感值，则句子的情感计算如下：

$$\text{SentenceSentimentScore}=\left(\sum_{i=1}^{m}\text{SentimentScore}_i+\sum_{j=1}^{n}\text{rawScore}_j\right)\times\frac{1}{m+n} \tag{6-28}$$

其中情感词的基础情感值在情感词典中给出。

4. 微博文本的情感计算

整个微博文本的情感计算以关键词和关键句提取为前提，而后以句子情感值作为权重，对关键句特征值做加权求和，并求得平均值作为整个微博文本的情感倾向值：

$$Z=\frac{1}{l}\sum_{i=1}^{l}f(s_i)\times\text{SentenceSentimentScore}_i \tag{6-29}$$

其中 l 为关键句的个数，$f(s_i)$是关键句 s_i 的特征值，$\text{SentenceSentimentScore}_i$ 是关键句的情感值。

设定微博情感为褒义和贬义的阈值分别为 α 和 β，且满足 $0<|\alpha|$、$|\beta|<1$，则制定情感评价标准如下：

$$\begin{cases}Z<\beta & \text{贬义}\\ \beta\leqslant Z\leqslant\alpha & \text{中立}\\ Z>\alpha & \text{褒义}\end{cases} \tag{6-30}$$

通过式(6-30)即可对整个微博文本进行情感倾向性的判断。

6.3.4 仿真与分析

实验数据集为 CSDN 上公开的微博情感分析数据集，其中包含 200 万条微博文本数据，并且已标注情感倾向。为了降低计算复杂度，在已标注为褒义、贬义和中立的微博文本数据集中，本实验随机选取了 2000 条微博文本数据作为输入样本进行算法测试。

1. 关键词和关键句参数的优化

关键词个数 k 和关键句阈值 θ 很大程度上影响着微博文本的分析结果。每条文本长度不同，选取的关键词数量决定了关键词所含信息的质量，同时关键词作为提取关键句的主要参考特征，也对关键句提取的准确率有影响。k 值越高，关键词能覆盖的文本语义越全面，但同时会增加分析的复杂度；而 θ 的选取范围则直接决定了关键句提取的准确性。因此，关键词和关键句参数需要充分优化。

首先对关键词数量进行确定，其方法是以微博文本长度的均值(此处取 70 个字符)为界，将微博分为长、短两类；而后，在三类情感倾向的微博中分别选取 500 条，其中长、短微博各占 50%，用平均准确率来表示提取关键词的质量好坏。关键词个数最大值设为总词数的 10%。以总词数的 1%为步长，对不同关键词占比的平均准确率进行分析。应用本节介绍的关键词提取算法。对长、短两类微博在不同关键词占比的情况下分析平均准确率，对应的平均准确率如图 6-5 所示。

从图 6-5 中可以看出，关键词数量越多，长、短微博中的平均准确率越高。但是当提取关键词的个数超过了总词数的 6%以后，关键词的平均准确率反而降低，这是因为当关键词的个数增加后，其质量反而降低，例如："电脑""计算机"，二者与主题关联性强，但是在计算机领域属于同义词，可以合并。因此，由图 6-5 可以看出，在关键词个数占总词数的 5%到 6%时，k 值达到最优，即当微博文本平均长度为 70 字符时，可以抽取 5 到 6 个词作为关键词。同时，长微博比短微博的平均准确率更高，因此该关键词提取算法在长微博中效果较好。

得到合适的关键词后，接下来采取同样的方法进行关键句阈值 θ 的选取，图 6-6 显示了当阈值从 0 到 1 依次取值时准确率的变化情况。

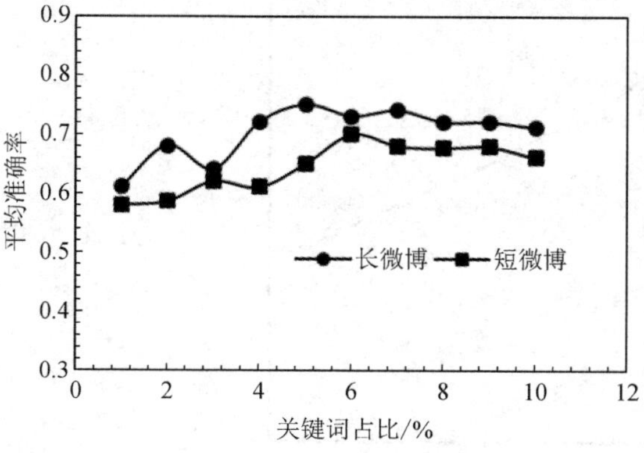

图 6-5　关键词占比与平均准确率的关系

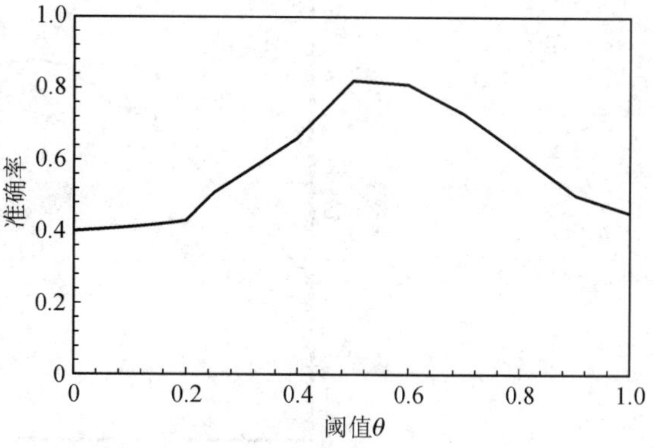

图 6-6　准确率随阈值 θ 的变化情况

从图 6-6 中可以看出，当阈值 $\theta=0.542$ 时，准确率达到 85%。当阈值过小时，一些不是关键句的句子就会被判定为关键句；而当阈值过大时，关键句就不能够有效判定。

2. 褒、贬阈值 α、β 的设置

褒、贬阈值的设定对文本最终的情感倾向性判断是非常重要的，因此对 α 和 β 的选取是算法验证中最重要的部分。其方法是以微博文本的关键句准确率为优化目标，分别测试不同 α 和 β 的取值，实现最优的准确率，即可得到最优的 α 和 β。实验样本为全体数据集，对 2000 条微博文本按照标注的情感倾向分三类进行测试。先对不同 α 下的情感倾向为褒义的准确率进行分析，将准确率最高时的 α 值确定为褒义阈值；同样地，对不同 β 下的情感倾向为贬义的准确率进行分析，并按最优准确率确定贬义阈值 β；介于两者之间的部分情感倾向判定为中立。

由图 6-7 可知，当 $\alpha=0.335$ 时，判断褒义微博的准确率达到最大值；由图 6-8 可知，当 $\beta=-0.223$ 时，判断贬义微博的准确率达到最大值。因此，选定 $\alpha=0.335$，$\beta=-0.223$ 为本批样本的微博情感褒义和贬义阈值，当情感值介于二者之间时，情感倾向为中立。

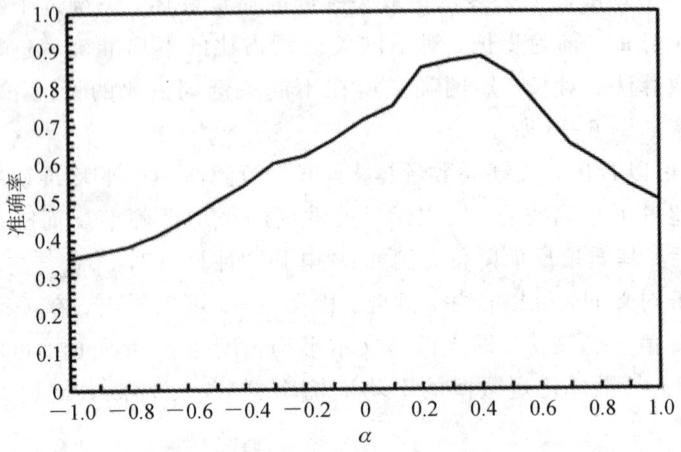

图 6-7　不同 α 对应的准确率

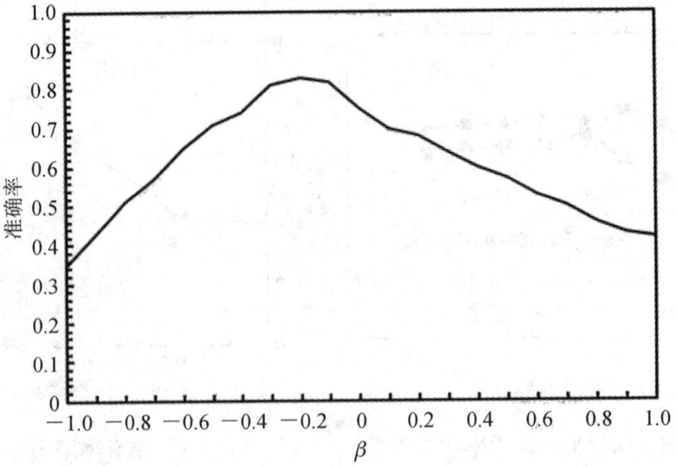

图 6-8　不同 β 对应的准确率

3. 算法对比

文本分析主要采用准确率(Precision)、召回率(Recall)和 F_1 值三种评价标准，均通过算法的分类结果和数据集标注结果进行对比得到，其计算方式分别为

$$\text{Precision}=\frac{\text{判断正确的微博数}}{\text{算法分类总的微博数}} \tag{6-31}$$

$$\text{Recall}=\frac{\text{判断正确的微博数}}{\text{数据集中的微博数}} \tag{6-32}$$

$$F_1=\frac{2\times P\times R}{P+R} \tag{6-33}$$

接下来，通过实验分别得到了基于依存句法关系与语法距离的情感倾向性分析算法(SOAD 算法)、基于情感关键句的情感倾向性分析算法(SOAS 算法)，以及本节介绍的将关键词的提取与依存句法关系相结合的情感倾向性分析算法(下文用本节算法代指)在同一数据集下的结果，如图 6-9～6-11 所示。

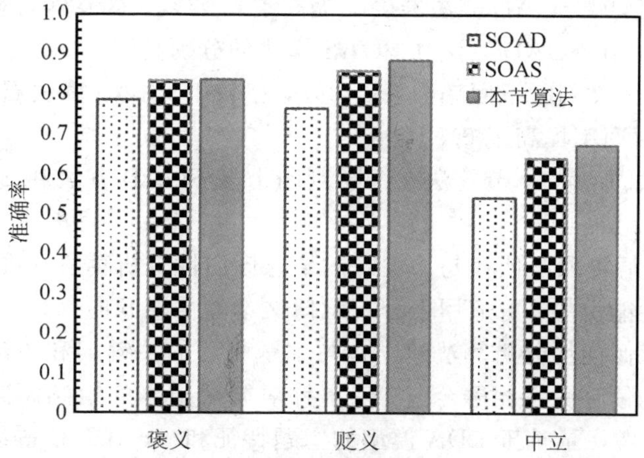

图 6－9　不同算法的准确率对比

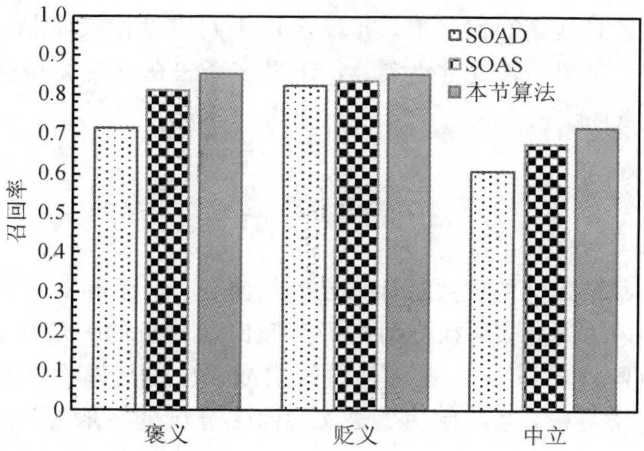

图 6－10　不同算法的召回率对比

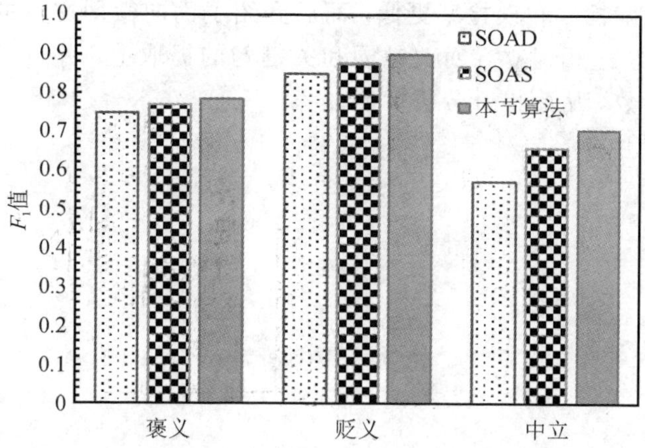

图 6－11　不同算法的 F_1 值对比

对比三组实验可以看出：

(1) 在准确率方面，本节算法对褒义情感判断的准确率达到了 86.46%，较 SOAS 算法准确率提高了 3.23%，较 SOAD 算法准确率提高了 8.03%；本节算法对贬义情感判断的准确率达到了 88.62%，比 SOAD 算法和 SOAS 算法的分别高了 12.23%和 0.93%。

(2) 本节算法的褒义判断召回率为 85.43%，相较于 SOAS 算法召回率提高了 4.2%；相较于 SOAD 算法召回率提高了 0.9%。

(3) 在 F_1 值测试方面，本节算法在情感判断上较 SOAD 算法和 SOAS 算法分别提高了 3.9%和 1.8%。

因此，基于关键词提取与依存句法关系的情感倾向性分析算法在准确率、召回率和 F_1 值都体现出一定的性能优势，更适用于分析微博文本的情感倾向。

本节介绍的情感倾向性分析算法建立在与主题相关的关键词和关键句提取基础上，并与关键词在句子中的依存关系相融合，实现了针对微博文本的情感倾向性分析。在提取关键句时，该算法综合考虑了基于 LDA 模型的主题特征和 TF-IDF 值等统计特征，将关键词特征、位置特征和语义特征进行加权求和，得到关键句的特征；而后针对 7 种不同的词性和依存关系的搭配，进一步拓展了情感计算的规则，实现了更合理的关键句情感值的计算；最后将情感计算从句子扩展到微博文本，并设定用于判定微博文本情感的阈值，从而得到微博文本的情感倾向性结果。通过对比实验，证明该算法在处理微博文本时具备比较明显的性能优势。

本章小结

语义信息是社交网络舆情的主要载体，分析其内容、情感和观点的倾向性是进行社交网络舆情分析的重要内容。本章从社交网络语义倾向性分析的一般概念入手，介绍了社交网络舆情信息语义倾向性分析的方法和面临的挑战。在此基础上，借助以微博为背景的 Single-Pass 聚类和语义分析，系统阐述了语义倾向性分析的一般规律和实现过程。针对传统 Single-Pass 算法在话题检测时对聚类中心的敏感性问题，介绍了改进的微博话题检测算法，与传统的 Single-Pass 算法相比，该算法全面考虑了时间特征与语义特征等相关因素，微博热点话题检测的漏检率和误检率更低；而后介绍了面向微博文本的情感倾向性分析算法，该算法的定量分析过程建立在对关键词和关键句的提取上，并可以根据微博文本的长度适应性设置分析参数，从而提升分析性能。

第七章　社交网络谣言传播建模分析

从谣言信息识别的角度看，现有的技术已经能够有效地对谣言源头进行识别。但当网络谣言、负面舆情产生时，由于信息在社交网络中已经对部分参与节点产生了较大的影响，对谣言、负面舆情事件的源头处理并不能有效地控制网络舆情的传播，因此，社交网络的舆情分析技术还需研究如何对谣言、负面舆情进行有效控制。目前，网络谣言、负面舆情控制的研究主要从两方面展开：一是研究谣言的传播规律，并建立谣言传播模型来仿真谣言的传播过程，例如基于节点度的谣言传播理论；二是针对具体网络的控制方法进行研究，例如在无标度网络中的谣言传播理论。下面分别针对这两个方面进行介绍。

7.1　基于节点度和从众博弈的社交网络谣言传播研究

谣言在社交网络中的传播类似于某种思想入侵，这种传播行为的特征、方式和效果受多种因素影响。例如在 SIR 谣言传播模型中，从众效应是对谣言传播动力学产生影响的主要因素，即从众效应的存在能够明显地促进谣言在社交网络中的传播。又如，在复杂网络中，好奇心理对谣言传播临界值以及传播速率有着重要影响，人们的好奇心理的存在能够降低谣言传播临界值，提高传播速率。另外，有学者借助改进的 SIR 谣言传播模型，讨论了犹豫机制对谣言传播特性的影响，得出了在犹豫机制存在时社交网络中谣言传播速度与影响范围之间的关系，且犹豫机制对无标度网络和小世界网络的影响力不同，导致谣言传播速度也不同。以上关于谣言传播的研究成果普遍认为，社交网络中任何一个节点传播谣言的能力以及被谣言感染的概率都是相同的，与节点的度没有关系，然而这往往与实际情况不相符。由于在真实的社交网络中，节点代表生活中的个体或者团体，个体的知识背景、社会关系、生活阅历等往往与产生联系的个体数量相关，即个体辨识能力与节点的度密切相关。现实中度越大的节点往往对谣言具有较强的辨识能力，相信并传播谣言的概率也相应会低于网络中谣言的平均传播率，同时，个体面对谣言时采取的策略会对其他个体的态度选择产生影响，这种影响因个体度的不同而具有非一致性。由以上分析可以得出，谣言传播行为可以看作节点的度和从众心理之间博弈的结果。

近些年，随着经济全球化的发展，信息中包含个体利益的情况逐渐增多，越来越多的谣言往往与个体利益密切相关，例如网络世界中信谣并传谣能够影响个体的网络知名度、关注度等虚拟利益，甚至能够影响到个体的点击量、广告收入等现实经济利益。当涉及个体利益的谣言在社交网络上出现时，节点往往根据自身利益诉求选择对谣言所采取的态度，谣言的模糊性导致相信谣言与不相信谣言都可能会使对应的部分个体获得更多的利益，因此个体对谣言最终态度的选择是一个在不完整信息下的博弈过程。于是，研究者们将博弈论引入到谣言传播研究的过程中，得到了丰富的研究成果。例如，郭艳燕等人结合代理节点技术建立了多个不同情形下的博弈模型，通过引入信任机制使博弈模型更具有现实意义；张芳等人在谣言传播的社会机制中引入博弈论，得到了个体对谣言的态度与自身期望收益情况相关的结论；余莎莎等人讨论了博弈论对谣言扩散模型的影响，分析了谣言风险程度对传播阈值和传播范围的影响。

在社交网络谣言传播过程中，个体对谣言态度的选择趋向于和大多数个体一致，大众对谣言的选择给个体最终面对谣言的态度选择造成了行为压力，心理学上将这一现象称为从众现象。出现这一现象的主要原因是谣言信息往往具有不确定性和模糊性，个体由于自身知识水平、社会经验等限制，对谣言的真伪做出判断存在一定的难度。因此，个体往往认为大多数人的意见是正确的，并趋向于和多数人意见保持一致，也就是通常所说的"随大流"。从众效应在一定程度上促进了谣言在社交网络中的传播。当涉及个体利益的谣言出现在社交网络上时，个体以自己已掌握的关于谣言的信息为依据，选择认为对自己最有利的谣言策略，然而从众效应的存在使个体面对谣言时趋向于和大多数人保持一致，个体往往不遵从纳什均衡策略，从而使个体意见从一个极端走向另一个极端。

在现有研究结论的基础上，本节分别从节点度的演化博弈和从众博弈两个角度分析节点传播行为的理论基础，并为建立社交网络的传播模型提供支撑。

7.1.1 社交网络中基于节点度的演化博弈

本节围绕社交网络中节点的度和节点利益博弈，介绍社交网络中谣言的演化模型的构建过程。该过程基于基本的 SIR 谣言传播模型，用于精确刻画谣言在社交网络中的传播范围与节点状态间的关系；而后，分别结合小世界网络和无标度网络的特点，建立对应的传播动力学方程，并通过实验数据分别验证传播模型的效果。

1. 博弈网络演化模型

社交网络作为一种典型的复杂网络，具有小世界、无标度、幂律分布等特性。因此，WS 小世界网络与 BA 无标度网络常用作研究社交网络谣言传播的环境。节点间的谣言传播通过 SIR 谣言传播规则进行描述，即谣言传播过程为：在包含 N 个节点的网络中，在 t 时刻，当健康节点接触谣言后以概率 λ 选择传播谣言，并转变为感染节点；由于健康节点对谣言具有辨识能力，当其接触谣言后以概率 η 转变为免疫节点；感染节点接触到免疫节点后以概率 γ 转变为免疫节点。

社交网络中的个体由于具有辨识能力的差异性，当不同个体面对同一谣言时，对谣言的辨识能力往往不相同；同时由于谣言本身具有模糊性，相同个体面对不同谣言时，对不同谣言的辨识能力也不相同。实际网络中，个体知识水平越高，人际关系往往也越丰富，对应的节点度越大，因此下面利用节点度 k 表示个体的知识水平及人际关系，度为 k 的节点辨识能力可用式(7-1)表示：

$$\eta=[1-\exp(-kt)]\exp(-\sigma) \tag{7-1}$$

其中，η 表示节点对谣言的辨识能力，σ 表示谣言的模糊程度。由式(7-1)可以看出：节点度 k 越大，其辨识能力 η 越强；谣言模糊程度 σ 越小，其辨识能力 η 越强。此结论与直观的实际情况相符。

网络中两个相连节点的影响力往往是相互的，节点 i 对节点 j 的影响程度可用 W_{ij} 表示为

$$W_{ij}=\frac{k_i}{k_j} \tag{7-2}$$

用 $k_i(j)$ 表示节点 i 的第 j 个邻居节点的度，则 k 个邻居节点对节点 i 的总影响程度 $W_i(k)$ 可表示为

$$W_i(k)=\sum_{j=1}^{k}\frac{k_i(j)}{k_i} \tag{7-3}$$

将节点 i 的邻居节点中所有感染节点编号后组成的数组设为 N_i，用 $n(i)$ 表示数组 N_i 的长度，$k_{ii}(j)$ 表示 N_i 中第 j 个节点度的大小；将节点 i 的邻居节点中所有免疫节点编号后组成的数组设为 N_r，用 $n(r)$ 表示数组 N_r 的长度，$k_{ir}(j)$ 表示 N_r 中第 j 个节点度的大小，则邻居节点中感染节点对节点 i 的总影响程度 T_1 可用式(7-4)表示为

$$T_1=\sum_{j=1}^{n(i)}\frac{k_{ii}(j)}{k_i} \tag{7-4}$$

邻居节点中免疫节点对节点 i 的总影响程度 T_2 可用式(7-5)表示为

$$T_2=\sum_{j=1}^{n(r)}\frac{k_{ir}(j)}{k_i} \tag{7-5}$$

由式(7-1)可知，当谣言在社交网络中传播时，节点对谣言的辨识能力为 η，但受谣言内容的模糊性以及节点自身辨识能力的限制，节点对谣言态度不确定性的概率为 $1-\eta$，节点对谣言态度的选择部分取决于邻居节点对其总影响程度。当 $T_1<T_2$ 时，免疫节点对该节点的影响较为明显，节点往往选择不传播谣言；当 $T_1\geqslant T_2$ 时，该节点对谣言的辨识能力与谣言本身的内容产生了偏差，此时节点选择不相信谣言的概率服从 0-1 分布，结果用式(7-6)表示：

$$\mu=\begin{cases}1, & T_1\geqslant T_2\\ 0, & T_1<T_2\end{cases} \tag{7-6}$$

经典的博弈理论认为，博弈双方能清楚地知道采取策略后所取得的收益，最终双方会选择实现收益最优的策略，并达到纳什均衡状态。然而个体对谣言信息的掌握并不全面，又加上不同个体的辨识结果之间存在相互影响，最终导致个体选择的结果并非完全理性，难以真正实现纳什均衡。假定度为 k 的节点与每一个邻居节点都进行一次收益博弈，则该节点获得的总收益取决于所有博弈收益的总和。两节点的情况下，博弈收益情况如表 7-1 所示，其中 A、B 为社交网络中的节点，数字 1、2 分别代表节点处于免疫状态、感染状态。当节点 A 处于状态 x 且节点 B 处于状态 y 时，节点 A 的博弈收益用 B_{xy} 表示。

表 7-1　节点博弈收益矩阵

A	B	
	1	2
1	B_{11}	B_{12}
2	B_{21}	B_{22}

P_1、P_2 分别代表节点处于状态 1 和状态 2 时获得的博弈总收益，具体收益情况可用式(7-7)、式(7-8)表示为

$$P_1 = B_{11}\sum_{j=1}^{n(r)} k(j) + B_{12}\sum_{j=1}^{n(i)} k(j) \tag{7-7}$$

$$P_2 = B_{21}\sum_{j=1}^{n(r)} k(j) + B_{22}\sum_{j=1}^{n(i)} k(j) \tag{7-8}$$

为了使自己获得的利益最大化，节点通常会以博弈收益作为谣言态度选择的评判准则，当 $P_1 \geqslant P_2$ 时，节点选择处于免疫状态能够获得更大的收益；当 $P_1 < P_2$ 时，节点选择处于感染状态能够获得更大的收益。因此节点成为感染节点的概率 ρ 满足 0－1 分布，如式(7－9)所示

$$\rho = \begin{cases} 0, & P_1 \geqslant P_2 \\ 1, & P_1 < P_2 \end{cases} \tag{7-9}$$

在谣言传播过程中，各类节点都有可能互相接触，进而导致接触者状态以一定概率发生变化。与免疫节点接触能够降低接触者对谣言信息的不确定性，当接触者为感染节点时，它转变为免疫节点的概率用 γ 表示，则感染节点对谣言的辨识能力、传谣与不传谣的博弈收益等相关因素都会影响 γ 的大小，γ 的计算方式如式(7－10)所示：

$$\gamma = \eta \times \exp\left(-\frac{P_2}{P_1}\right) \tag{7-10}$$

在谣言传播过程中考虑博弈收益的因素后，健康节点接触感染节点后转变为感染节点的概率 λ 如式(7－11)所示：

$$\lambda = (1-\eta) \times \mu \times \rho \tag{7-11}$$

综上所述，社交网络中节点的传播行为受 P_1、P_2 和 T_1、T_2 制约，根据其大小关系得到社交网络中谣言的传播和节点状态的演化过程，如图 7－1 所示。

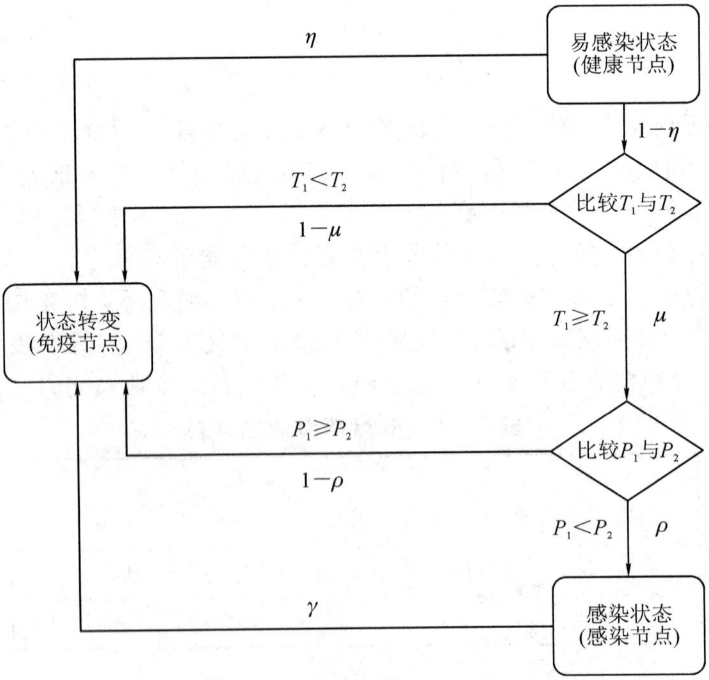

图 7－1　社交网络中谣言传播和节点状态的演化过程

从上述模型的谣言传播过程可以看出，加入了节点度的博弈模型能够使健康节点转变为感染节点的难度变大，影响了网络中的谣言传播率，符合现实中节点面对涉及自身利益的谣言时更加谨慎的现象。

目前，社会各界对谣言传播的危害已达成共识，当谣言在社交网络中传播时，官方往往通过提高自身公信力、加大信息公开范围、完善相应法律法规等措施减少谣言所造成的危害。此外，从技术上对谣言传播机制进行研究，并提出相应的抑制策略和措施也成为另一个行之有效的做法，其中最简单有效的抑制策略是对部分网络节点进行主动免疫。由于社交网络中谣言的种类以及危害程度各不相同，因此每个谣言出现后遭到抑制的时机也不尽相同，对谣言进行抑制的时机用谣言抑制系数 α 表示，如式(7-12)所示：

$$\alpha=\frac{\sum_{j=1}^{n_i(t)}k(j)}{\sum_{j=1}^{N}k(j)} \tag{7-12}$$

其中，N 表示网络规模，$n_i(t)$ 为 t 时刻网络中感染节点的规模。由式(7-12)可知 $\alpha\in[0,1]$。考虑到社交网络规模一般比较大，不可能对网络中所有节点都进行免疫，因此选取一部分节点进行免疫是比较常用的做法。下面结合上述模型特点介绍两种典型的谣言抑制策略，对策略选取的节点进行免疫。

策略 1　由于网络中的节点具有差异性，因此对谣言传播过程中易传播谣言的节点实施谣言抑制具有更好的免疫效果。用 $\theta\in[0,1]$表示网络中节点对其他节点传播谣言的危害程度，考虑到网络中存在谣言抑制系数，按照危害程度由高到低选择前 $\alpha\times N$ 个节点实施谣言抑制策略，强制该部分节点不再相信谣言。危害程度 θ 的计算方法如式(7-13)所示。

$$\theta=\frac{k_i-n(r)-n(i)}{k_i} \tag{7-13}$$

策略 2　由于节点对谣言态度的选择受博弈收益影响，从网络中选择 $\alpha\times N$ 个节点，减少被选择的节点在谣言传播过程中取得的收益，则随着时间的推移，由图 7-1 的演化过程可知，网络中谣言传播行为会逐渐受到抑制。

上述两种谣言抑制策略结合节点度和博弈网络演化模型特点，分别从节点危害程度、节点博弈收益两个方面入手，采取部分免疫的方法，有针对性地对谣言传播进行了抑制。另外，针对不同的网络结构，经典的免疫策略如随机免疫、目标免疫等均有不同程度的免疫效果。

2. 小世界网络上的传播行为

小世界网络是一种较为理想的社交网络类型，结合小世界网络的均匀场理论研究社交网络演化模型具有很好的理论指导意义。下面结合小世界网络中节点度的特点，建立节点的传播行为动力学表达式。令网络中所有节点度均为 k，t 时刻网络中 S 类节点、I 类节点、R 类节点的概率密度分别用 $s(t)$、$i(t)$、$r(t)$表示，三者满足的条件如式(7-14)所示。

$$s(t)+i(t)+r(t)=1 \tag{7-14}$$

则根据图 7-1，谣言在小世界网络中传播的 $s(t)$、$i(t)$、$r(t)$对应的均匀场方程分别为

$$\frac{\mathrm{d}s(t)}{\mathrm{d}t}=-ks(t)i(t) \tag{7-15}$$

$$\frac{\mathrm{d}i(t)}{\mathrm{d}t}=k\mu\rho(1-\eta)s(t)i(t)-k\gamma i(t)r(t) \tag{7-16}$$

$$\frac{\mathrm{d}r(t)}{\mathrm{d}t}=k\gamma i(t)r(t)+k[1-\mu\rho(1-\eta)]s(t)i(t) \tag{7-17}$$

当 $t=0$ 时，网络中只有极少数节点传播谣言，网络中的节点几乎全部处于健康状态，即 $s(0)\approx 1$；当 $t\to\infty$ 时，网络达到稳定状态，此时网络中所有 I 类节点完全转变为 R 类节点，即 $i(\infty)$ 为 0。给定时间和网络节点度等参数，三个均匀场方程可以精确地描述小世界网络中三种节点的谣言传播情况。

3. 无标度网络上的传播行为

由于现实中许多网络具有无标度特性，为了验证演化模型的适用性，需要进一步对无标度网络中的谣言传播动力学进行研究。由于无标度网络中不同节点度 k 具有较大差异性，则 t 时刻网络中 S 类节点、I 类节点、R 类节点的概率密度 $s(k, t)$、$i(k, t)$、$r(k, t)$ 满足的条件如式(7-18)所示：

$$s(k, t)+i(k, t)+r(k, t)=1 \tag{7-18}$$

结合图 7-1 所示模型的演化过程，可以得到谣言传播的均匀场方程分别为

$$\frac{\mathrm{d}s(k, t)}{\mathrm{d}t}=-ks(k, t)\sum_j i(j, t)P(j \mid k) \tag{7-19}$$

$$\frac{\mathrm{d}i(k, t)}{\mathrm{d}t}=k\mu\rho(1-\eta)s(k, t)\sum_j i(j, t)P(j \mid k)-k\gamma i(k, t)\sum_j r(j, t)P(j \mid k) \tag{7-20}$$

$$\frac{\mathrm{d}r(k, t)}{\mathrm{d}t}=k\gamma i(k, t)\sum_j r(j, t)P(j \mid k)+k[1-\mu\rho(1-\eta)]s(k, t)\sum_j i(j, t)P(j \mid k) \tag{7-21}$$

其中 $P(j|k)$ 为度为 k 的节点连接到度为 j 的节点的概率，可用式(7-22)表示如下：

$$P(j \mid k)=\frac{jP(j)}{k} \tag{7-22}$$

与均匀网络相同，当 $t=0$ 时，网络中几乎全部节点都处于健康状态，I 类节点和 R 类节点密度基本为 0，即

$$s(k, 0)\approx 1 \tag{7-23}$$

将式(7-22)代入式(7-19)可得 $s(k, t)$ 的表达式如式(7-24)所示：

$$s(k, t)=\exp(-kQ(t)) \tag{7-24}$$

引入 $\langle\langle N(k)\rangle\rangle=\sum_k \frac{kP(k)}{\langle k\rangle}N(k)$，令 $Q(t)=\frac{1}{\langle k\rangle}\sum_j jP(j)\int_0^t i(j, t)\mathrm{d}t$，不考虑 $s(k, t)$ 的高阶项，则有

$$\frac{\mathrm{d}Q(t)}{\mathrm{d}t}=\frac{1}{\langle k\rangle}\sum_j jP(j)i(j, t)$$

$$
\begin{aligned}
&=\frac{1}{\langle k\rangle}\sum_{j} jP(j)[1-s(j,t)-r(j,t)] \\
&=1-\langle\langle s(j,t)\rangle\rangle-r\int_{0}^{t}\langle\langle ki(k,t)\rangle\rangle\langle\langle kQ(t)\rangle\rangle \mathrm{d}t- \\
&\int_{0}^{t}\langle\langle k(1-\mu\rho+\mu\rho\eta)-kri(k,t)\rangle\rangle\langle\langle i(k,t)\rangle\rangle \mathrm{d}t
\end{aligned}
\tag{7-25}
$$

当 $t\to\infty$ 时，网络达到稳定状态，此时网络中所有 I 类节点完全转变为 R 类节点，即 $i(k,\infty)$ 为 0，故有

$$
\begin{aligned}
\frac{\mathrm{d}Q(\infty)}{\mathrm{d}t}&=1-\langle\langle S(j,\infty)\rangle\rangle-r\int_{0}^{\infty}\langle\langle ki(k,t)\rangle\rangle\langle\langle kQ(t)\rangle\rangle \mathrm{d}t- \\
&\int_{0}^{\infty}\langle\langle k(1-\mu\rho+\mu\rho\eta)-kri(k,t)\rangle\rangle\langle\langle i(k,t)\rangle\rangle \mathrm{d}t \\
&=0
\end{aligned}
\tag{7-26}
$$

结合式(7-24)，可以由式(7-27)得到无标度网络中谣言传播的最终范围为

$$
\begin{aligned}
R(\infty)&=\sum_{k} P(k)r(k,\infty) \\
&=\sum_{k} P(k)[1-s(k,\infty)-i(k,\infty)] \\
&=\sum_{k} P(k)[1-s(k,\infty)]
\end{aligned}
\tag{7-27}
$$

4. 实验仿真

为了对谣言传播过程进行更为直观的描述，需要对谣言在网络模型上的传播过程进行仿真实验。由于现实网络具有小世界与无标度的特点，本节选用 WS 小世界网络和 BA 无标度网络用于仿真实验，并利用 Facebook 真实网络对仿真结果进行验证。实验过程中两类网络中节点总数恒定，均为 2000。假定在谣言刚进入网络时有 0.5% 的节点传播谣言，邻近耦合网络的边以概率 $p=0.2$ 进行重连，生成平均节点度为 5 的 WS 小世界网络；设置初始节点数 m_0 和每次重连新加入的节点数 m 的值分别为 6 和 5，生成 BA 无标度网络；Facebook 网络中节点总数取为 4039，网络总边数为 88 234，网络平均节点度为 43.69，网络平均聚类系数为 0.6055，网络直径为 8。网络中 S 类节点、I 类节点、R 类节点与节点总个数 N 的比值分别用 $P(s)$、$P(i)$、$P(r)$ 表示。实验中每个数据均采用 60 次独立运行结果的平均值。节点的博弈收益 $B_{11}=15$、$B_{12}=10$、$B_{21}=5$、$B_{22}=6$，谣言的模糊程度 $\sigma=4$。

通过图 7-2(a)和图 7-2(b)可以看出，在 BA 无标度网络中，谣言具有更快的传播速度、更广的传播范围、更小的传播稳定时间，即谣言更容易在其中传播。出现这一结果的原因在于两种网络结构对博弈收益的影响不同。由于 WS 小世界网络中节点度相差不大，因此节点之间的博弈收益也相差不大，节点的博弈收益对节点的选择结果影响不大；而 BA 无标度网络中节点度分布具有非均匀性，且一般较小，节点对谣言的辨识能力不强，导致节点间的博弈收益更容易出现差距，因此节点更容易通过博弈收益对谣言态度做出选择，最终使谣言更容易在 BA 无标度网络中传播。图 7-2 所示三种网络中的谣言传播趋势基本相同，从而证明了前述模型具有较好的适用性。

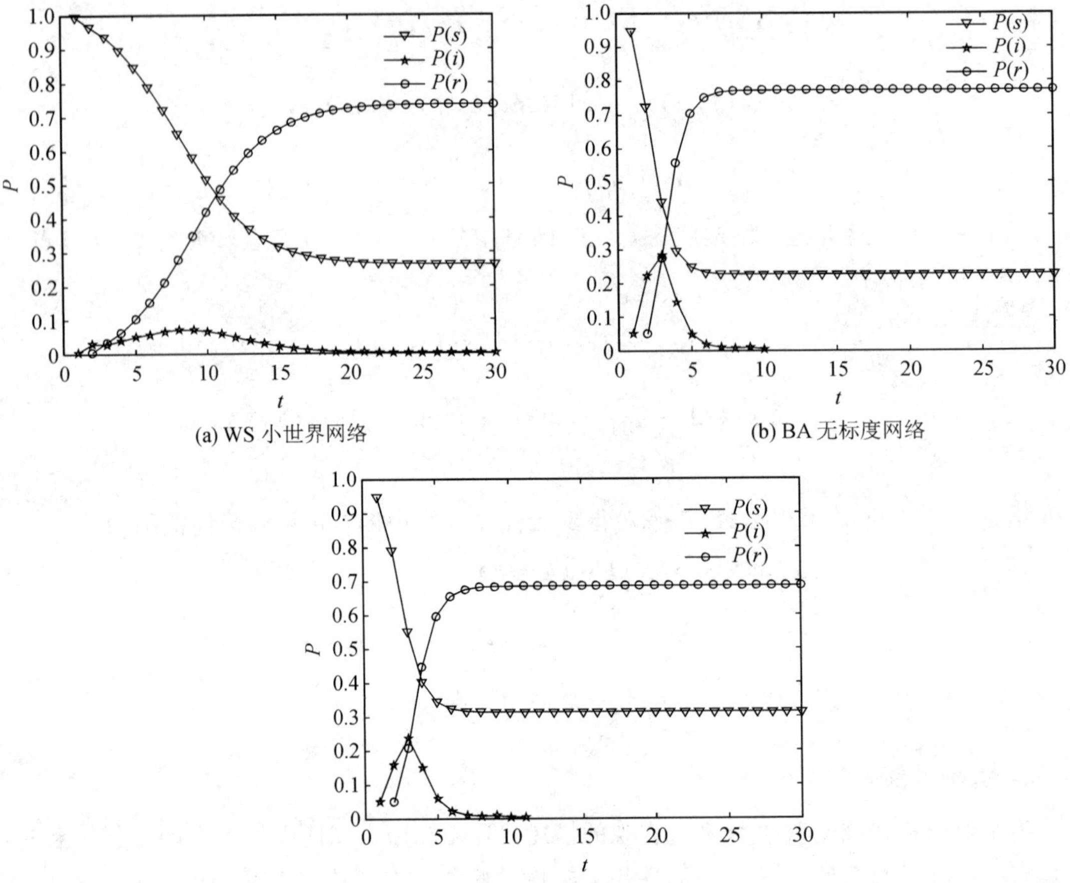

(a) WS 小世界网络

(b) BA 无标度网络

(c) Facebook 网络

图 7-2　谣言在三种网络中的传播特性

当谣言模糊程度取不同的值时，谣言传播过程中感染节点个数与网络中节点总个数的比值如图 7-3 所示，三种网络中节点通过博弈取得的收益相同。从实验结果可以看出，增加谣言的模糊程度，能够增大谣言在网络中的传播范围(图 7-3(c)的实验结果也符合这一结论)，其主要原因是谣言的模糊程度增大会使节点对谣言的辨识能力降低，使谣言更容易

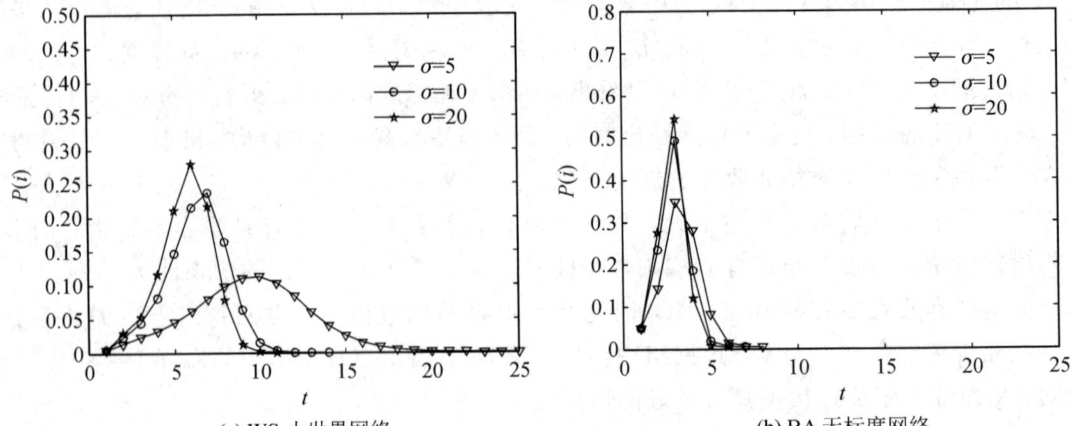

(a) WS 小世界网络

(b) BA 无标度网络

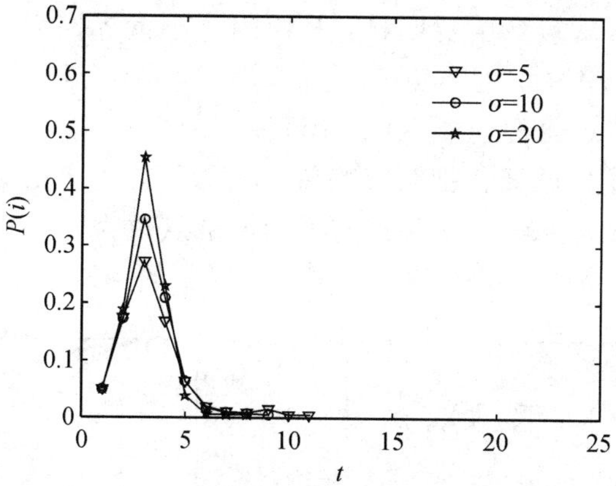

(c) Facebook 网络

图 7-3　σ 取值变化时 $P(i)$ 随 t 的变化情况

在网络中传播。图 7-3(a)与图 7-3(b)的结果表明，谣言模糊程度的改变能够影响 WS 小世界网络中谣言的传播速率，以及谣言传播达到稳定状态的时间，但在 BA 无标度网络中这种影响较小。

图 7-4 显示了博弈收益变化对谣言传播的影响，三种网络中传播的谣言模糊程度相同。从图 7-4 结果可以看出，随着免疫收益的增加，网络中免疫节点数量增加，且对小世

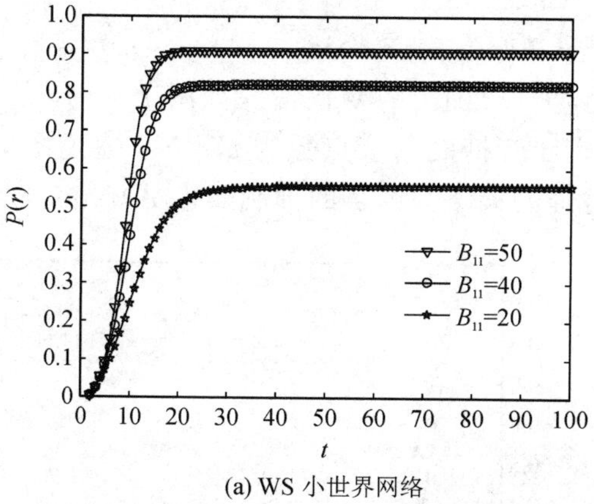

(a) WS 小世界网络

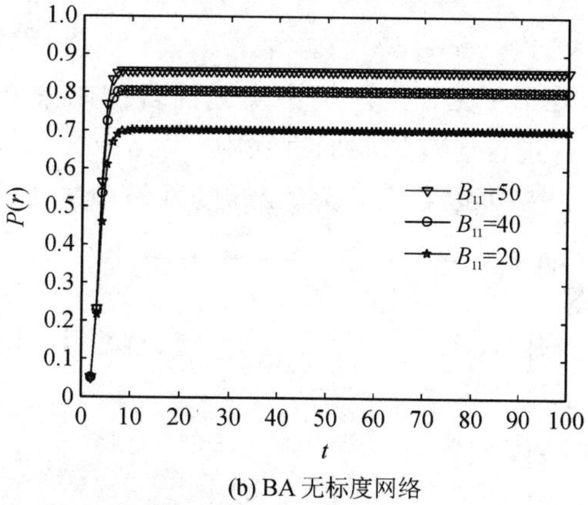

(b) BA 无标度网络

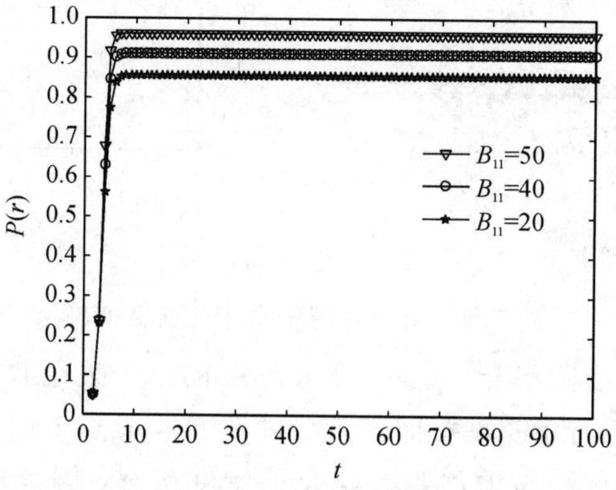

(c) Facebook 网络

图 7-4　节点博弈收益不同时 $P(R)$ 随 t 的变化情况

界网络中免疫节点的增长幅度影响更明显，其原因是小世界网络中节点度相差不大，节点对谣言的辨识能力也相差不大，但当免疫收益增加时，节点不相信谣言的收益要明显大于相信谣言的收益，因此节点通常选择不相信谣言。

在 WS 小世界网络中实施谣言抑制策略后，$P(s)$随 t 的变化情况如图 7－5 所示。在进行谣言抑制的过程中，取 $\alpha=0.3$，实施谣言抑制的节点数为 $\alpha \times N$。通过图 7－5 所示结果可以看出，WS 小世界网络中采用收益抑制策略对谣言的抑制效果更好。

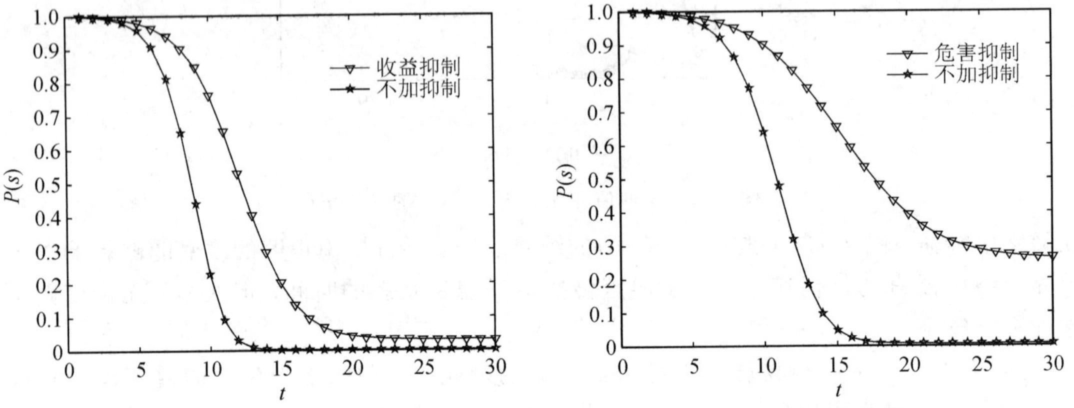

(a) 收益抑制　　(b) 危害抑制

图 7－5　在 WS 网络中实施谣言抑制策略

在 BA 无标度网络中实施谣言抑制策略后，$P(s)$随 t 的变化情况如图 7－6 所示。同样，在进行谣言抑制的过程中，取 $\alpha=0.3$，实施谣言抑制的节点数为 $\alpha \times N$。通过图 7－6 所示结果可以看出，BA 无标度网络中采用收益抑制策略对谣言的抑制效果更好。

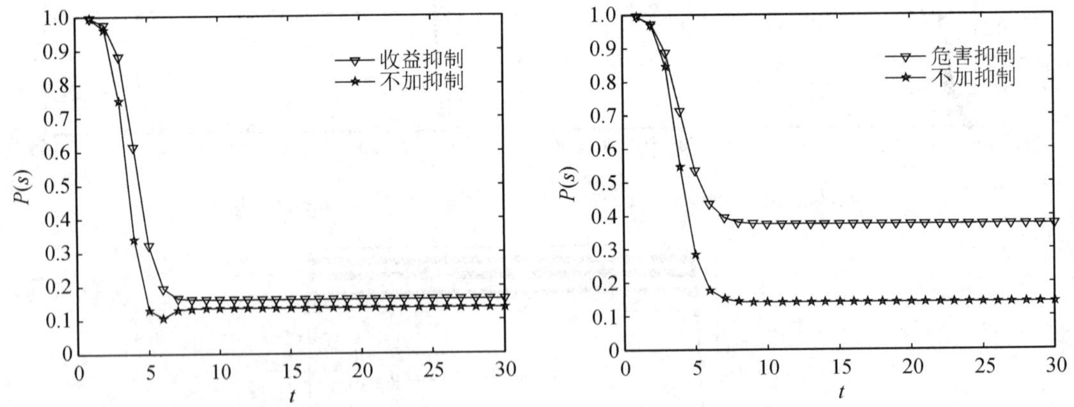

(a) 收益抑制　　(b) 危害抑制

图 7－6　在 BA 网络中实施谣言抑制

与小世界网络、无标度网络相同，在 Facebook 网络中采用收益抑制策略对谣言的抑制效果更好，结果如图 7－7 所示。收益抑制策略针对邻居节点中健康节点数目较大的节点进行抑制，能够有针对性地使网络中重要节点处于免疫状态，因此能够起到更好的谣言抑制效果。

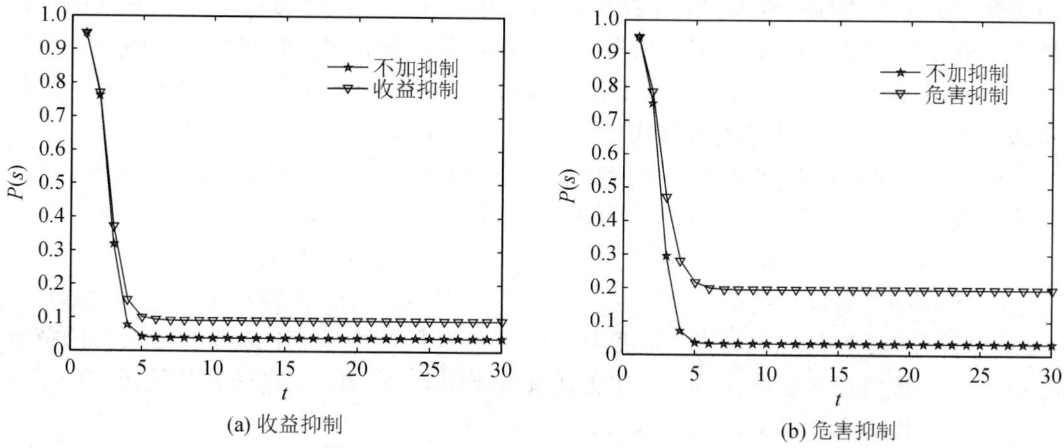

图 7-7　在 Facebook 网络中实施谣言抑制

7.1.2　节点从众博弈的社交网络谣言传播

1. 动态博弈模型

利用节点个数为 N 的 BA 无标度网络来模拟社交网络，即社交网络中的个体用 BA 无标度网络中的节点代替，个体之间的传播关系用 BA 无标度网络中节点之间的边代替。下面讨论社交网络在基本的 SI 谣言传播模型下谣言的传播特性。在 SI 谣言传播规则中，任何一个节点在任意时刻均处于以下两种状态中的一种：健康态 S，表示节点从未听到过谣言并且听到谣言后有可能传播谣言；感染态 I，表示节点听到谣言并传播谣言。谣言传播过程为：在 t 时刻，健康节点以概率 P 听信并传播谣言，感染节点以概率 $T(2|k, t)$改变原有策略并变为健康节点，健康节点以概率 $T(1|k, t)$改变原有策略并变为感染节点。

个体在面对涉及自身利益的谣言时，往往希望通过做出最佳选择使自己获得的利益最大化。由于谣言信息往往具有很强的模糊性，个体容易在从众效应的影响下对谣言态度做出选择。个体做出的选择与最佳选择之间的接近程度用选择安全系数 r 表示，r 越大表明个体做出的选择越接近最佳选择，r 的大小与谣言的可信度以及邻居节点中相信谣言的节点数有关。实际网络中所包含的信息越详细、热度越高的谣言越容易被人们相信并传播，研究过程中用谣言可信度 $M(M\geqslant 0)$表示谣言这一特性。由于网络中各类节点数量会随时间发生变化，在 t 时刻，度为 k 的节点的邻居节点中感染节点数量用 $nk(t)$表示，则该节点做出的选择与最佳选择之间的接近程度 $r(0\leqslant r\leqslant 1)$可表示为

$$r = C\mathrm{e}^{-M} \times \frac{nk(t)}{k} \tag{7-28}$$

其中，C 为可信度控制系数，为了不失一般性，可以令 $C=1$。社交网络中谣言可信度越高，个体越容易相信并传播谣言，此时节点所做出的选择与最佳选择往往偏差较大，这在公式(7-28)中表现为 M 越大 r 越小。此外，当邻居节点中更多的节点愿意选择传播谣言时，表明谣言经多数节点辨识后呈现一定的“无害性”，此时选择传播谣言与最佳选择接近的概率更大，在公式(7-28)中表现为 $nk(t)$越大 r 越大。

接下来在谣言传播过程中引入节点的博弈模型。当谣言所包含的信息涉及个体利益

时，节点为了实现利益的最大化，在谣言传播的过程中，节点与每一个邻居节点都进行双人博弈，所有双人博弈的最终结果共同决定节点对谣言的态度。展开博弈的两节点分别用A、B表示，1表示传播谣言，2表示不传播谣言，B_{xy}表示节点A选择决策x、节点B选择决策y时，节点A取得的博弈收益，其中x，$y\in\{1, 2\}$。

在t时刻，度为k的节点A选择传播谣言取得的博弈收益为I_{r1}，选择不传播谣言取得的博弈收益为I_{r2}，则节点A选择不同策略时所取得的博弈收益如下：

$$I_{r1}=r\times[B_{11}nk(t)+B_{12}(k-nk(t))] \tag{7-29}$$

$$I_{r2}=(1-r)\times[B_{21}nk(t)+B_{22}(k-nk(t))] \tag{7-30}$$

在t时刻的网络中，设$Nk(t)$是度为k的节点数目，$Nk(t)$中选择传播谣言的节点个数与$Nk(t)$的比值用$Rk(t)$表示，节点度分布函数用$P(k)$表示，则选择传播谣言的节点个数与总节点个数的比值用$s(t)$表示为

$$s(t)=\frac{\sum\limits_{k\geqslant 1}Rk(t)Nk(t)}{\sum\limits_{k\geqslant 1}Nk(t)}=\sum_{k\geqslant 1}P(k)Rk(t) \tag{7-31}$$

传播模型中节点只有传递与不传递两种选择，因此度为k的节点的邻居节点中有$nk(t)$个节点选择传递的概率α具有二项分布特点，α可表示为

$$\alpha=C_k^{nk(t)}s(t)^{nk(t)}[1-s(t)]^{k-nk(t)} \tag{7-32}$$

邻居节点中有$nk(t)$个节点选择传播谣言时，博弈收益对度为k的节点选择传播谣言的影响概率$P(1|k, t)$可表示为

$$P(1\mid k, t)=\begin{cases}1, & I_{r1}\geqslant I_{r2}\\ 0, & I_{r1}<I_{r2}\end{cases} \tag{7-33}$$

节点对谣言态度的选择受从众效应与博弈收益两者共同影响，不同节点间的谣言传播率P呈现非一致性，其大小可表示为

$$P=\alpha\times P(1\mid k, t) \tag{7-34}$$

由于谣言信息的模糊性、个体知识背景的有限性，再加上节点对谣言态度的选择受从众效应影响，在谣言传播的初始阶段，节点对谣言所采取的策略可能并不能使节点获得最大的利益。随着谣言传播的进行，伴随着节点对谣言信息的进一步确定，存在改变最初选择的可能性，模型中引入决策转换因子$\lambda(0<\lambda<1)$对这一现象进行描述。λ由自主选择因子$\mu(0\leqslant\mu\leqslant 1)$和时间转换因子$p(0\leqslant p\leqslant 1)$共同决定，可以表示为

$$\lambda=C_0\mu pt\mathrm{e}^{-pt} \tag{7-35}$$

其中$C_0(0\leqslant C_0\leqslant 1)$为常数。自主选择因子表示节点通过自我学习对谣言信息进一步确定，克服从众心理而进行自主选择的可能性；时间转换因子表示随着时间的推移，节点对谣言的兴趣会发生改变或者因网络中出现辟谣者，导致节点改变原有决策的可能性。谣言在网络中传播的过程同样也是节点对谣言信息进一步确定的过程。随着节点对谣言信息的进一步确定，节点改变原有决策的可能性增大，当$t=1/p$时，决策转换因子达到最大；当$t>1/p$时，随着t的增大，节点对谣言信息的确定性增强，此时节点对谣言态度的选择更加趋近于最佳选择，改变策略的可能性降低，λ逐渐减小；当$t\to\infty$时，λ趋近于零。在t时刻，度为k的节点改变最初策略，选择传播的概率$T(1|k, t)$为

$$T(1\mid k, t)=(1-\lambda)(1-P) \tag{7-36}$$

同理，度为 k 的节点改变最初策略，选择不传谣的概率 $T(2|k,t)$为

$$T(2 \mid k,t)=\lambda P \tag{7-37}$$

故有

$$T(1 \mid k,t)-T(2 \mid k,t)=1-\lambda-P \tag{7-38}$$

根据以上分析，谣言传播动态网络的演化过程如图 7－8 所示。

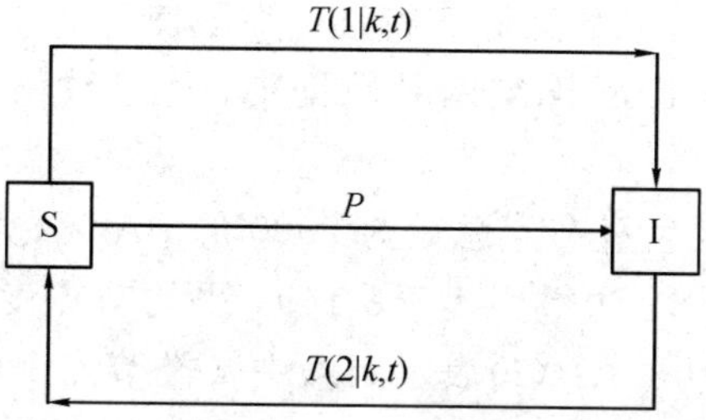

图 7－8　谣言传播动态网络的演化过程

下面分析图 7－8 中传播过程的动力学描述方法。设在 t 时刻，度为 k 的节点中健康节点个数、感染节点个数与度为 k 的节点总个数比值分别为 $s(k,t)$、$i(k,t)$，则有

$$s(k,t)+i(k,t)=1 \tag{7-39}$$

$P(j|k)$表示度为 k 的节点连接到度为 j 的节点的条件概率，表示为

$$P(j \mid k)=\frac{jP(j)}{\langle k\rangle} \tag{7-40}$$

其中$\langle k\rangle$为网络的平均节点度，且满足

$$\langle k\rangle=\sum_{k} kP(k) \tag{7-41}$$

结合谣言传播过程，可得谣言在无标度网络上传播的均匀场方程为

$$\frac{\mathrm{d}s(k,t)}{\mathrm{d}t}=-kPs(k,t)\sum_{j} i(j,t)P(j \mid k)+T(2 \mid k,t)i(j,t)-T(1 \mid k,t)s(k,t) \tag{7-42}$$

$$\frac{\mathrm{d}i(k,t)}{\mathrm{d}t}=kPs(k,t)\sum_{j} i(j,t)P(j \mid k)-T(2 \mid k,t)i(j,t)+T(1 \mid k,t)s(k,t) \tag{7-43}$$

t 时刻网络中选择策略 1 的节点数目变化率为

$$\frac{\mathrm{d}s(t)}{\mathrm{d}t}=\sum_{k\geqslant 1}^{\infty}[-T(2 \mid k,t)Rk(t)+T(1 \mid k,t)(1-Rk(t))] \tag{7-44}$$

由式(7－44)可知，t 时刻网络中选择策略 1 的节点数目变化由两部分组成。将式(7－38)代入式(7－44)可得

$$\frac{\mathrm{d}s(t)}{\mathrm{d}t}=\sum_{k\geqslant 1}^{\infty}[Rk(t)(1-\lambda-P-2T(1 \mid k,t))+T(1 \mid k,t)] \tag{7-45}$$

当网络达到稳态，即 $t\to\infty$时，有$\dfrac{\mathrm{d}s(\infty)}{\mathrm{d}t}=0$，即

$$\sum_{k\geqslant 1} Rk(\infty)=\sum_{k\geqslant 1}\frac{T(1 \mid k,\infty)}{2T(1 \mid k,\infty)+\lambda+P-1} \tag{7-46}$$

又由式(7-36)可得

$$\sum_{k\geqslant 1} Rk(\infty)=\sum_{k\geqslant 1}\frac{\lambda P+1-P-\lambda}{2\lambda P+1-P-\lambda} \tag{7-47}$$

将上式代入式(7-31)中可得达到稳定状态时网络中选择传播谣言的节点数目。

2. 仿真实验与分析

鉴于现实社交网络具有明显的无标度特性，为了使仿真结果更具有针对性，实验过程中选取BA无标度网络和Twitter网络两种数据集，通过数值仿真研究谣言在网络上的传播动力学行为。

实验中取$m_0=5$、$m=4$生成节点总数为2000的BA无标度网络；Twitter网络的基本特征为：节点总数$N=81\ 306$，边数为1 768 149，平均节点度$\langle k\rangle=43.49$，平均聚类系数为0.5653。实验中分别用$P(s)$、$P(i)$表示网络中S类节点个数、I类节点个数与网络中节点总数N的比值。当$t=0$时，在网络中任取20个节点作为初始I类节点，所有仿真结果均取50次仿真实验独立运行的平均值。

图7-9为Twitter网络的节点度分布图，由图可知该网络度分布具有幂律特性，是一种无标度网络，可以用来对BA无标度网络的仿真结果进行验证。

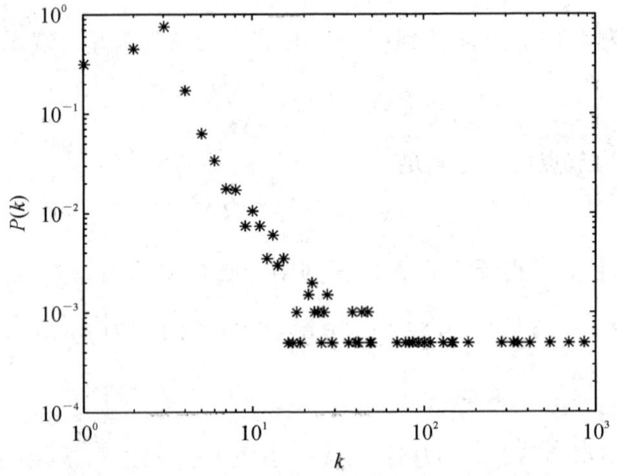

图7-9　Twitter网络节点度分布图

经济生活中大部分涉及个体利益的谣言往往会对个体利益造成损失，如日本地震让食盐销售紧俏，很多人因听信谣言囤积食盐而倾家荡产，然而也有部分谣言给少数个体带来经济利益，如“喝绿茶能防癌”的谣言导致绿茶销量翻了好几番。上述实际情况体现了听信谣言往往对自身利益造成损失，这和经典的“囚徒困境”博弈模型中囚徒选择揭发对方往往对整体利益造成损失的情况相吻合。类似的，谣言传播模型研究中用节点传播谣言对应“囚徒困境”中囚徒选择揭发，用谣言传播过程中节点不传播谣言对应“囚徒困境”中囚徒保持沉默。在对两种网络上谣言传播特性进行仿真的过程中，为了体现听信谣言会对自身利益造成损失的实际，节点的博弈收益设置为$B_{11}=2$，$B_{12}=1$，$B_{21}=5$，$B_{22}=3$，谣言可信度M取10。由于谣言一般迷惑性较强，个体通过自我学习并充分认清谣言的概率较低，因此选取自主选择因子$\mu=0.4$。由于时间转换因子与节点对谣言的兴趣以及网络中辟谣者的出现有关，随机性较强，选取时间转换因子$p=0.5$。

图 7－10 为谣言在两种网络上的传播图。对比图 7－10(a)与图 7－10(b)可以看出，谣言在 Twitter 真实网络中具有更小的传播范围。这主要是因为在初始时刻两种网络中具有相同数目的感染节点，Twitter 网络比 BA 无标度网络具有更大的节点总数，Twitter 网络中节点的邻居节点中出现感染节点的数目往往较少，感染节点对节点的从众影响较小，节点选择不传播谣言能够获得更高的博弈收益，最终使谣言在 Twitter 网络中具有更小的传播范围。

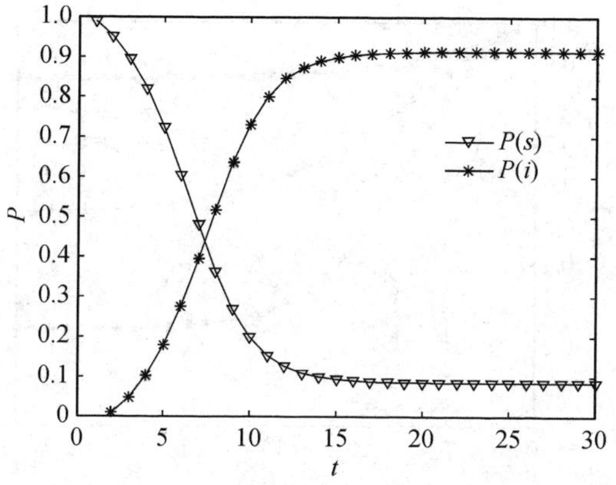

(a) BA 网络　　(b) Twitter 网络

图 7－10　两种网络上谣言传播图

图 7－11 为决策转换因子相同时，不同的谣言可信度下，两种网络中 $P(I)$随 t 的变化情况。

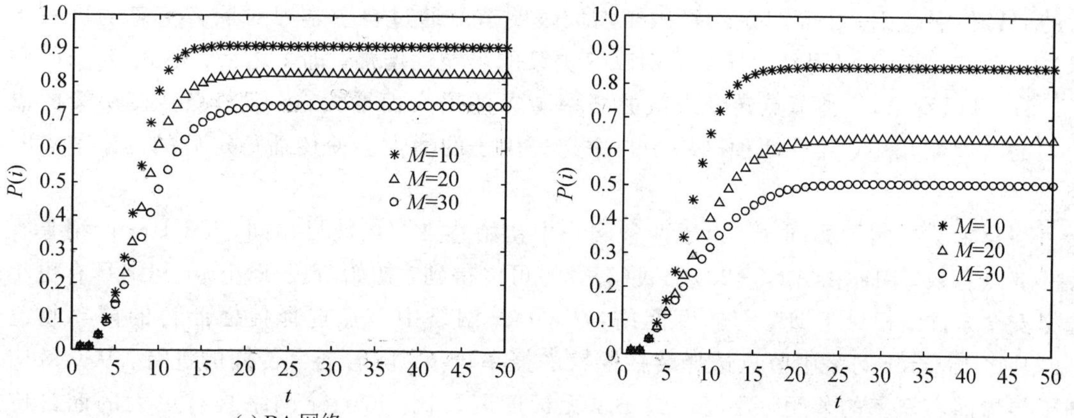

(a) BA 网络　　(b) Twitter 网络

图 7－11　M 取值变化时 $P(I)$随 t 的变化

由图 7－11 可以看出，在两种网络中，当谣言可信度降低时，谣言传播最终范围增大，且 Twitter 网络比 BA 网络增大的幅度更大。这主要因为当谣言可信度降低时，谣言中包含信息的不确定性降低，节点知晓谣言真相的可能性增加。结合式(7－28)与式(7－29)可以看出，当谣言可信度 M 降低时，节点选择安全系数增加，使节点选择传播谣言的收益增加，更多的节点选择传播谣言。此外，在谣言传播的初始阶段，Twitter 网络中 I 类节点密度小于 BA 网络中 I 类节点密度，同样由式(7－28)与式(7－29)可以看出，Twitter 网络中的选择安全系数小于BA网络中的选择安全系数，Twitter网络中节点选择传播谣言的博弈收益小于BA网络中节点选择传播谣言的博弈收益。相比BA网络，Twitter网络中节点更容易选择不相信谣言，谣言可信度降低幅度相同时，Twitter网络节点选择传播谣言的博弈收益差值更大，从而使Twitter网络中谣言传播最终范围增大的幅度更大。

图7-12为谣言可信度以及时间转换因子相同时，不同的自主选择因子下，两种网络中$P(s)$随t的变化情况。

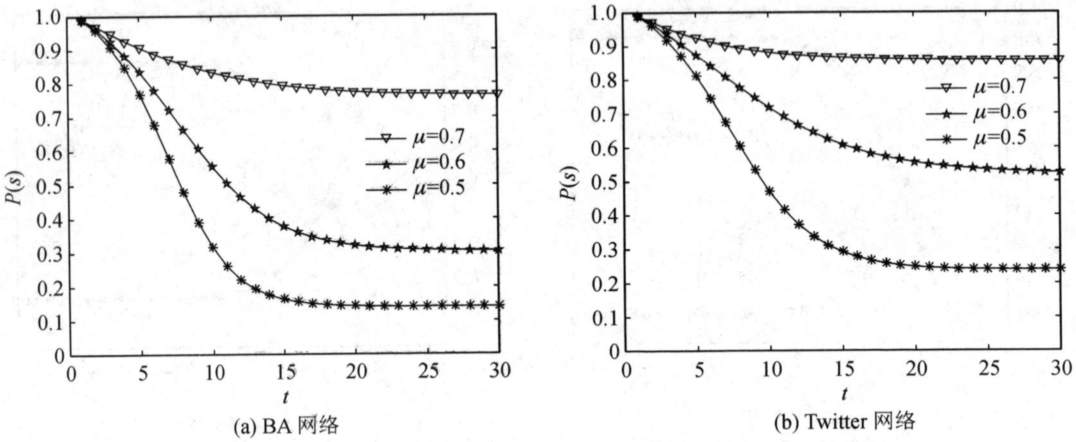

图7-12　μ取值变化时$P(S)$随t的变化

图7-12结果表明，当谣言传播达到稳定状态时，两种网络中健康节点密度随着自主选择因子的增大而增大，且当自主选择因子相同时，BA无标度网络比Twitter网络具有更大的谣言传播范围。由于自主选择因子增大表明节点通过自主学习对谣言信息的进一步确定，由式(7-35)可以得到，节点后期改变决策的可能性增加，即λ增大。由式(7-36)和式(7-37)可以看出，I类节点转变决策的概率随λ的增大而增大，S类节点转变决策的概率随λ的增大而减小，因此两种网络中自主选择因子的增大会使传播稳定后的健康节点密度变大。

当自主选择因子相同时，由于两种网络中初始感染节点数目相同，Twitter网络具有更大的节点总数，因此由式(7-28)和式(7-29)可以得到，初始阶段Twitter网络具有更小的选择安全系数。相对于BA无标度网络，Twitter网络中节点选择传播谣言的博弈收益较小，因此Twitter网络中节点选择传播谣言的概率较小。随着谣言传播的进行，从众效应加剧了传播谣言概率的差距，致使最终BA无标度网络比Twitter网络具有更大的谣言传播范围。

图7-13给出了谣言传播达到稳定状态时，网络中$P(s)/P(i)$随节点时间转换因子变化的关系图。$P(s)/P(i)$，即健康节点与感染节点的比例是衡量网络中谣言传播程度的一个重要指标。$P(s)/P(i)$越大，表明谣言的影响力及传播范围越小；反之，表明谣言的影响力及传播范围越大。

由图7-13可知，随着时间转换因子p的增大，谣言传播达到稳定状态时，健康节点与感染节点的比例先增大后减小而后趋近于零。这主要因为时间转换因子的变化影响了节点决策转换因子，由式(7-35)可知，随着时间转换因子p的增大，节点决策转换因子λ先

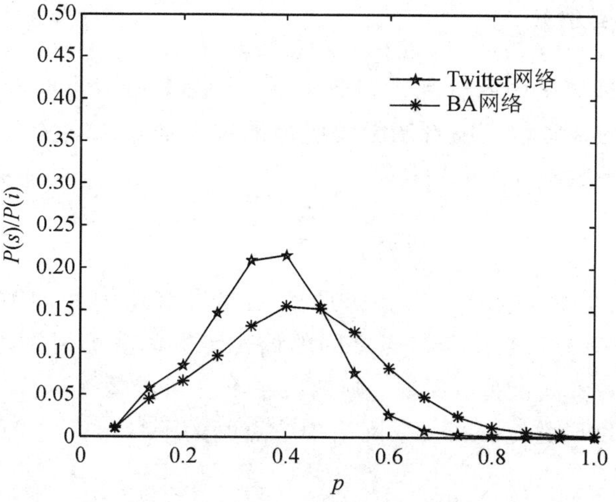

图 7-13 $P(s)/P(i)$随 p 的取值变化

增大后减小最后趋近于零。由式(7-36)和式(7-37)可知，当λ增大时，感染节点转变决策选择不相信谣言的概率增大，健康节点转变决策选择相信谣言的概率减小，最终导致在稳定状态时健康节点密度变大，谣言传播范围变小，即 $P(s)/P(i)$变小；反之，当λ减小时，感染节点转变决策选择不相信谣言的概率减小，健康节点转变决策选择相信谣言的概率增大，最终导致在稳定状态时健康节点密度变小，谣言传播范围变大，即 $P(s)/P(i)$变大。随着时间转换因子 p 的增大，节点决策转换因子的变化趋势与谣言传播达到稳定状态时 $P(s)/P(i)$的变化趋势相同。

复杂网络中的谣言传播类似于某种思想入侵，受多种因素影响。在本节中，基于度不同的节点对谣言辨识能力不同的原理，结合节点度定义了一种新的博弈收益，并构造了相应的动态复杂网络演化模型，提出了两种谣言抑制策略，并对抑制效果作了比较；而后结合社交网络中的从众效应，定义了一种新的博弈收益，基于博弈论构造了社交网络的动态复杂网络演化模型，阐述了谣言在该模型上的传播动力学行为。实验结果表明，上述两种模型均能够很好地描述涉及节点利益的谣言在社交网络中的传播特性。

7.2 基于节点亲密度的社交网络谣言传播研究

社交网络的谣言传播过程中，节点对谣言态度的选择往往受所有邻居节点的共同影响，这是因为社交网络中节点接收信息的方式不再局限于口口相传，任何一个节点的所有邻居节点对谣言的态度往往不止一种，节点对谣言态度的转变是一个在各类节点共同影响作用下的综合过程。此外，不同节点对谣言认识程度不同，以及受到来自法律、道德、经验等多方面的加强或限定作用，导致不同节点影响力的非一致性，这种非一致性使节点对其他节点的影响力表现出不同的权重。节点选择相信并传播谣言，对其他节点的影响表现出一定的负权重；节点选择不相信谣言并辟谣，对其他节点的影响表现出一定的正权重。因此，在社交网络中谣言传播的研究中考虑以上因素很有必要。本节将节点亲密度等因素加入谣言传播模型中，使模型的演化更符合现实中存在的社交网络特性。

7.2.1 SI2R 谣言传播模型

节点间的谣言传播概率因亲密度不同而呈现非一致性。节点间的亲密度可以用亲密度函数来表示，节点间的亲密程度随着亲密度函数的增大而增大。度为 k 的节点与其邻居节点 i 的节点间亲密度函数 $m(k)$ 可表示为

$$m(k)=\frac{m_k(i)+1}{k} \tag{7-48}$$

其中 $m_k(i)$ 指度为 k 的节点与邻居节点 i 两者在邻居节点中共同节点的个数，$m_k(i)\in[0, k-1]$。由于节点间的亲密度与节点之间的谣言传播率呈正相关，因此节点间的亲密度越大，谣言越容易在两者间传播；反之，则谣言越不容易传播。

由节点间的亲密度函数定义可知，网络中节点间的平均亲密度 $M(k)$ 可用式(7-49)表示为

$$M(k)=\sum_k m(k)P(k) \tag{7-49}$$

其中 $P(k)$ 为网络中节点度分布函数。由于节点间的亲密度对谣言传播率存在影响，则度为 k 的节点成为感染节点的概率 $\lambda(k)$ 可用式(7-50)表示为

$$\lambda(k)=C\max\left\{\frac{m_k(i)+1}{k}\right\}\mathrm{e}^{-k} \tag{7-50}$$

其中 C 为常数，且满足 $0\leqslant C\leqslant 1$，$\max\{(m_k(i)+1)/k\}$ 表示度为 k 的节点与选择传播谣言的所有邻居节点之间最大的节点亲密度函数值。节点度与节点间的亲密度的共同作用使网络中节点间的谣言传播率具有非一致性。

网络中总的传播率 λ 为所有节点间谣言传播率的平均值，即

$$\lambda=\sum_k \lambda(k)P(k) \tag{7-51}$$

接下来基于节点亲密度理论和改进的 SIR 模型对谣言传播模型进行设计。现实中许多网络如微博、抖音等具有明显的无标度网络特性，因此节点个数为 N 的 BA 无标度网络可以用来对现实网络进行描述。社交网络中的谣言传播受时间的影响，感染节点可能因为传播兴趣降低或者谣言热度降低而选择不传播谣言。考虑到此类节点的存在，本模型将网络中的节点分为四类：健康节点 S，表示节点从未听到过谣言但听到后有可能传播谣言；感染节点 I，表示节点听到谣言并选择传播谣言；不完全免疫节点 R_1，表示节点由于失去对谣言的兴趣而选择不传播谣言；完全免疫节点 R_2，表示节点认识到谣言的真相而选择不传播谣言。由于两类免疫节点对谣言的认识程度不同，用 α 表示 R_1 类节点对谣言的认识程度，由于其并没有真正认识到谣言真相，因此 α 满足 $0\leqslant\alpha<1$；用 β 表示 R_2 类免疫节点对谣言的认识程度，但由于其对谣言具有较强的认识程度，故 $\beta=1$。感染节点 I 接触到 R_1 类节点时，它转变为 R_1 类节点的概率 $\alpha(k)$ 可用式(7-52)表示为

$$\alpha(k)=\alpha\mathrm{e}^{-k}\max\{m_{\mathrm{R}_1}(k)\} \tag{7-52}$$

其中 $\max\{m_{\mathrm{R}_1}(k)\}$ 表示度为 k 的感染节点 I 与其邻居节点中 R_1 类节点之间最大的节点亲密度。

同理，感染节点 I 接触到 R_2 类节点时，它转变为 R_2 类节点的概率 $\beta(k)$ 可用式(7-53)表示为

$$\beta(k)=\beta e^{-k}\max\{m_{R_2}(k)\} \tag{7-53}$$

其中 $\beta=1$，$\max\{m_{R_2}(k)\}$ 表示度为 k 的感染节点 I 与其邻居节点中 R_2 类节点之间最大的节点亲密度。

由于 R_1 类节点虽然不再传播谣言，但其对谣言的认识程度达不到 R_2 类节点，当 R_1 类节点接触到 R_2 类节点时，它对谣言的认识程度 α 会转变为和 R_2 类节点对谣言的认识程度一样，即此时 $\alpha=1$。度为 k 的 R_1 类节点转变为 R_2 类节点的概率 $\gamma(k)$ 用式(7-54)表示为

$$\gamma(k)=e^{-k}\max\{m_R(k)\} \tag{7-54}$$

其中 $\max\{m_R(k)\}$ 表示度为 k 的 R_1 类节点与其邻居节点中完全免疫节点 R_2 之间最大的节点亲密度。

根据以上分析可知，谣言传播过程中节点状态转化情况如图 7-14 所示。

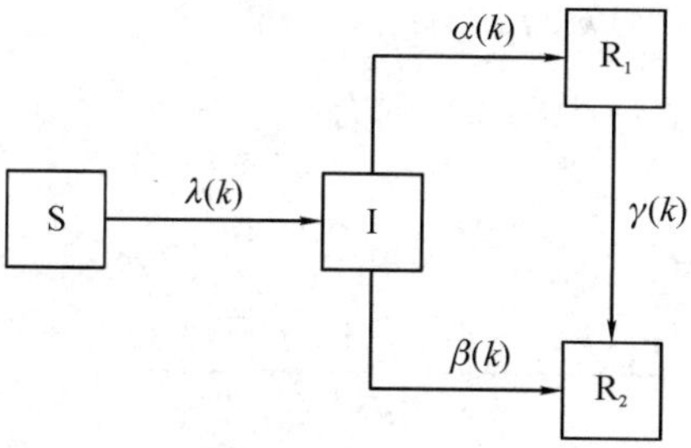

图 7-14　各类节点传播状态转化图

由图 7-14 中的节点转化过程可知，谣言传播按照如下四个规则进行：

(1) 当 S 类节点接触到 I 类节点后，以概率 $\lambda(k)$ 转化为 I 类节点；

(2) 当 I 类节点接触到 R_1 类节点后，以概率 $\alpha(k)$ 转化为 R_1 类节点；

(3) 当 I 类节点接触到 R_2 类节点后，以概率 $\beta(k)$ 转化为 R_2 类节点；

(4) 当 R_1 类节点接触到 R_2 类节点后，以概率 $\gamma(k)$ 转化为 R_2 类节点。

由上述谣言传播过程可知，考虑了节点亲密度与节点度对传播率的影响后，节点间的谣言传播率具有非一致性，能很大程度地影响谣言在社交网络中的传播特性。

7.2.2　SI2R 谣言传播理论分析

谣言在网络中的传播率对社交网络中谣言传播的研究具有重要意义。本模型运用均匀场理论，考虑节点亲密度与节点度对谣言传播率的影响，研究无标度网络中谣言传播的变化情况。

研究过程中，$s(k,t)$、$i(k,t)$、$r_1(k,t)$、$r_2(k,t)$ 分别表示在 t 时刻度为 k 的节点中 S、I、R_1、R_2 四类节点的密度，且四类节点密度满足式(7-54)所示关系：

$$s(k,t)+i(k,t)+r_1(k,t)+r_2(k,t)=1 \tag{7-55}$$

结合模型演化过程，谣言传播均匀场方程分别为

$$\frac{ds(k,t)}{dt}=-k\lambda(k)s(k,t)\sum_j i(j,t)P(j\mid k) \tag{7-56}$$

$$\frac{di(k,t)}{dt}=k\lambda(k)s(k,t)\sum_j i(j,t)P(j\mid k)-$$

$$k\alpha(k)i(k,t)\sum_j r_1(j,t)P(j\mid k)-k\beta(k)i(k,t)\sum_j r_2(j,t)P(j\mid k) \tag{7-57}$$

$$\frac{\mathrm{d}r_1(k,t)}{\mathrm{d}t}=k\alpha(k)i(k,t)\sum_j r_1(j,t)P(j\mid k)-k\gamma(k)r_1(k,t)\sum_j r_2(j,t)P(j\mid k) \tag{7-58}$$

$$\frac{\mathrm{d}r_2(k,t)}{\mathrm{d}t}=k\gamma(k)r_1(k,t)\sum_j r_2(j,t)P(j\mid k)+k\beta(k)i(k,t)\sum_j r_2(j,t)P(j\mid k) \tag{7-59}$$

当 $t=0$ 时，即在谣言传播初始时刻，有 $s(k,0)\approx 1$，$i(k,0)\approx 0$，$r_1(k,0)\approx 0$，$r_2(k,0)\approx 0$，由式(7-56)做积分运算可得：

$$s(k,t)=\mathrm{e}^{-k\lambda(k)\int_0^t\sum_j i(j,t)P(j|k)\mathrm{d}t} \tag{7-60}$$

令 $\Phi(t)=\int_0^t\sum_j i(j,t)P(j\mid k)\mathrm{d}t$，则有

$$\begin{aligned}\Phi(t)&=\int_0^t\sum_j i(j,t)P(j\mid k)\mathrm{d}t=\int_0^t\sum_k i(k,t)\frac{kP(k)}{\langle k\rangle}\mathrm{d}t\\&=\sum_k\frac{[r_1(k,t)+r_2(k,t)]kP(k)}{(\alpha(k)+\beta(k))\langle k\rangle}\end{aligned} \tag{7-61}$$

对式(7-61)两边同时求导，结合式(7-55)可得

$$\begin{aligned}\frac{\mathrm{d}\Phi(t)}{\mathrm{d}t}&=\frac{\sum_k i(k,t)kP(k)}{\langle k\rangle}\\&=\frac{\sum_k[1-s(k,t)-r_1(k,t)-r_2(k,t)]kP(k)}{\langle k\rangle}\\&=1-\frac{\sum_k s(k,t)kP(k)}{\langle k\rangle}-\Phi(t)\sum_k(\alpha(k)+\beta(k))\end{aligned} \tag{7-62}$$

谣言传播达到稳定状态时，满足 $i(k,\infty)=0$，$r_1(k,\infty)=0$，由式(7-55)可知

$$\begin{aligned}r_2(k,\infty)&=1-s(k,\infty)-i(k,\infty)-r_1(k,\infty)\\&=1-s(k,\infty)\\&=1-\sum_k P(k)\mathrm{e}^{-k\lambda(k)\Phi(\infty)}\end{aligned} \tag{7-63}$$

当 $t\to\infty$ 时，有 $\frac{\mathrm{d}\Phi(\infty)}{\mathrm{d}t}=0$，由式(7-62)可得

$$1-\frac{\sum_k s(k,\infty)kP(k)}{\langle k\rangle}-\Phi(\infty)\sum_k(\alpha(k)+\beta(k))=0 \tag{7-64}$$

由式(7-64)可得

$$\Phi(\infty)=\frac{1}{\sum_k(\alpha(k)+\beta(k))}-\frac{\sum_k s(k,\infty)kP(k)}{\langle k\rangle\sum_k(\alpha(k)+\beta(k))}$$

$$=\frac{1}{\sum_{k}(\alpha(k)+\beta(k))}-\frac{\sum_{k}kP(k)\mathrm{e}^{-\lambda(k)k\Phi(\infty)}}{\langle k\rangle\sum_{k}(\alpha(k)+\beta(k))} \tag{7-65}$$

由方程（7－65）可知 $\Phi(\infty)=0$ 始终为方程（7－65）的一个解，达到稳定状态时要使方程（7－65）有一个非零解，必须满足当 $\Phi(\infty)=0$ 时，有

$$\frac{\mathrm{d}}{\mathrm{d}\Phi(\infty)}\left(\frac{1}{\sum_{k}(\alpha(k)+\beta(k))}-\frac{\sum_{k}kP(k)\mathrm{e}^{-\lambda(k)k\Phi(\infty)}}{\langle k\rangle\sum_{k}(\alpha(k)+\beta(k))}\right)\geqslant 1 \tag{7-66}$$

结合式（7－50），由式（7－66）可得

$$\lambda\geqslant\frac{\langle k\rangle\langle\frac{\lambda(k)}{C}\rangle}{\langle k^{2}\frac{\lambda(k)}{C}\rangle}\sum_{k}(\alpha(k)+\beta(k)) \tag{7-67}$$

不失一般性，令 $C=1$，则有

$$\lambda\geqslant\frac{\langle k\rangle\langle\lambda(k)\rangle}{\langle k^{2}\lambda(k)\rangle}\sum_{k}(\alpha(k)+\beta(k)) \tag{7-68}$$

故得谣言传播阈值为

$$\lambda_{c}=\frac{\langle k\rangle\langle\lambda(k)\rangle}{\langle k^{2}\lambda(k)\rangle}\sum_{k}(\alpha(k)+\beta(k)) \tag{7-69}$$

由式（7－50）可知，网络中的谣言平均传播率与节点间的平均亲密度呈正相关性。由式（7－69）可以看出，当网络中平均传播率增大时，谣言传播阈值减小，因此当节点间的平均亲密度增加时，网络中谣言传播阈值也相应减小。当网络中谣言传播率 $\lambda<\lambda_c$ 时，谣言在网络中无法进行传播；只有当网络中谣言传播率满足 $\lambda\geqslant\lambda_c$ 时，谣言才能在网络中传播。

7.2.3　仿真与分析

理论分析得到了无标度网络中谣言传播阈值表达式，为了验证理论分析的正确性，下面采用 BA 无标度网络数据集、Live Journal 真实网络数据集以及 Twitter 真实网络数据集，通过数值仿真的方法研究 SI2R 谣言传播模型在以上三种网络数据集中的传播特性。BA 无标度网络的基本参数为：网络的节点总数 $N=5000$，生成网络的初始节点 $m_0=3$，每次引入一个新节点，并且连到 $m=2$ 个已经存在的节点上，节点平均度为 4，平均聚类系数为 0.05；Live Journal 数据集的基本参数为：节点总数 $N=4\ 847\ 571$，边数为 68 993 773，节点平均度为 28.47，平均聚类系数为 0.2742，网络直径为 16；Twitter 数据集的基本参数为：节点总数 $N=81\ 306$，边数为 1 768 149，节点平均度为 43.49，平均聚类系数为 0.5653，网络直径为 7。由于 α 与 β 的关系应满足 $\alpha<\beta$，不失一般性，α、β 分别设置为 0.2、1。假设在谣言传播初始时刻，为了减少偶然因素，每次仿真过程中随机选择一个度不同的节点作为初始谣言传播者，所有仿真结果取 40 次独立运行的平均值，其中 $P(s)$、$P(i)$、$P(r_1)$、$P(r_2)$ 分别为网络中四种节点数量与总节点数量的比值。

图 7－15 为两种真实网络数据集中节点度分布图。从图中可以看出两种真实社交网络节点度分布具有明显的幂律特性，符合无标度网络的特征，满足本模型对仿真网络的要求。

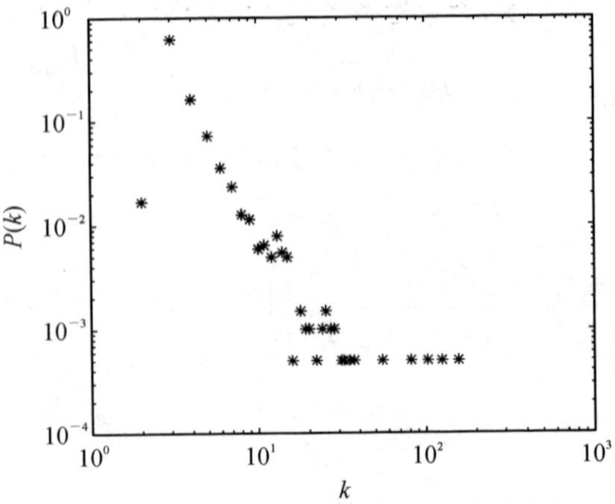

(a) Twitter 网络

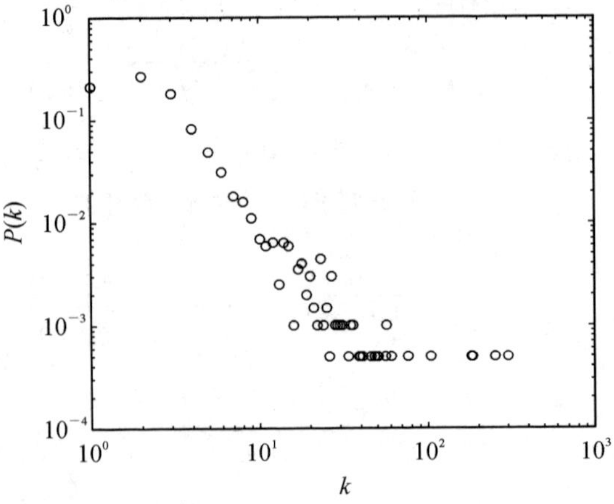

(b) Live Journal 网络

图 7-15　两种真实网络度分布图

图 7-16 为可变聚类系数的无标度网络中，节点平均亲密度 $M(k)$ 随 P 的变化图。聚类系数可变的无标度网络是由 Holme 与 Kim 首先提出的。在经典的 BA 无标度网络的基础上，Holme 与 Kim 通过引入一个称为三角形成(triad formation)的步骤来增加网络的聚类系数，具体步骤为：在初始时刻，网络中节点个数为 m_0，每次在网络中加入节点 i，假如节点 i 首先与网络中某一节点 j 优先连接，然后节点 i 与节点 j 的某一个邻居节点以概率 P 作三角连接，或者以概率 $1-P$ 与网络中其他节点进行连接，直到节点 i 与网络中现有节点连接完为止，重复上述步骤，直至生成一个节点总数为 N 的网络。这种方法生成的无标度网络，其聚类系数随概率 P 的增大而增大，当 $P=0$ 时，对应的网络为经典 BA 无标度网络。

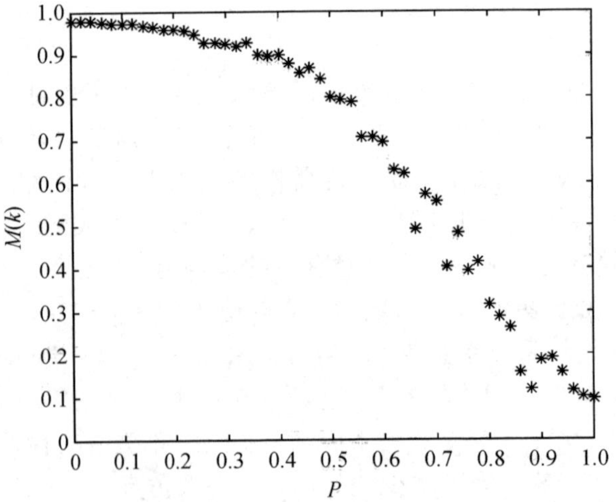

图 7-16　$M(k)$ 随 P 的变化图

如图 7-16 所示，网络中节点间的平均亲密度随 P 的增大而减小，由于无标度网络中聚类系数随 P 的增大而增大，故由图 7-16 可以看出网络中节点间的平均亲密度随着无标度网络的聚类系数的增大而减小。这主要由于无标度网络节点度分布具有幂律特性，网络聚类系数的增大，使无标度网络中“富者更富”的现象更加明显，网络中大部分节点之间的亲密度降低，最终导致无标度网络中节点间的平均亲密度 $M(k)$ 的大小随网络聚类系数的增大而减小。

图 7－17 给出了谣言在三种网络中的传播特性图。从图中可以看出，在考虑了节点亲密度对谣言传播特性的影响后，从谣言传播达到稳定状态时的传播范围来看，谣言在 BA 无标度网络中的传播范围最大。从传播过程中感染节点密度来看，谣言在 BA 无标度网络中的感染节点密度最大，即在动态网络模型中，谣言更容易在 BA 无标度网络中传播。这主要是由于三种网络中 BA 无标度网络的聚类系数最小，其次是 Live Journal 网络，聚类系数最大的是 Twitter 网络，而由图 7－16 可知，网络聚类系数越小，其节点间的平均亲密度就越大。由式(7－50)可知，节点亲密度越大，节点间的信任程度越大，节点间的谣言传播率越大，以至于最终的谣言传播范围以及传播过程中感染节点密度越大。此外，BA 无标度网络的平均节点度最小，由式(7－50)可知，节点度越小，节点应对谣言的经验越不足，节点间的谣言传播率越大，节点更容易选择传播谣言。对比图 7－17(a)、图 7－17(b)以及图 7－17(c)发现，图 7－17(b)和图 7－17(c)中的谣言传播特性能够很好地吻合图 7－17(a)BA 无标度网络中的谣言传播特性，从而验证了模型的正确性以及适用性。

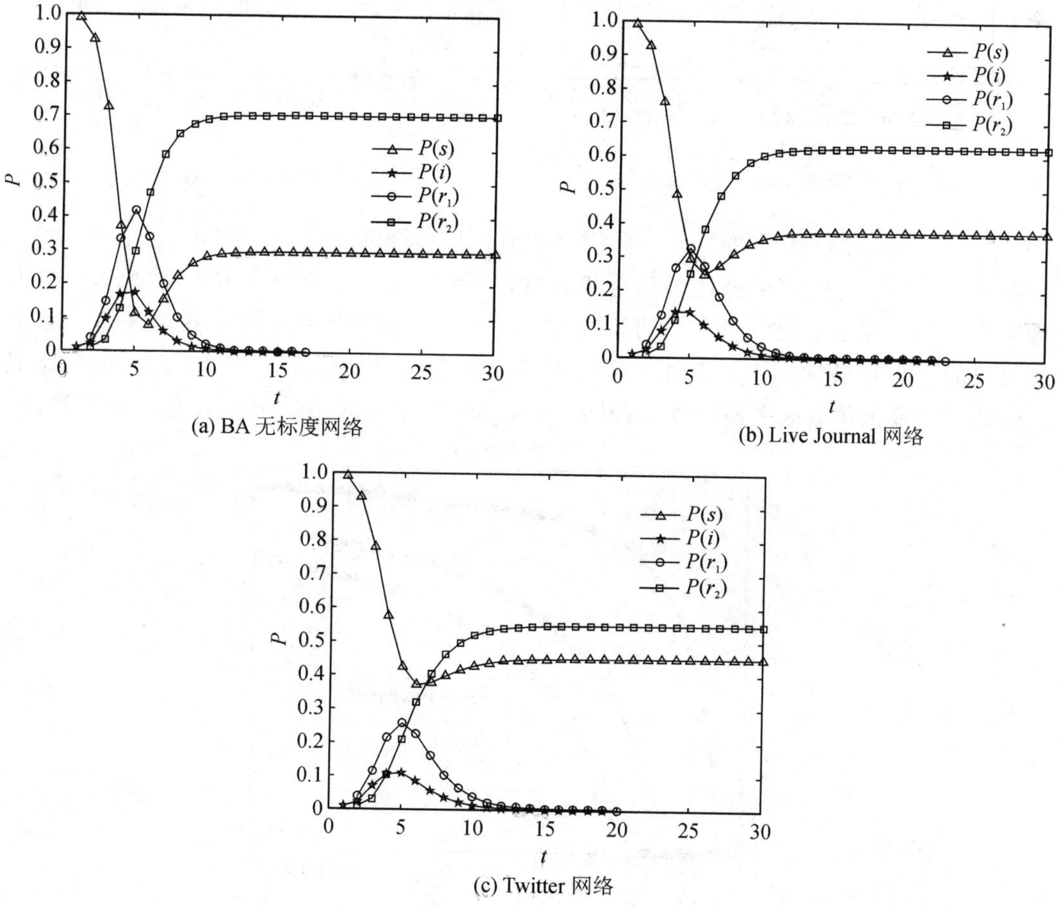

图 7－17　三种网络中谣言传播特性图

接下来，本节以 2020 年 2 月的“口罩抹上风油精预防新冠病毒”谣言为例，利用微博的“高级搜索”功能，对谣言在 SI2R 模型上传播的正确性进行验证。研究过程中，以“口罩、风油精、新冠病毒”为关键字进行搜索，持续搜集了 2020 年 2 月 17 日至 2020 年 3 月 3 日共 14 天的微博关注数量。新浪微博每天的活跃用户数量约为 2.2 亿，由图 7－18(a)可以看出谣言传播在 2020 年 2 月 21 日达到高潮，约有 200 万人传播谣言，约占活跃人数的1/10，随后呈现快速递减趋势。图 7－18(b)为实验仿真结果，时间间隔设定为 1 天，对比图 7－18(a)与图 7－18(b)，我们发现两图中传播谣言人数的变化趋势基本相同，验证了 SI2R 模型能够在一定程度上对社交网络中的谣言传播趋势进行模拟。

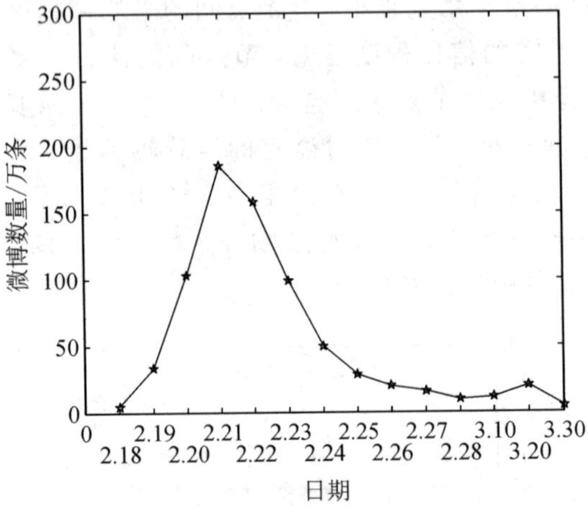

(a) 微博数量随时间变化情况

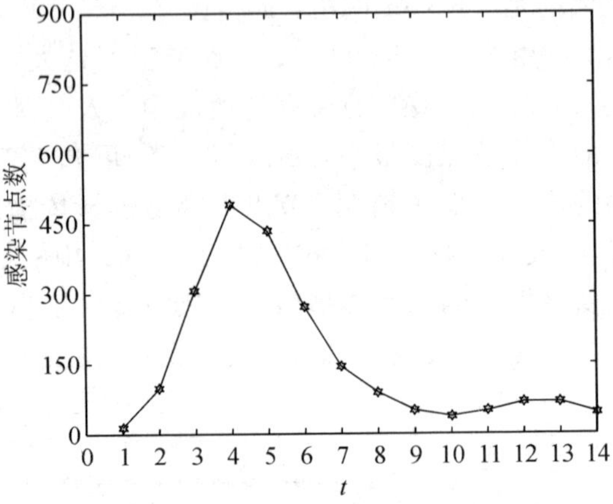

(b) 仿真数据

图 7－18 谣言实际传播与仿真实验对比图

图 7－19 所示为谣言传播达到稳定状态时，三种网络中完全免疫节点密度 $R_2(\infty)$ 与平均传播率 λ 的变化关系图。由图中可以看出，与经典无标度网络相比，在考虑了节点间亲密度函数的谣言传播模型中，三种无标度网络明显存在传播阈值，且 BA 无标度网络具有最小的谣言传播阈值。这主要因为三种网络中，BA 无标度网络的节点间平均亲密度最大，

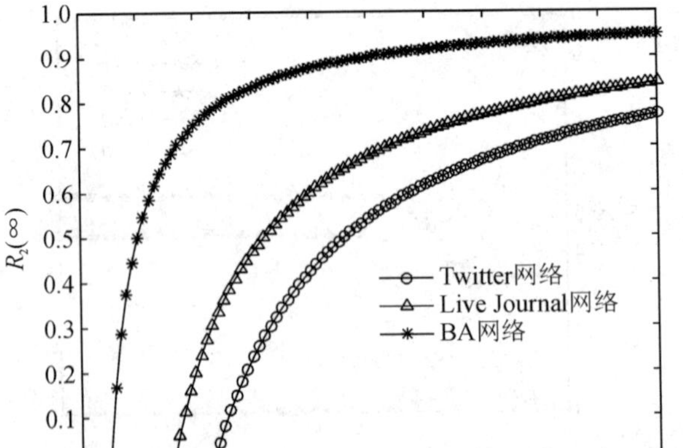

图 7－19 三种网络中 $R_2(\infty)$ 随 λ 的变化图

网络中的谣言平均传播率最大，即谣言在BA无标度网络中更容易传播，呈现出节点平均亲密度越大，谣言传播阈值越小的现象，这与第7.2.2小节的理论分析相吻合。

社交网络中影响谣言传播的因素有很多，本节的传播模型基于不同节点间的亲密度不同，介绍了节点度与节点亲密度对谣言传播率的影响，并基于均匀场理论，建立了具有非一致传播率的复杂网络谣言传播模型，通过理论分析，得到无标度网络中谣言传播阈值的表达式。本节还利用BA无标度网络对该谣言传播模型进行了仿真实验，并利用两种真实社交网络对仿真结果进行了验证。实验结果表明，节点间亲密度对谣言传播阈值以及谣言传播范围影响较大，本节谣言传播模型能够较好地反映真实社交网络中谣言传播的过程。

7.3　基于节点影响力的无标度网络谣言传播研究

社交网络谣言传播过程是在节点影响力作用下的综合过程，节点影响力从根本上决定了谣言传播的速度、规模等特性。本节仍以无标度网络作为社交网络对象，系统介绍谣言在S2IR模型上的传播动力学行为，并利用S2IR模型建立基于节点影响力的谣言传播模型，考察节点影响力对谣言传播率、传播范围的影响。与仅考虑节点亲密度的SI2R模型相比，在考虑了节点影响力因素后，谣言在网络中的传播率呈现动态非一致性，更符合社交网络中个体面对谣言时的真实反应。

7.3.1　社交网络谣言传播模型S2IR

1. S2IR模型构造原理

由于现实生活中大部分谣言具有一定的危害性，因此本模型中考虑社会对谣言的加强作用为负向加强，即当谣言出现后，社会管理机构以及主流媒体对谣言持否定态度。现实中谣言涉及问题的重要性越强、谣言的模糊性越小，则社会负向加强作用越强。用$\alpha(0\leqslant\alpha\leqslant1)$表示社会对某一谣言的负向加强，可以表示为

$$\alpha = I \times (1 - A) \tag{7-70}$$

其中，$I(0\leqslant I\leqslant1)$表示谣言所涉及问题对于网络中节点的重要程度，$A(0\leqslant A\leqslant1)$表示谣言所涉及问题的模糊性。

谣言在社交网络中出现时，谣言自身信息的模糊性、节点自身辨识能力、其他节点对谣言的态度等因素都会影响节点对谣言态度的选择。此外，社会负向加强因素也成为影响节点选择的一个重要因素。例如，由于法律或政策的原因，传播谣言可能使节点利益受损，网络中存在相信谣言但不传播谣言的节点，因此，根据社交网络的谣言传播特性，社交网络中的节点可以分为四类：健康节点S，表示节点对谣言情况未知；知晓节点I_1，表示节点相信但并不传播谣言；传播节点I_2，表示节点相信并传播谣言；免疫节点R，表示节点不相信并抑制谣言。

现实生活中的个体由于知识背景、教育水平以及兴趣等方面的不同，接触到谣言信息后对谣言信息的信任程度相应地存在差异。知晓节点I_1虽然接触并相信谣言，但由于对谣言信息信任程度较低，选择不传播谣言，因此在谣言传播过程中节点I_1对其他节点的影响程度较低；传播节点I_2选择相信并传播谣言，对谣言信息的信任程度较大，在谣言传播过程中会对与其接触的节点进行说服，使被说服的节点相信谣言信息，对谣言在社交网络中

的传播起促进作用；免疫节点 R 选择不相信并抑制谣言传播，会将不相信谣言的影响传递给与其接触的节点，对谣言在社交网络中的传播起抑制作用。因此，不同节点对谣言信息信任程度的不同，导致其在谣言传播过程中对其他节点影响的权重不同。结合谣言的社会负加强作用，传播节点 I_2 对其他节点的影响力权重取 −1；免疫节点 R 对其他节点的影响力权重取 1；由于知晓节点 I_1 虽然相信但并不传播谣言，因此对其他节点的影响力权重为 0；同样，健康节点 S 对其他节点的影响力权重也为 0。用 $N_S(k)$、$N_{I_1}(k)$、$N_{I_2}(k)$、$N_R(k)$分别表示度为 k 的节点的邻居节点中健康节点、知晓节点、传播节点和免疫节点的数目，则邻居节点对度为 k 的节点总的影响值$M(k)$可表示为

$$M(k)=N_R(k)-N_{I_2}(k) \tag{7-71}$$

2. S2IR 谣言传播模型的传播规则

对于健康节点 S 而言，当 $M(k)>0$ 时，邻居节点对该节点的影响体现为不相信谣言，则 S 类节点转化为免疫节点 R 的概率 P_1 可表示为

$$P_1=\alpha\times P(k)\times \mathrm{e}^{1-\frac{k}{N_R(k)}} \tag{7-72}$$

其中 $P(k)(0\leqslant P(k)\leqslant 1)$为度为 k 的节点对谣言的辨识能力，α 为社会对谣言的负向加强。实际网络中，当一个谣言出现时，对谣言具有很强辨识能力和具有很弱辨识能力的个体数量占总个体数量的比例均较小，大部分节点对谣言的辨识能力相差不大，而且度较大的节点往往是较早加入网络中、具有较好知识背景的个体，此类节点对谣言往往具有较高的辨识能力，因此节点对谣言的辨识能力大小与节点的度成正相关，且辨识能力大致服从正态分布。另外，当 α 变大时，社会对谣言的负向加强增强，健康节点转变为免疫节点的概率相应增大。通过式(7-72)可以看出，当健康节点的邻居节点中免疫节点数目增大，即$N_R(k)$增大时，健康节点转变为免疫节点的概率 P_1 也会相应增大，这主要是因为邻居节点中免疫节点数目增大时，对健康节点的免疫影响力会产生累积效应，使健康节点更容易转化为免疫节点。

对于健康节点 S 而言，当 $M(k)<0$ 时，邻居节点对该健康节点的影响体现为相信并传播谣言，则 S 类节点转化为传播节点 I_2 的概率 P_2 可表示为

$$P_2=(1-\alpha)\times[1-P(k)]\times \mathrm{e}^{1-\frac{k}{N_{I_2}(k)}} \tag{7-73}$$

由式(7-73)可知，随着社会负向加强作用 α 的减小、节点对谣言的辨识能力 $P(k)$的减小以及邻居节点中传播节点 I_2 的增大，健康节点转变为传播节点的概率会增大。

对于健康节点 S 而言，当 $M(k)=0$ 时，邻居节点中相信并传播谣言的节点与不相信谣言的节点对其影响力相同，S 类节点接触到谣言信息后会以一定的概率转化为 I_1 类节点，其概率 P_3 可表示为

$$P_3=(1-\alpha)\times[1-P(k)]\times \mathrm{e}^{1-\frac{k}{N_{I_1}(k)}} \tag{7-74}$$

由式(7-74)可知，当 $M(k)=0$ 时，健康节点的邻居节点有可能全部为健康节点，即节点接触不到谣言信息，此时 $N_{I_1}(k)=0$，则 $P_3\approx 0$，即此时节点成为知晓节点的概率基本为 0，符合实际情况。

对于知晓节点 I_1 而言，当 $M(k)>0$ 时，邻居节点对知晓节点的影响体现为不相信谣言，则 I_1 类节点转化为免疫节点 R 的概率 P_4 可表示为

$$P_4=\alpha\times[1-P(k)]\times e^{1-\frac{k}{N_R(k)}} \tag{7-75}$$

从式(7-75)可以看出，随着 $P(k)$ 的增大，I_1 类节点转化为免疫节点 R 的概率 P_4 变小。这说明了实际谣言传播过程中节点对谣言的辨识能力越强，越不容易相信并传播谣言，但当辨识能力强的节点选择相信谣言时，相对于辨识能力弱的节点，被免疫节点说服使其不再相信谣言的难度增大。

对于知晓节点 I_1 而言，当 $M(k)<0$ 时，邻居节点对知晓节点的影响体现为相信并传播谣言，则 I_1 类节点转化为传播节点 I_2 的概率 P_5 可表示为

$$P_5=e^{1-\frac{k}{N_{I_2}(k)-N_{I_1}(k)}} \tag{7-76}$$

对于知晓节点 I_1 而言，当 $M(k)=0$ 时，邻居节点中相信并传播谣言的节点与不相信谣言的节点对该节点的影响力相同，则知晓节点保持原来状态不变。

对于传播节点 I_2 而言，由于节点相信并传播谣言，当其邻居节点中存在免疫节点时，I_2 类节点转化为免疫节点 R 的概率 P_6 可表示为

$$P_6=(1-\alpha)\times[1-P(k)]\times e^{1-\frac{k}{N_R(k)}} \tag{7-77}$$

根据上面的分析得到节点状态的转化关系，如图 7-20 所示。总结谣言传播模型的传播规则如下：

(1) 对于 S 类节点，当 $M(k)>0$ 时，该类节点以概率 P_1 转化为 R 类节点，此时 $P_2=0$，$P_3=0$；当 $M(k)<0$ 时，该类节点以概率 P_2 转化为 I_2 类节点，此时 $P_1=0$，$P_3=0$；当 $M(k)=0$ 时，该类节点以概率 P_3 转化为 I_1 类节点，此时 $P_1=0$，$P_2=0$。

(2) 对于 I_1 类节点，当 $M(k)>0$ 时，该类节点以概率 P_4 转化为 R 类节点，此时 $P_5=0$；当 $M(k)<0$ 时，该类节点以概率 P_5 转化为 I_2 类节点，此时 $P_4=0$；当 $M(k)=0$ 时，该类节点保持原来状态。

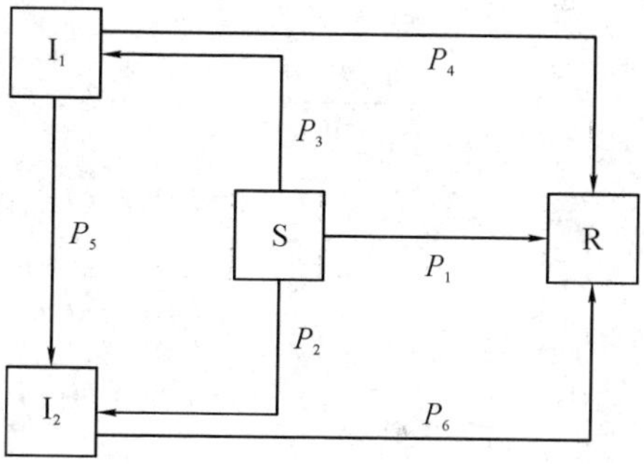

图 7-20　节点状态转化图

(3) 对于 I_2 类节点，当 $M(k)>0$ 时，该类节点以概率 P_6 转化为 R 类节点；当 $M(k)\leqslant 0$ 时，该类节点保持原来状态。

由以上谣言传播规则可以看出，网络中任何节点对谣言态度的转变都是一个动态过程，谣言传播率呈现一定程度的非一致性。状态转变的概率与节点的所有邻居节点都相关，由于不同类节点在谣言传播过程中对其他节点的影响力不同，加之不同节点的邻居节点中各类节点数目不同，各类邻居节点对节点影响力的累积效果就不同，因此考虑了节点影响力对传播率的影响后，谣言在网络中的传播率呈现动态非一致性，符合社交网络中个体面对谣言时的真实心理状况。

7.3.2　S2IR 模型理论分析

通过现有的研究结论可知，在线社交网络如 Twitter、Live Journal 等，不仅具有较高的聚类系数与较小的平均路径长度，网络节点度分布还具有明显的幂律分布特性，因此可以借助均匀场理论，采用聚类系数可变的无标度网络来研究 S2IR 模型中谣言的传播特性。

在 t 时刻，网络中度为 k 的节点中健康节点、知晓节点、传播节点、免疫节点的密度分别用 $s(k, t)$、$i_1(k, t)$、$i_2(k, t)$、$r(k, t)$表示，由于社交网络中谣言传播具有速度快、时间短的特点，因此假设谣言传播过程中网络中节点数目不变，网络结构不变，则有

$$s(k, t)+i_1(k, t)+i_2(k, t)+r(k, t)=1 \tag{7-78}$$

根据谣言传播规则建立均匀场方程如下：

$$\frac{\mathrm{d}s(k, t)}{\mathrm{d}t}=-k(P_1+P_2+P_3)s(k, t)\sum_j[i_2(j, t)+r(j, t)]P(j \mid k) \tag{7-79}$$

$$\begin{aligned}\frac{\mathrm{d}i_1(k, t)}{\mathrm{d}t}=&kP_3s(k, t)\sum_j[i_2(j, t)+r(j, t)]P(j \mid k)-\\&k(P_4+P_5)i_1(k, t)\sum_j[i_2(j, t)+r(j, t)]P(j \mid k)\end{aligned} \tag{7-80}$$

$$\begin{aligned}\frac{\mathrm{d}i_2(k, t)}{\mathrm{d}t}=&kP_5i_1(k, t)\sum_j[i_2(j, t)+r(j, t)]P(j \mid k)-\\&kP_6i_2(k, t)\sum_j[i_2(j, t)+r(j, t)]P(j \mid k)+\\&kP_2s(k, t)\sum_j[i_2(j, t)+r(j, t)]P(j \mid k)\end{aligned} \tag{7-81}$$

$$\begin{aligned}\frac{\mathrm{d}r(k, t)}{\mathrm{d}t}=&kP_1s(k, t)\sum_j[i_2(j, t)+r(j, t)]P(j \mid k)+\\&kP_4i_1(k, t)\sum_j[i_2(j, t)+r(j, t)]P(j \mid k)+\\&kP_6i_2(k, t)\sum_j[i_2(j, t)+r(j, t)]P(j \mid k)\end{aligned} \tag{7-82}$$

其中，$\sum_j[i_2(j, t)+r(j, t)]P(j \mid k)$ 表示在 t 时刻，度为 k 的节点连接到传播节点与免疫节点的概率。

在 $t=0$ 时刻，即谣言传播初始时刻，度为 k 的节点中健康节点、知晓节点、传播节点、免疫节点的密度满足：$s(k, 0)\approx 1$，$i_1(k, 0)\approx 0$，$i_2(k, 0)\approx 0$，$r(k, 0)\approx 0$，对式(7-79)积分可得

$$s(k, t)=\mathrm{e}^{-k(P_1+P_2+P_3)\int_0^t\sum_j[i_2(j, t)+r(k, t)]P(j|k)\mathrm{d}t} \tag{7-83}$$

令 $\omega(t)=(P_1+P_2+P_3)\int_0^t\sum_j[i_2(j, t)+r(k, t)]P(j \mid k)\mathrm{d}t$，引入 $\langle\langle P(k)\rangle\rangle=\sum_k\frac{kP(k)}{\langle k\rangle}P(k)$，得到

$$\begin{aligned}\frac{\mathrm{d}\omega(t)}{\mathrm{d}t}&=\frac{(P_1+P_2+P_3)}{\langle k\rangle}\sum_j jP(j)[i_2(j, t)+r(k, t)]\\&=\frac{(P_1+P_2+P_3)}{\langle k\rangle}\sum_j jP(j)[1-i_1(j, t)-s(k, t)]\\&=(P_1+P_2+P_3)[1-\langle\langle i_1(j, t)\rangle\rangle-\langle\langle s(k, t)\rangle\rangle]\end{aligned} \tag{7-84}$$

由谣言传播规则可知，谣言传播会经历传播开始到消亡的过程，故当谣言传播达到稳定状态时，网络中最终只剩下健康节点与免疫节点，知晓状态与传播状态的节点密度为 0，

此时有

$$\frac{\mathrm{d}\omega(t)}{\mathrm{d}t}=(P_1+P_2+P_3)[1-\langle\langle i_1(j,\infty)\rangle\rangle-\langle\langle s(k,\infty)\rangle\rangle] \tag{7-85}$$

谣言传播最终范围可用 $R(\infty)$ 表示为

$$\begin{aligned}R(\infty)&=\sum_k P(k)r(k,\infty)\\&=\sum_k P(k)[1-s(k,\infty)-i_1(k,\infty)-i_2(k,\infty)]\\&=\sum_k P(k)[1-s(k,\infty)]\end{aligned} \tag{7-86}$$

将式(7-83)代入式(7-86)即可得到谣言传播最终范围，节点影响力通过影响 P_1、P_2、P_3 进而改变 S 节点转化为 R 节点的概率，影响谣言传播最终范围。

7.3.3　仿真与分析

下面采用实验仿真的方法分析谣言在考虑节点影响力的 S2IR 模型上的传播特性。考虑到无标度网络中节点度虽然具有幂律分布特性，但聚类系数较小，不能很好地模拟现实社交网络聚类系数较大的实际，为了使仿真结果更贴近真实网络，本节利用聚类系数可变的无标度网络对谣言在 S2IR 模型上的传播特性进行仿真实验。按照聚类系数可变的无标度网络生成算法随机生成节点数目为 5000 的 20 个无标度网络。假设谣言传播初始时刻网络中只有一个传播谣言，在每个网络上随机选择 10 个节点作为传播节点，分别进行 10 次独立的谣言传播过程，所有实验结果均为 200 次独立运行的平均值。网络中健康节点、知晓节点、传播节点、免疫节点与网络中节点总数的比值分别用 P_S、P_{I_1}、P_{I_2}、P_R 表示。

聚类系数可变的无标度网络的节点度分布情况如图 7-21 所示。从图中可以看出网络节点度分布具有明显的幂律分布特性，符合无标度网络的特征。该网络的聚类系数为 0.5736，与 Facebook、Twitter 等真实社交网络聚类系数值相差很小，能够较好地满足 S2IR 模型对仿真网络的要求。

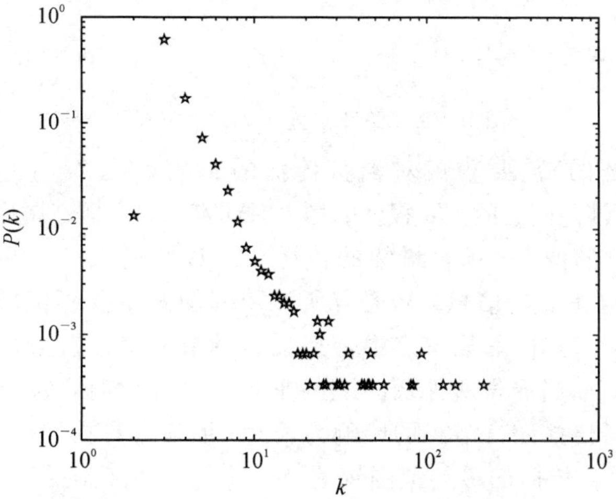

图 7-21　聚类系数可变的无标度网络节点度分布图

两种模型下谣言传播情况如图 7－22 所示，本次仿真过程中设定谣言的重要程度 $i=0.75$，谣言所涉及问题的模糊程度 $A=0.7$，由于节点辨识能力与个体自身受教育程度、知识水平以及社会环境有关，为了不失一般性，令 $P(k)=0.5$。通过对比发现，在谣言传播过程中 S2IR 谣言传播模型的感染节点密度大于 SIR 谣言传播模型的感染节点密度，谣言传播最终范围前者为 44%，后者达到了 70%。这主要因为在谣言传播初始阶段，网络中传播节点数目大于免疫节点数目，节点的邻居节点中传播节点的影响力大于免疫节点的影响力，节点选择传播谣言的概率随着传播节点数目的增大而增大，因此 S2IR 谣言传播模型中谣言传播具有更快的传播速度。谣言传播后期，随着免疫节点数目的增加，邻居节点中免疫节点的影响力大于传播节点的影响力，节点选择不相信谣言的概率增加，在一定程度上减小了谣言传播的范围。通过图 7－22(b)可以看出，在谣言传播开始阶段，知晓节点密度大于传播节点密度，而后随着时间的推移，传播节点密度最终大于并一直大于知晓节点密度。这主要是因为当一个谣言出现时，个体首先会根据自身的辨识能力、社会环境等因素决定是否传播谣言，即先成为知晓节点，而随着谣言传播高潮的到来，邻居节点中传播谣言的节点对其影响力增大，节点成为传播节点的概率大大增加。相对于 SIR 谣言传播模型，考虑了节点影响力的 S2IR 谣言传播模型虽然具有更快的谣言传播速度，但谣言传播的最终范围却受到限制。

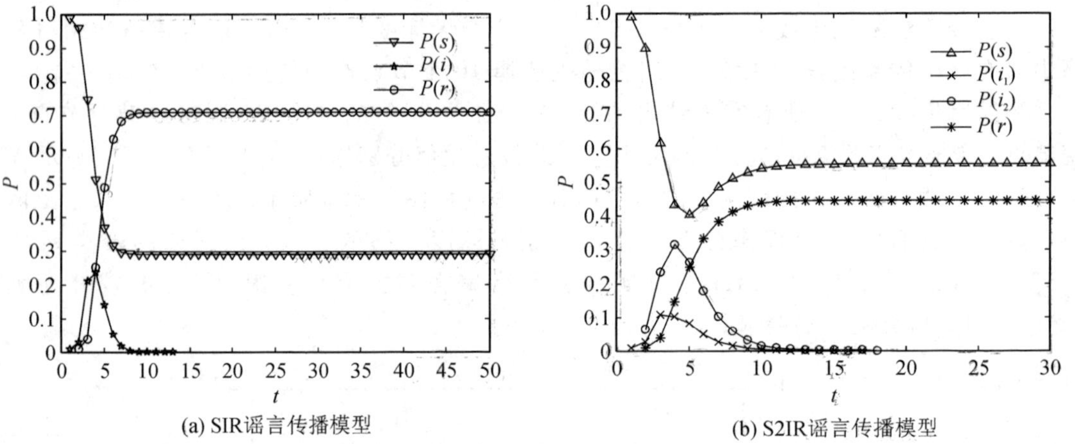

图 7－22　两种模型下的谣言传播图

谣言(所涉及问题的)重要程度对谣言传播的影响如图 7－23 所示。由图可知，当 $0\leqslant i\leqslant 0.4$ 时，谣言所涉及问题的重要程度的增大对谣言最终传播范围影响不大；当 $0.4<i\leqslant 1$ 时，随着谣言重要程度的增大，谣言最终的传播范围逐渐增大。这主要是因为社交网络中的个体往往倾向于传播重要的信息，当谣言所涉及问题的重要程度较低时，个体往往选择“视而不见”的态度，即节点的邻居节点中传播谣言的节点对该节点的影响力较小，谣言在社交网络中难以传播；而当谣言所涉及问题的重要程度变大时，邻居节点中会有较多的节点选择传播谣言，此时传播谣言节点的影响力较大，谣言容易在网络中传播。由图 7－23 可知，当 $i=0.75$ 时，谣言传播的最终范围约为 44%，这个结论与图 7－22 中谣言传播的最终范围大致相同，进一步验证了传播模型的正确性。

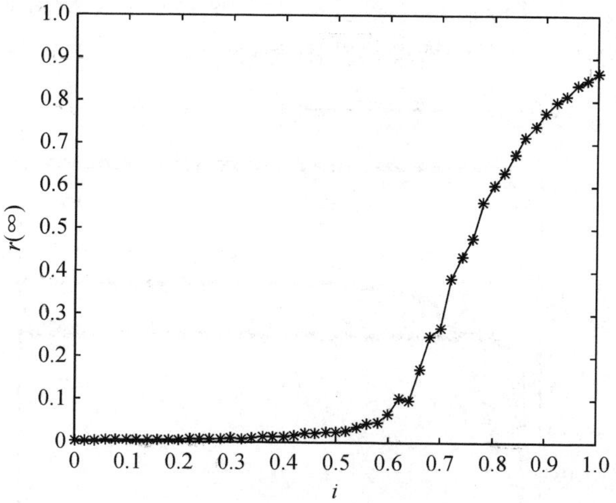

图 7 - 23　谣言(所涉及问题的)重要程度对谣言传播的影响

节点辨识能力对谣言传播的影响如图 7 - 24 所示。由图 7 - 24 可以看出节点辨识能力对谣言传播的影响幅度存在阈值。当节点辨识能力小于 0.6 时，节点辨识能力的增大对谣言传播最终范围影响较小；当节点辨识能力大于或等于 0.6 时，节点辨识能力的增大会使谣言传播最终范围大幅度减小；当节点辨识能力等于 1 时，谣言最终传播范围约为 0，意味着谣言此时无法在网络中传播。一般来说，当节点辨识能力较小时，个体对谣言内容的不确定性无法通过自身的辨识能力消除；当节点辨识能力较大时，个体对谣言有了进一步的认识，几乎能辨别谣言信息的真假，此时谣言难以在网络中进行传播。

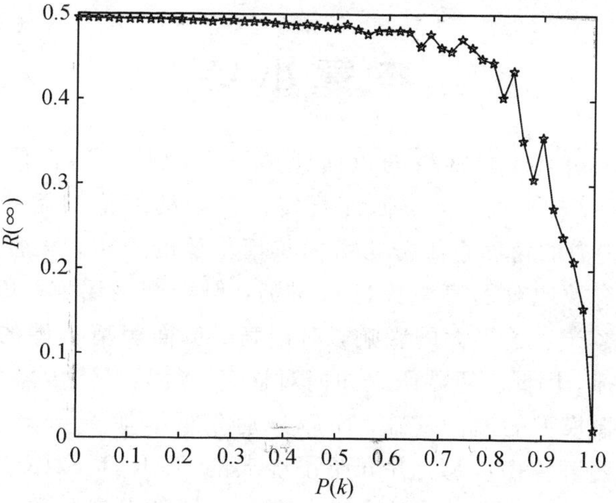

图 7 - 24　节点辨识能力对谣言传播的影响

网络聚类系数对谣言传播特性的影响如图 7 - 25 所示，图中 P 为三角连接概率。由图 7 - 25 可以看出，在考虑了节点影响力的谣言传播模型中，谣言传播最终范围随聚类系数的增大而减小，当 $P=0$ 时，对应的网络为经典的 BA 无标度网络，谣言传播的最终范围达到最大值。这主要是因为网络的聚类系数越低，节点的孤立性越明显，当谣言发生时，邻居节点的影响力对其作用越小，此时节点往往根据自身对谣言的认识程度选择对谣言的态度，而节点极易传播谣言，使谣言传播最终范围变大。当 $P=0.5$ 时，谣言传播最终范围约为 43%，这与图 7-22(b)所示谣言传播最终范围大致相同，进一步验证了模型的适用性。

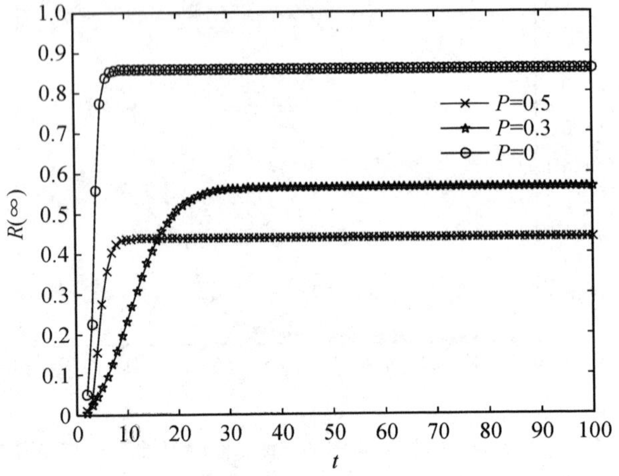

图 7-25　聚类系数对谣言传播的影响

社交网络中节点传播谣言受所有邻居节点共同影响，基于此现象，本节介绍了节点影响力对谣言传播特性的影响，并将节点分为四类，基于均匀场理论，建立谣言传播率与节点影响力之间的关系，构造了 S2IR 谣言传播模型，并利用聚类系数可变的无标度网络进行了仿真实验。结果表明，相对 SIR 谣言传播模型，S2IR 谣言传播模型中的谣言具有更快的传播速度和更小的传播范围，节点辨识能力、谣言所涉及问题的重要程度以及网络的聚类系数对谣言传播的最终范围影响较大。

本章小结

从信息传播本质上讲，社交网络的负面舆情可以归类为谣言信息在社交网络中的传播。因此，在社交网络结构框架下，按照谣言传播模型的理论构建社交网络中的谣言传播模型，有助于从谣言传播的角度系统分析负面舆情传播的规律。从谣言信息识别的角度看，现有的研究已经能够有效地对谣言源头进行识别，但当网络谣言、负面舆情产生时，由于信息在社交网络中已经产生了较大的影响，对谣言、负面舆情事件的源头处理并不能有效地控制网络舆情的传播，因此，还需研究如何对谣言、负面舆情传播行为进行建模分析。本章简要阐述了谣言传播模型的理论基础，而后分别介绍了基于从众博弈、节点亲密度和节点影响力的社交网络谣言传播模型，并介绍了经典的 SI2R 和 S2IR 建模方法。基于信息传播理论和网络谣言传播模型，即可针对网络类型和舆情的发展阶段制定适用性强的舆情干预和管控策略。

第八章　社交网络舆情干预策略与技术

研究社交网络舆情传播规律的实践落脚点是对网络舆情进行科学治理、适时干预，实现舆情管控工作的及时性、针对性和有效性。要使社交网络舆情干预的策略和技术真正发挥作用，既需要从宏观策略上把握社交网络舆情的演化规律，也需要从社交网络结构和传播内容上有针对性地感知和预测舆情走势。本章从社交网络舆情传播的一般规律出发，分别从策略和技术两个方面介绍社交网络舆情传播的干预。

8.1　社交网络舆情管理的现实意义及指导理念

社交网络是一把"双刃剑"，在实现人与人便捷沟通的同时，一些含有不良或非法内容的舆情信息也会大肆传播。在这种背景下，如何对社交网络舆情进行有效的引导，并对那些不良或非法的舆情传播行为进行约束，就成为网络舆情治理工作面临的一个重要课题。从社会控制理论来看，引导和管理是网络舆情工作的两个基本内容。引导是一种"软控制"，目的是形成符合事实和社会利益的舆情态势；而对不良或非法舆情内容的管理则是"硬控制"，目的在于净化舆情环境和阻断恶意舆情的传播。这种以"疏"为主，以"堵"为辅的网络舆情引导和管理方式是一种理性和科学的选择。

8.1.1　对社交网络舆情的辩证认识

1. 自由与控制的悖反关系

表达自由是指公民在法律规定或认可的情况下，使用各种媒介或方式表明、显示或公开传递思想、意见、观点、主张、情感、知识等内容而不受他人干涉、约束或惩罚的自主性状态。表达自由是公民的一项基本权利，是公民行使其他权利的重要前提和保障，也是民主政治的构成要素和基础，对于一国的政治、经济、文化、科技乃至民族精神、公民素质等都有巨大的影响。

在社会层面，人们对于言论自由的认识是非常宽泛的，除了口头言论之外，言论自由还体现在书面表达、音乐、绘画甚至肢体行为中。在司法范畴内，通常将言论分为三种：纯粹言论、象征性言论(symbolic speech)以及附加性言论(speech-plus-conduct)。所谓纯粹言论，是指"口语、文字、图画、音像、肢体语言等纯粹用于表达、展现思想、技艺等而不与外界或他人直接发生物理上冲突的形式、手段"；象征性言论则是指"所有目的在于表达、沟通或传播思想、意见等观念性质的行为"，如拒绝购买某个品牌商品、佩带象征性标志等；而附加言论即语言加行动，它是指"在设置纠察线(或警戒)、游行、示威时，言论混合着行动的情况"。在这三者之中，纯粹言论被认为应该受到最高的保护，象征性言论被认为非常近似于"纯语言"，而附加性言论则被认为应受到最严厉的限制，因为"它是在没有交流作用的行为环境中的语言表达形式"。网民在互联网上的大多数言论都属于纯粹言论。

网络舆情表达和传播的自由性是不是绝对化的呢？答案当然是否定的。其实，对于是否应该对网络言论内容进行控制的讨论由来已久，主要有两种对立的观点。一些人认为网络言论内容不应该控制，因为从技术实现来看，网络传播行为和传播内容难以控制，落实到具体对象上十分模糊，无法实现精确的管理和控制；从网络发展来说，网络正处于蓬勃发展的阶段，控制等于限制网络的正常发展；从法律的角度来看，网络内容的控制触犯了现实社会各国宪法对公民言论自由权的保护，有违宪之嫌；等等。另外一种观点则认为，社交网络不是法外之地，作为网络管理和运营部门，出于保护儿童上网安全、阻止恐怖活动、控制种族仇视、限制商业不正当竞争等多种原因，应该将网络内容控制与管理视为义不容辞的责任与义务。因此，这一问题在理论界一直因国情的不同而存在差异，但在实践中没有哪个国家的政府真正放弃网络言论内容的管理和控制，不同的只是在管理的方式和力度上各有特色。

2. 自由与控制的统一关系

对舆情表达自由的保障和控制，是一对矛盾的统一体。过分、非法地控制，就无法保障舆情表达自由，无法让人们了解有价值的信息或事实的真相；对舆情表达自由的保障又隐含着对表达自由滥用的限制，这是它们的对立之处。它们之间的联系则体现为：控制舆情表达自由的滥用是为了更好、更有效地保障舆情表达的自由，而为了有效保障舆情表达自由就必须控制表达自由的滥用。在这一对矛盾中，舆情表达自由的保障是矛盾的主要方面，而控制则是次要方面。从某种意义上说，舆情表达自由的保障是目的，而表达自由的控制只是达到保障目的的手段。因此，对舆情表达自由的控制不能是随意的、过度的、漫无边际的或简单粗暴的，相反，必须是合理、必要、有限的。

正如陈力丹先生在《新闻传播学》中讲的："由于因特网确实开阔了新闻和言论的自由空间，政治、经济的权利组织针对因特网实行的控制方式，正在从硬性控制转向以软性的对话关系、对策关系为主，如同我们说话中有语法的无形控制，但大多没有感觉到一样。"对网络舆情的控制应该通过"硬"和"软"两种途径来实现："硬控制"主要是以法律法规的形式，并辅以科技手段，对网络舆情信息进行内容上的管理，突出表现为"堵"；"软控制"则是利用权威媒体、专业评论员、知名人士和意见领袖的影响力对舆情进行积极的引导，实现对网络舆情的"疏"。"堵"作为一种强力手段，对网络舆情信息混乱、负面倾向严重等不健康状况进行及时清理和规范，在短期内会有明显的治理效果，如对一些恶意散布西化言论、攻击政治体制、蓄意蛊惑人心的所谓"自由民主""思想启蒙"等具有颠覆性、破坏性的网站进行封杀；对一些恐怖、黄色、反动、人身攻击等有害言论予以删除或取消访问资格。这些"硬控制"为网络媒体的健康发展、净化舆论环境、掌控网络话语权，起到了保驾护航的扶持性作用。由于网络媒体与传统媒体的不同特点，"硬控制"手段往往带有强制性和主观片面性等特点，并不能起到优化舆论氛围的作用。因此，从网络媒体的长远发展来看，应逐步调整"堵"与"疏"的比例，因势利导、顺势而为，采取以"疏"为主、以"堵"为辅的舆情引导与管理手段，才是一种理性的、科学的选择。

8.1.2 网络舆情引导基本理论

对网络舆情的积极引导是以"疏"为主的舆情调控理念的具体体现。其实，舆情引导的目的就是改变不正确或非理性的舆情，把它们引导至正确的方向上来。因此，网络舆情引导的实质就是舆情引导主体使网民“态度改变”的过程。实践证明，对网络舆情的引导需要“攻心为上”，了解和掌握网络舆情主体的心理变化特征有助于增强引导的针对性和有效性。

实施网络舆情的引导之前，引导主体必须先研究清楚：网民态度是如何改变的？怎样使态度改变？这是网络舆情引导的核心问题。从 20 世纪 30 年代开始，关于社会态度改变的研究逐渐成为社会心理学的重要课题之一。社会心理学中的态度改变，是指在一定的社会影响下，一个已经形成的态度在接受某一信息或意见的影响后，所引起的相应变化，其本质是个人的社会化过程。关于社会态度改变的研究主要包括学习理论、社会判断理论、认知理论、信息理论、功能理论和态度改变三阶段理论。社会态度改变理论为本节研究网络舆情引导问题提供了很好的理论借鉴。

1. 学习理论

态度改变的学习理论是由行为主义心理学家提出的，其基本观点有两个方面：一是人们态度的改变过程实际上是一个学习反应过程。这种学习实质上是在强化原理的支配和控制下所进行的特定刺激与特定反应的联结过程。二是改变他人态度时，除要了解和掌握刺激和强化作用的特性外，还要对个体本身的情况有所了解，即个体自身可以看作是介于刺激与反应之间的一个不可缺少的中介环节。因此，改变他人的态度首先要了解他人的原有态度，了解他人过去所经受过的强化经历，只有这样才能在改变他人态度的过程中充分有效地发挥刺激和强化作用。态度改变的学习理论走出了过去用神秘的本能去解释人与人之间的心理影响的误区，但其基本的原理及观点并未超越行为主义学习理论的范围，其实质是行为主义理论应用在态度改变研究领域中的产物，完全没有考虑认知、情感的成分，故在实际运用中存在很大的局限性。

2. 社会判断理论

谢里夫和霍夫兰德在 1961 年首先提出社会判断理论。该理论认为，个体所持的态度应表示为一段区域，这段区域由接受的区域、态度不明朗的区域和拒绝的区域等组成。当个体遇到某一劝说信息或新的观点、看法时，首先对此进行判断，弄清这些信息在个体自身的态度区域中位于哪一段位置，然后才可能根据上述原则做出改变态度或拒绝改变的反应。如果个体通过判断发现，新的观点、主张位于自己态度的接受区域之中，就会接受这种新的观点、主张，并相应改变原有的态度；当新的观点和主张位于个体态度的不明朗区域时，同样也会引起个体原有态度的改变。谢里夫还进一步研究了态度区域的大小与态度改变可能性之间的关系。结果发现，拥有较狭窄的接受区域的个体，其态度的改变较为困难，而接受区域较为宽广的个体，其态度的改变较为容易。另外，当一种新的观点、主张与已掌握的信息极为相近或相似时，新的观点、主张就会被原有的观点、主张同化，因此就不太可能引起态度的变化；而当新的观点、主张与原有的观点、主张相差极大时，就会遭到个体的拒绝，因而同样不能引起态度的改变；当新的观点、主张处于这两种极端的中间之处，即处于态度区域的不明朗区域时，其所具有的劝说作用才最大，因而才会引起个体态度的明显改变。

社会判断理论具有较明显的认知色彩和个人主义特征，强调的是个体自身对刺激信息的认知判断和对自己所持态度的了解，没有考虑人与人的社交关系带来的影响，因此有很大的局限性。此外，该理论所探讨的态度改变仅局限于所持态度的强弱程度，而很少涉及态度方向改变的问题。

3. 认知理论

认知理论包括平衡理论和认知失调理论。海德和纽加姆于1958年分别独立地提出了平衡理论。平衡理论包含的基本观点是人们在不断寻求认知结构的平衡，当认知结构失去平衡时，就会发生态度改变。按照海德的观点，平衡状态就是每种事物在没有压力的情况下“和谐”的状态，并据此提出了态度改变的P—O—X模型。海德假设P是认知者，O是P认识的另一个人，P与O双方建立起一定的感情(好感或恶感)，X是第三者的人或事物。海德认为，如果P—O—X三者的关系相互适应，则P—O—X体系呈平衡状态，P的态度无须改变；如果三者关系不适应，则P的心里不舒服，这说明P—O—X体系发生了不平衡，必须对这种认知体系加以改变，使三者之间的关系重新实现平衡。纽加姆则提出了A—B—X模型，这一模型与海德的P—O—X模型很相似，只是纽加姆强调平衡适用于人际沟通，认为A、B两者中 不必确定谁是认知体系的主体。其实这两种模型的观点并无本质上的不同。

平衡理论的基本观点具有一定的说服力，它突破了传统心理学只从主体与客体关系上考察认知的局限，把人际关系引入认知研究领域，以极其简便的模式从主客体及主体与他人的多重关系上来研究认知，从而在20世纪五六十年代的社会心理学界独树一帜。但是，这个理论又是含糊不清、不完善的。首先是它未能对人际关系本身做出令人满意的说明，无法评价认知者的情感的相对强度或绝对强度，无法准确测量认知者所处的心理状态；其次是它对不平衡状态缺乏一致的行为测量方法。

认知失调理论是著名社会心理学家费斯汀格(L. Festinger)于1957年首先提出来的。所谓认知失调，是指个体所持有的认知彼此矛盾冲突，处于相互对立的状态。这里所说的认知包括思想、态度、信念以及人们认知上所感受到的行为。在费斯汀格看来，这些认知之间存在着相关和不相关的关系，才会产生协调或失调的状态。另外，认知的失调有程度上的大小之分，这取决于以下两个条件变量：第一，失调的认知数量与协调的认知数量的相对比例；第二，每一种认知对个体具有的重要性。这两个条件变量与认知失调程度之间的关系如下述公式所示：

$$\text{失调程度}=\frac{\text{失调的认知数量}\times\text{认识的重要性}}{\text{协调的认知数量}\times\text{认识的重要性}}$$

根据该理论的基本假设，当在认知上产生失调状态时就会引起个体心理上的不愉快和不舒适的感觉体验，造成心理上的紧张感，从而驱使个体去减轻或消除失调状态，使认知互相协调一致。通常消除失调状态的方法有如下几种：一是改变认知，使之与自己持有的其他认知保持一致；二是改变行为，使对行为的认知与其他认知保持一致；三是增加新的认知，改变失调的状况，使原有认知之间的矛盾得到合理的解决。

费斯汀格认知失调理论的意义在于把复杂的认知关系简化为认知因素之间的协调与失调的关系，这使得其理论具有较大的灵活性和适用范围。它不仅适用于认知者的认知体系，而且适用于更为广泛的社会领域。认知失调理论的不足之处在于，由于其灵活性大、范围广，因此，对协调与失调的规定往往是模糊的，因而不易把握和度量。

4. 信息理论

霍夫兰德(C. Hovland)的信息传递理论为社会心理学态度研究做出了重要贡献。他通过实验发现，在信息传递过程中，影响态度变化的主要因素有发信者所提供信息的可信度、信息的内容结构、受信者特点、受信者参与传递活动等。1959 年，霍夫兰德在其信息传递理论的基础之上，进一步提出了一种以信息交流过程为基础的态度改变——说服模型，如图 8 - 1 所示。

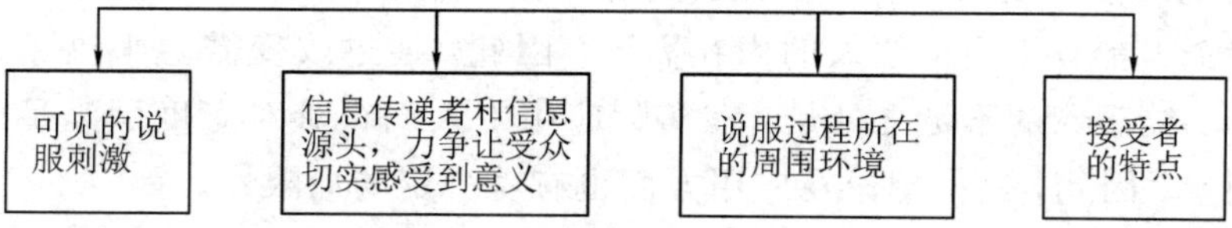

图 8 - 1　霍夫兰德态度说服模型

图 8 - 1 所示模型中列出了影响态度改变的各种因素，而说服的效果也是由这些因素的相互关系或相互作用所决定的。在该说服模型中，霍夫兰德指出，任何一个说服的过程，都是从某一“可见的说服刺激”开始的。也就是说，说服过程必须有一位信息的传递者，他对某一问题有一定的看法，并力图说服他人也持有同样看法。要做到这一点，说服者必须设计好一套“传递的信息”。同时，这一说服过程并不单纯是在传递者和接受者之间进行的，其效果还受一定的客观情景所影响。此外，说服效果还受到被说服者——目标对象本身特点的影响。因此，在改变他人的态度过程中，首先要清楚地认识到态度改变的复杂性，要学会从不同的角度，有效地利用各种相关因素，既要把着眼点放在信息的组织和改变态度的策略上，还要把注意力放在了解被说服者原有的见解，以及其人格特点等抵抗力产生方面，以及如何利用自身的优势来提高说服的强度和效果。

霍夫兰德的信息传递理论把复杂的态度变化放到程序化的信息模式中去考察和理解，从而使复杂的态度改变问题简单化，打开了态度改变研究的新思路。而他的态度改变说服模型更是在信息交流的基础之上考虑到情绪、情景、人格特点等因素对态度改变的影响，因此，该模型的有效性得到了社会心理学界的公认。

5. 功能理论

社会心理学家指出，人们之所以持有某种态度是因为态度具有能够满足人们的某种需要的功能。因而，态度的功能是其形成或发生改变的深层心理动力源。功能理论有多种表述，比较有代表性的是 1960 年由卡茨提出的理论，其观点认为人的态度具有如下四个基本功能：

(1) 工具性、调适性或功利性的功能。在卡茨看来，人们之所以对某一信息持有积极肯定的态度，是因为这一信息对满足个体的需要是有用的或有效的；而对某一信息持有消极否定的态度，则是因为其阻碍和不利于个人需要的满足。而且，个体的态度不仅反映和体现了个体的内在需要，也能够帮助和促进个体需要的满足。

(2) 自我防御的功能。卡茨认为，一个人形成和改变态度，往往是为了保护自己，或者说保护自己的自我形象或维护自己的内部协调，故态度具有自我防卫的功能。

（3）价值表达的功能。卡茨认为，人们可以通过态度来表达自己的内在价值观。我们每一个人在实际的社会化过程中，都会对生命和生活的意义有自己的理解，而这种对生命和生活意义的理解，也就构成了我们态度中的价值内涵。

（4）认识和评价的功能。卡茨认为，态度的形成和改变是个体认识周围环境的一个重要途径。每一个人都想理解其自身周围的各种知识、经验、信息，并对它们加以记录、整理和分类，使其与各种事物相联系，从而获得对事物的认知，并将这种认知合理地纳入自己的态度之中。

态度改变的功能理论除了强调态度所具有的需求满足功能，还认为态度改变中存在着个体差异，每个人都有不同于他人的内在需要。因此，通过改变需要来改变态度的方式也会因人而异。功能理论的不足之处是，在实际应用中人们很难对态度所满足的需求进行客观、准确的测量，因此，这一理论在应用方面也有着一定的局限性。

6. 态度改变三阶段理论

1961年，凯尔曼(A. C. Kelman)根据自己的研究提出了态度形成或改变的三阶段理论。在他看来，态度的改变不是一蹴而就的，而要经过模仿、同化、内化三个阶段：

（1）模仿阶段，又称为服从阶段，是指人们通过模仿或服从等行为开始产生态度的阶段。在凯尔曼看来，态度的形成和改变开始于两个方面：一是出于自愿，不知不觉地开始模仿；二是产生于受到一定压力后的服从性模仿。每一个人都有模仿和认同他人的倾向，尤其是倾向于认同他所敬爱崇拜的对象或他的上司，而在模仿的过程中，也就会逐渐认同不同的对象而产生不同的态度，这是人们形成和改变自己态度过程最常见的一个途径。

（2）同化阶段，指人们自愿接受他人的观点、信念、行为或新的信息，使自己的态度与所要形成的态度相接近的阶段。在这一阶段，个体由于在同化过程中满意地确定了自己与所要认同的个人或团体的关系，因而采取一种与他人相同的态度和行为，但这时新的态度还没有同自己原有的全部态度体系相融合。

（3）内化阶段，指个体的内心已真正发生了变化，接受了新的观点、新的情感和新的打算，并将其纳入自己的价值体系，彻底形成了新的态度。

凯尔曼把态度的形成或改变的过程分成了三个逐渐递进的阶段，揭示了态度形成或改变的复杂性，同时也揭示了态度的形成或改变过程是个体的社会化过程。个体社会态度的形成，一方面要受到社会环境中各种因素的影响和制约，另一方面也是通过观察、模仿、强化等方式不断学习的结果。其理论实际体现了行为理论、认知理论与信息理论相互融合的趋势。

在以上代表性理论中，社会心理学家们分别从社会态度改变的过程、影响因素及社会态度的功能等不同角度对社会态度的改变进行了深层研究，并分别试图用行为主义观点、认知的观点、信息加工的观点等对社会态度改变原因加以解释。这些理论对态度改变的解释各有其合理之处，但也都存在不足，尤其是在态度改变与行为改变之间的关系、定义、测量等一系列问题上存在着较大困难。从舆情引导角度来看，这些理论为引导舆情提供了可以借鉴的理论依据和方法手段，体现出网络舆情引导工作需要“攻心为上，多措并举”，才能发挥良好的效果。

8.2　社交网络舆情传播的干预策略

8.2.1　社交网络舆情干预的基本因素

通过前文的介绍可知，舆情信息在传播过程中受到一系列关键因素的影响和制约，主要包括以信息敏感度为代表的信息源、以传播节点为代表的网民、以政府为代表的舆情管理者，以及在传播中起到关键作用的网络媒体，其中最主要的因素是网民因素，但是其他因素也是不可或缺的。只有当几个关键因素共同作用时，才能更好地对社会网络舆情进行干预。无论是政府还是个人在干预过程中都不能采取过于强硬的方法，否则又会引起新的问题，应当采取怀柔政策对舆情传播进行疏导，防止“物极必反”。下面就以上几个关键因素如何干预网络舆情发展趋势进行分析。

1. 网民因素

网络舆情能够传播到什么样的程度，关键在人，根据其参与度的不同，可以将网民分为事件当事人、意见领袖、网络推手和普通网民。事件当事人是指直接参与到舆情事件当中去的受害者、参与者或目击者，是与舆情事件有直接接触的人；意见领袖是具有较高专业水平或较多信息资源渠道的人，能够将信息整合分析，并且受到一定数量网民的关注，是信息传播的“中间人”；网络推手是指为达到一定目的，有意识地发布或传播一些带有主观情感信息的人；普通网民是指不直接参与舆情事件、被动或主动接收信息、没有群众优势或技术优势的普通民众。针对不同层次的人群特点，舆情管理者只有因势利导，采取科学的干预方法对其加以引导，才能达到较好的舆情管控效果。

首先，通过培养意见领袖，实现舆情疏导。意见领袖在舆情传播中会起到关键作用，时常作为舆情事件的领军人物，有把握舆情走向的重要作用。国家或政府可以主动与意见领袖进行交流，使其树立正确的价值观，进而正确引导舆论走向。

其次，及时发现网络推手，抑制恶意炒作。网络推手一般受利益驱使，往往成为负面舆情传播的主要因素。因此，对企图误导受众、影响舆论走向的网络推手要做到及时发现，防止其过度炒作，防止大面积灌水，混淆民众视听，影响政府决策。

最后，提升全民思想道德水平和谣言辨识能力，不给恶意谣言可乘之机。增强网民，尤其是普通网民明辨是非的能力，使其在海量信息面前有能力辨别出信息的真伪。对于事件当事人，要如实地反映传播舆情信息，不能随意歪曲事实真相，不能恶意放大事实真相。

2. 媒体因素

媒体传播方式已经从传统的口口相传，到如今随时随地可以参与，其中以微博、微信为代表的大用户群社交软件表现更为突出。这些社交网络在为广大民众提供便利的同时，也促使了网络舆情传播。社交媒体能够做到的就是客观公正地对舆情事件进行报道和转载，对自己发布的任何信息都要本着负责任的态度，而不能只为了吸引眼球就对事实真相进行有意曲解，这样媒体因素就能在舆情传播中发挥正面的作用。

3. 政府因素

当舆情事件波及面较为广泛，可能会对社会稳定造成影响时，就需要政府部门出面进行处置。但是在实际处理过程中，政府的处置方法和态度有可能比事件本身更受网民关注，政府部门的所有言行都会被网民放大。所以政府部门应当从以下三个方面着手，对网络舆情进行引导和监管。

首先，政府部门应着重提高公信力和处置能力。在舆情爆发初期，政府部门应及时通过社交媒体、传统媒体或召开新闻发布会等向民众公布事件真相，对恶意散布信息者要给予惩罚，对合理的补救措施予以落实，这样有助于提高政府公信力。政府对舆情事件要做到果断处置、疏导结合、软硬兼施，积极参与处理舆情事件，提升民众对政府的满意度。

其次，政府部门应主动加强网络文化宣讲工作。网络文化宣讲在短期内对舆情控制的效果可能不太明显，但在长时间的宣讲之后，民众会在无形中增加对政府的认同感，也会改变网民对舆情信息的态度。

第三，政府部门应建立完善的舆情响应机制，严格社交网络舆情监管。政府部门需要组织专门的监管团队，实时对舆情态势进行监测、评级、反馈，及时将监测结果反馈给政府决策机构，准确高效地对舆情信息实现全面把握。

4. 信息因素

对于舆情本身而言，信息能够决定的只是自身的敏感度和信息量，其关注度是由网民、媒体、政府三个方面共同决定的。舆情事件本身只是实际存在的客观事物，信息如何传播，传播到什么程度和信息本身并没有太多关系。对舆情干预者而言，为了能尽快使舆情传播进入消亡期，媒体和政府应当尽可能使信息公开透明，防止出现信息不对称现象，避免给背后的网络推手以可乘之机。干预的策略是让网民和媒体掌握相同的信息量，积极参与处置，从而尽快消除网民心中疑虑，达到平息舆情事件的目的。

8.2.2　社交网络舆情潜伏期、成长期预防策略

潜伏期、成长期是舆情事件爆发的萌芽阶段，也是舆情事件发展的重要阶段，该阶段舆情传播的可控性较强。从第五章的社交网络演化规律可以得出，在舆情传播的初始阶段舆情态势受网民的影响较大，具体体现在网民的成熟度、意见领袖的引导等方面。从舆情管理者的角度看，在该阶段要做好舆情信息的识别和预警工作，从源头控制负面舆情的传播，将损失降到最低。此阶段所采用的舆情干预策略一般包含以下四个方面。

1. 网络文化宣传的加强

网络文化宣传不仅会影响网民对舆情事件的认知角度，而且对认知方法也会有一定的影响。虽然通过宣传活动对社交网络舆情传播的抑制在短时间内效果甚微，但从长远来看，能起到不可忽视的作用。在此过程中，舆情管理部门、媒体要起到积极的推动和引导作用，强化网络文化宣传的力度，提高网民对官方媒体的认可度和信赖度，从而改变网民对舆情传播的态度和处置方式，最终达到减缓甚至抑制负面舆情传播的目的。

2. 意见领袖的培养

意见领袖可以通过影响网民对舆情事件的态度与看法，在一定程度上决定舆情事件的走势。随着自媒体时代的到来，社会进入了人人都有麦克风、人人都是发言者的时代，而作为领军人物的意见领袖在整个舆情事件的形成、发展和演变过程中都发挥着重要的作用。

因此，舆情监管者应加强与意见领袖的交流与沟通，并建立良好的反馈机制。此外，也要不断地从思想道德层面对意见领袖进行教育和培养，促使意见领袖对网民形成正面影响和正向引导。

3. 舆情信息的识别

舆情事件在社交网络中的传播过程，在彻底爆发前都经过了潜伏期、成长期的酝酿。因此，在被大量网民所知晓之前，总会有相应的蛛丝马迹出现。假如舆情管理者能够及时探查和识别到这些征兆，就能延缓或阻止负面舆情事件的发生，从而避免不必要的损失，同时给网络环境带来安定。

舆情信息识别中，官方媒体要担首责，当舆情事件产生时要本着客观、真实、不夸大、不修饰的原则来报道、转载以及评判，对一些虚假信息要第一时间进行屏蔽或者通过合理的渠道予以澄清，避免负面舆情进一步恶化。此外，网络监管部门对舆情信息的识别也能发挥至关重要的作用。首先，作为监管者要对自身有完整的了解，清楚弱点和隐患的位置，积极应对和解决潜在的矛盾问题，尽量避免由于管理者本身的原因而使负面舆情钻了空子；其次，管理者要对社交网络进行实时管理和全方位统筹，对各大门户网站、微博以及以微信、抖音为代表的即时分享类社交网络等都要进行细粒度的监控，一旦发现异常，应立刻采取积极有效的应对措施。

4. 舆情预警系统的建设

舆情预警是一项能够时时掌控舆情事件的产生、发展以及整个演变过程的系统性工作，它能够对控制负面舆情的传播发挥重要的作用。舆情预警系统的建设主要包括组建优秀的舆情管理团队，以及建立舆情监测系统、舆情评估系统和舆情反馈系统等。

(1) 建立舆情管理团队。在建立舆情预警系统时，首先应该组建专业的舆情管理团队，专门负责负面舆情信息的监测、评估以及反馈，在此过程中要及时、准确地将监测信息、评估结果反馈给各大权威媒体和管理部。

(2) 建立舆情监测系统。在舆情监测方面，媒体和监管部门都要发挥一定的作用，对一些虚假信息要第一时间进行屏蔽或者通过新闻发言人及时澄清，避免负面舆情进一步蔓延，给个人和社会带来危害。

(3) 建立舆情评估系统。通过给负面舆情设定指标权重，设置不同的阈值范围，从而确定不同的响应级别(对不同响应级别的负面舆情采取的应对措施是完全不同的)。然后，将监测到的舆情数据进行分析和归类，并判断其属于哪一级负面舆情，从而能够精准高效地启动应对措施。

(4) 建立舆情反馈系统。在舆情信息的监测、识别以及评估过程中，应将必要信息反馈到专门的舆情管理团队或权威媒体，使负面舆情得到及时有效的控制。

8.2.3　社交网络舆情爆发期、蔓延期控制策略

该阶段的社交网络舆情不再是局部的扩散式的传播，而是一种无序、杂乱的传播状态，舆情信息被网民再加工、再传播，呈现出接力棒式的传播模式。负面舆情肆意地在社交网络上传播可能给政治、社会、经济和文化带来不同程度的危害，并演变为一场剧烈的社交网络舆情危机，如果任其发展可能会波及现实生活，影响社会稳定。这个阶段的舆情干预

需要政府管理部门采取强有力的干预和疏导措施，才能发挥舆情治理的效果。该阶段的舆情管理策略主要从提升政府公信力和服务质量，以及抑制网络媒体活跃度两个方面入手。

1. 公信力和服务质量的提升

舆情事件进入爆发期后，由于社交网络的便捷性，加之各大传统媒体和网络新媒体的大量涌入，管理部门不得不对此加强关注，并且积极介入或干预舆情事件的走势，以履行职责和不断提高在网民心中的满意度。因此政府公信力的提升和服务质量的提升是网络舆情得到有效引导和控制的必要条件。

首先，舆情管理部门及舆情涉及的官方部门应该组建高效的内部核查机制，明确自身的漏洞，对工作人员实行严格的问责机制，使负面舆情没有衍生的空间和时间，从而提高管理者在网民中的公信力和服务质量。

其次，舆情管理者应该主动整合各类资源，积极建立与网民公开、透明的对话机制，加强与网民的交流，不仅要及时澄清舆情事件的起因，也要及时公布舆情事件的发展动态，还要积极获取民意，得到网民对舆情事件的反馈。管理者只有从反馈中发现网民的主体诉求，并切实考虑舆情主体的利益，才能真正提升公信力和服务质量，从而为舆情治理创造条件。

2. 网络媒体活跃度的抑制

科技的飞速发展使得互联网融入了大众生活，影响着民众的生活和思维。以微博、微信、抖音等实时分享媒体为代表的新媒体如雨后春笋般地出现，普遍具有公众覆盖面广、热点炒作迅速等特点。然而，它们在为民众带来便捷的同时也为负面舆情的传播提供了温床，使得负面舆情信息传播变得更加难以控制，也增加了个人受负面舆情影响的程度，更让管理部门在应对负面舆情传播时显得被动。由此看来，网络媒介的活跃度对舆情传播也有重大的影响，对网络媒体上某些炒作事件的活跃度进行干预和抑制也是重要的干预策略。

因此，当舆情事件爆发后，各路网络媒体首先要明确自己的职责，对发布的任何消息、任何评论以及做出的任何解释都要负责任，做到不偏不倚。只有这样，网络媒体才能够正确引导网民，抑制负面舆情的传播。

8.2.4　社交网络舆情反复期、衰亡期应对策略

社交网络舆情在爆发和蔓延后，网民的关注度并不会直线式地下降，也不会直接消失，而会由于新的话题、新的事件的不断出现而呈现出波浪式发展。虽然该阶段相对上一阶段的关注度明显减小，但会不断地出现关注高峰，以“爆发→蔓延→反复→爆发→蔓延→反复”的波动周期，使社交网络舆情的传播不断出现反复。

为了使负面舆情传播得到有效控制，使其迅速进入衰亡期，舆情管理者依然要扮演重要的角色。舆情管理者应该从以下三个方面来抑制舆情传播的反弹。

1. 加快信息公开速度

网络舆情经过短暂的潜伏期和成长期之后，借助社交网络便捷的平台能够迅速地爆发并蔓延开来。但官方媒体和舆情管理者由于对突然出现的舆情信息以及舆情事件的发展现状并不能迅速全面掌握，以至于不能及时、有效应对。具体表现为各级管理部门和媒体不

能准确、全面地对舆情事件进行及时披露，导致舆情事件在社交网络上反复传播，并进入较长时间的舆情反复期。因此，不管是管理部门还是媒体都要第一时间掌握和分析舆情信息，连续不断地对舆情信息在社交网络上进行分析和解释，让正面信息迅速取代负面舆情，以消除负面舆情给网民带来的疑惑、恐慌和不安，加速负面舆情的平息。

2. 提高信息公开透明度

为使舆情传播能够尽早进入衰亡期，除了需要提高舆情信息的公开速度，还要进一步提高舆情信息公开的透明度。即当负面舆情发生后，舆情管理者和主流媒体应该做到知无不言、言无不实，且不能有所掩饰、有所修饰或是有所隐瞒，只有这样才能置自身于一个相对主动的位置。总之，提高舆情信息公开的透明度就需要管理者和媒体合力，第一时间公开关于舆情事件的所有真实情况，快速消除网民心中的疑虑，使得负面舆情的内容不再具备传播的吸引力。

3. 修复管理者与舆情传播主体的形象

舆情事件发生后，涉事方的形象经常会受到负面影响，表现为官方的公信力缺失，不被公众信赖或认可，而个人则要忍受与舆情事件相关的一些诽谤和流言的骚扰。因此不管是官方还是个人，在此阶段都应该对各自形象和彼此关系进行修复。从管理者的角度出发，一般通过权威人士召开新闻发布会对舆情事件的产生原因、发展进行剖析，并向公众真实、客观地澄清事件真相，对负面舆情的发布者、恶意传播者给予相应的处罚，这样才能提高公信力，全面恢复形象。而对于个人，可以通过权威媒体的各种访谈向公众披露舆情事件的事实，也可以借助微博、微信等社交网络的力量来消除各种不利的影响。

综上所述，根据第三章社交网络舆情传播的六阶段模型，在不同的发展阶段，应设置不同的应对策略。首先在舆情传播的第一层次，即潜伏期和成长期，主要依靠舆情传播的预防策略，包括加强网络文化宣传、培养意见领袖以及强化舆情信息的识别和预警力度；其次在舆情传播的第二层次，即爆发期和蔓延期，需要大力提升管理者的公信力和服务质量、控制网络媒介的活跃度以及发挥社交网络的作用；最后在舆情传播的反复期和衰亡期，管理者要提高舆情信息公开的速度和透明度，同时还应实施相应的形象修复策略。在不同的传播阶段，干预时机和干预技术的选取有着明显的区别，具体内容将在下一节讨论。

8.3　基于社交网络关键节点的舆情干预技术

随着微信、QQ 等即时通信软件以及微博、Facebook 等社交媒体的迅速发展，线上的社交网络已经处于爆炸式增长状态，其规模已然全面超越传统媒体，成为用户覆盖最广、影响范围最大、传播速度最快的互联网产物，同时也成为现实世界人与人交往的重要组成部分。在社交网络上，大规模网络舆情事件呈现多发趋势，针对负面舆情传播行为，确定干预时机和干预策略，控制其波及范围，延缓舆情爆发时间，最大程度地降低舆情造成的社会危害，对有效管控网络舆情至关重要。

目前，网络舆情的干预时机主要分为两种：一种是爆发前的干预，需要有较高的预警能力；另一种是爆发后的干预，是网络舆情传播形成一定规模、造成一定危害后的干预。由第七章的理论可知，舆情干预的本质是使尽可能多的传播节点尽快地转化为免疫节点。研究人员针对不同的网络模型研究提出了具体的免疫策略，主要有随机免疫策略、目标免疫策略和熟人免疫策略。本节依据社区的演化预测模型，介绍一种确定干预时机的方案，并讨论相应的干预策略。

8.3.1 网络舆情衡量指标及传播的影响因素

在对大规模网络舆情的研究中，网络舆情传播情况首先以舆情信息所波及的人群范围作为衡量指标，以舆情传播范围达到最大值作为网络舆情进入爆发期的特征之一；其次，各个时刻感染节点占总节点的比例，能够准确反映当前时刻处于传播状态的节点比例，明确反映网络中舆情信息在该时刻的传播能力；第三，网络舆情的感染节点占比达到最大值的时间即为网络舆情的爆发时间，且网络舆情达到最大感染节点占比所用的时间越短，说明舆情传播能力越强，对舆情采取干预的缓冲时间就越短，造成的负面影响也就越大。因此，网络舆情的衡量指标主要有三种，其具体含义为：

（1）最大爆发规模：舆情信息所波及的节点数量。

（2）感染节点占比：各个时刻下感染节点数量占网络总节点数量的比例。

（3）爆发时间：感染节点占比达到最大值时的时间。

社交网络的舆情爆发起始阶段都是由网络中的少数节点作为信息源开始向外传播的。初始感染节点数量、有效传播效率、个体的感染概率和恢复概率等因素对舆情传播均有至关重要的影响。

接下来，本节将根据以上因素对网络舆情的扩散情况进行仿真模拟，探究影响网络舆情传播的因素。在网络舆情传播过程中，由于感染节点在被真实信息感染后一般不会再变成易感染节点，而是直接转变成对虚假信息的抵抗者，即感染节点再恢复为传染节点的概率为 0，所以我们定义网络的有效传播效率是节点被感染的概率与感染节点转变成抵抗者概率的比值。

模拟过程中，依然使用无标度网络，将初始节点数量分别设置为 1、10、20、50 个，在不同的有效传播效率下观察其爆发规模和爆发时间，结果如图 8-2～图 8-4 所示。

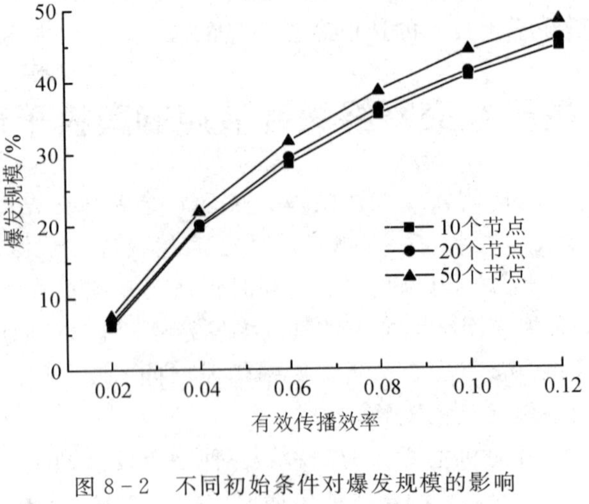

图 8-2　不同初始条件对爆发规模的影响

图 8－2 分别选取初始节点数量为 10、20 和 50 的情况进行对比，从图中可以看出初始节点个数为 20 的整体爆发规模要略高于初始节点个数为 10 的情况；初始节点个数为 50 的整体爆发规模要明显高于初始节点个数为 20 的情况。因此，初始节点数量越多，爆发规模越大。随着有效传播效率的提高，爆发规模也逐渐提高，当有效传播效率达到 0.12 时，爆发规模已经接近 50%，说明有效传播效率对节点的爆发规模具有较大影响。实验过程中，对初始节点数量为 1 的情况进行了验证，实验结果如图 8－3 所示。由图 8－3 可看出，随着有效传播效率的增加，爆发规模起伏较大。这说明社交网络的幂律分布特性，使得网络中大部分节点的传播性很低，当选取节点数量为 1 或者过少时，选中边缘节点的概率增大，即使不做任何干预，舆情也只会在极小范围传播，不会造成较大影响。

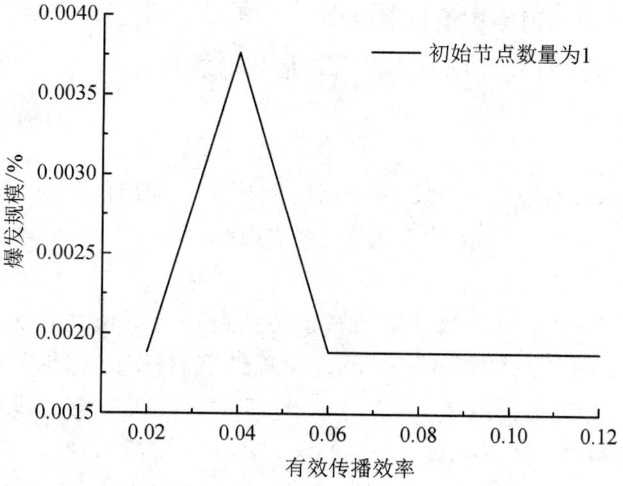

图 8－3　初始节点为 1 时的爆发规模

通过图 8－4 可以看出，随着有效传播效率的提高，网络舆情的爆发时间也逐渐缩短。当有效传播效率为 0.055 时，两条折线出现了交叉，且在初始节点数量不同的情况下，各个有效传播效率下的爆发时间相近，这说明初始节点的数量对网络舆情的爆发时间影响相对较弱。

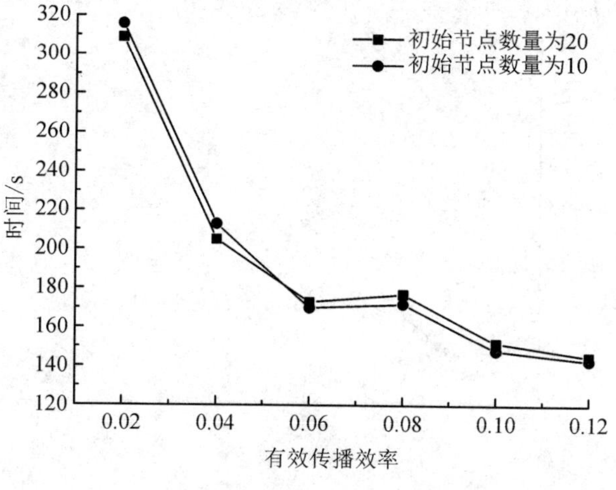

图 8－4　不同初始条件对爆发时间的影响

由实验分析可知：首先，有效传播效率对节点的爆发规模和爆发时间具有较大影响；其次，初始节点数量对网络舆情的爆发规模影响明显，且初始节点数量越多，爆发规模越大，当初始节点数量过小时，舆情传播行为大规模发生的可能性很小；第三，初始节点数量对网络舆情的爆发时间影响相对较弱。

8.3.2　基于社区演化预测模型的干预时机选取

经过对网络舆情社区演化过程的大量研究发现，对网络舆情的社区演化需要确定舆情传播的阈值，以及选取恰当的目标社区进行干预。下面以经典的 SIR 传播模型为例，讨论如何确定舆情传播的阈值和选取需要干预的异常社区。

1. 非均匀网络结构的网络舆情传播阈值

通过 SIR 模型可知，非均匀网络中谣言传播阈值表示为

$$\lambda_c = \frac{\langle k \rangle}{\langle k^2 \rangle} \tag{8-1}$$

接下来以 Facebook 数据集为例，讨论网络舆情传播阈值的计算。该数据集节点数量为 52 299，边的数量为 1 018 562，平均度为 19.47，根据式(8-1)可得数据集的传播阈值为 0.0138。

依据 SIR 谣言传播模型对该数据集的舆情传播过程进行仿真，依次测量不同有效传播效率下的舆情爆发规模(结果如图 8-5 所示)和感染节点占比(结果如图 8-6 所示)。从图 8-5 中可以看出，当有效传播效率 $\lambda=\lambda_c=0.0138$ 时，网络舆情的爆发规模为 1.57%；当 $\lambda=0.01$，位于 λ_c 左侧时，爆发规模为 0.048%，小于 1.57%，相当于传播 3000 个节点左右即可停止；当 $\lambda=0.015$，位于 λ_c 右侧时，爆发规模为 2.1%，大于 1.57%。由图 8-6 可以看出，当 $\lambda>0.015$ 时，感染节点占比随着有效传播效率的增加相对呈稳定增长趋势。由此，首先说明该 Facebook 数据集基本符合非均匀网络中流行谣言传播阈值结果；其次说明当有效传播效率低于传播阈值时，舆情爆发规模较小，超过传播阈值则爆发规模较大。因此，为了防止大规模舆情的爆发，应保护节点不被大规模地感染。当网络舆情的爆发规模超过 2%时，就需要对该网络加以关注，即将爆发规模为 2%作为该网络爆发规模的临界

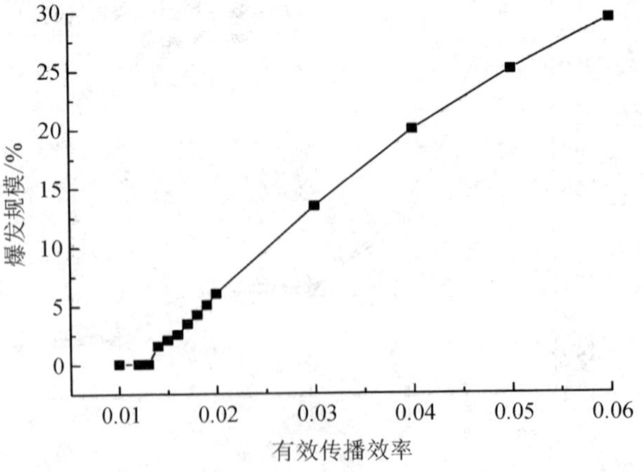

图 8-5　不同有效传播效率下的舆情爆发规模

值。网络舆情传播过程中，当舆情的爆发规模达到该临界值时，需要立即对网络采取干预措施。

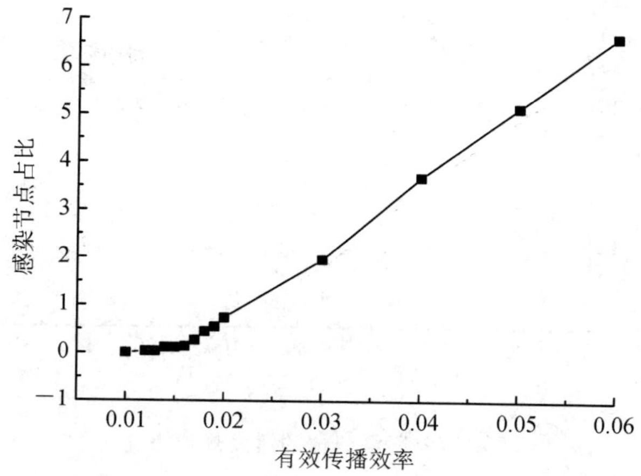

图 8-6　不同有效传播效率下的感染节点占比

2. 异常社区的选取

从社交网络结构的角度来看，防止大规模网络舆情的爆发就是防止大规模节点和社区的聚集。因此，基于第五章的社区演化预测模型，这里定义的异常社区符合如下特征：

(1) 社区中的节点为被舆情信息感染的节点；

(2) 社区的演化预测结果为将要发生合并事件；

(3) 舆情有效传播效率临近或超过传播阈值。

结合上述特征，舆情干预时机的选取方案为：

(1) 在舆情爆发规模达到临界值之前，发现社交网络中被舆情感染的社区；

(2) 预测感染社区的演化方向，并结合异常社区的特征，确定异常社区范围；

(3) 一旦发现舆情感染的社区中存在异常社区，立即对网络采取干预措施。

接下来基于 NETLOGO 可视化仿真平台，通过 SIR 谣言传播模型实现 Facebook 数据集上的舆情传播过程仿真，并验证干预时机选取的效果。对于 Facebook 数据集，分别采用 a、b 两个方案确定的干预时机实施同样的社区目标干预策略，观察舆情传播情况。

a 方案：当网络舆情爆发规模达到临界阈值时，对网络采取目标干预策略，观察其爆发规模。

b 方案：本节选取方案。

经过相同时间的舆情信息传播，上述两种方案对应的结果如图 8-7 和图 8-8 所示。

在图 8-7 中，a 方案的干预过程为当网络舆情爆发规模达到 2.45%时，对网络采取目标干预策略后网络舆情的爆发规模；b 方案的干预过程为在网络舆情传播过程中，当爆发规模为 1.6%时，发现异常社区，随即对网络采取目标干预的结果。从图中可以看出，b 方案的爆发规模要明显小于 a 方案的爆发规模。从图 8-8 可以看出，b 方案的感染节点占比的最大值，低于自由扩散和 a 方案的感染节点占比，说明 b 方案中各个时刻具有舆情传播能力的节点的数量受到了抑制，即舆情的传播能力受到了抑制。上述干预时机的选取方案，降低了舆情的爆发规模，控制了具有传播能力的节点的规模，达到了预期效果。

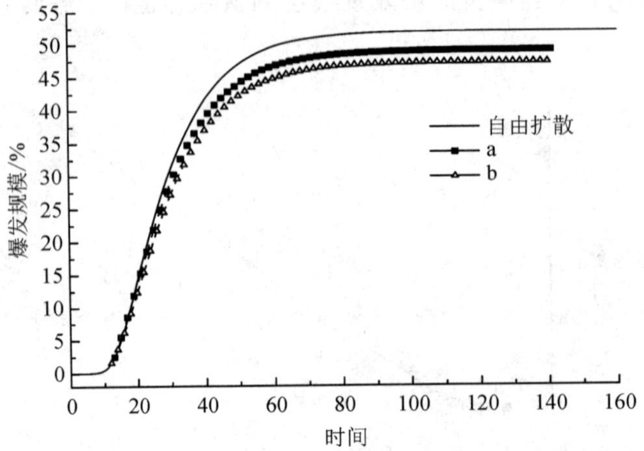

图 8-7　网络舆情的爆发规模占比

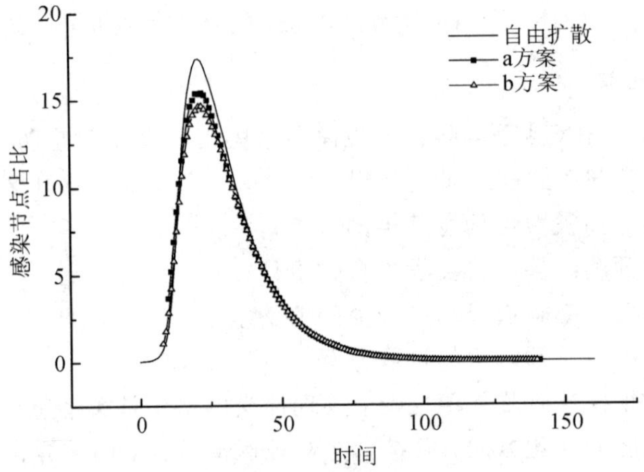

图 8-8　网络舆情感染节点占比

8.3.3　基于 TOPSIS 和灰色关联度的目标免疫策略

由第三章讨论可知，熟人免疫策略虽然改进了目标免疫策略的短板，但是对于无标度网络，目标免疫策略的免疫效果要好于熟人免疫策略。然而目标免疫策略对网络的要求较为苛刻，需要了解网络中全部的节点信息，尤其是节点度的全局信息。若在网络信息掌握较为贫乏的条件下实施免疫干预，必须掌握网络节点度的全局信息。在现实生活中，网络舆情的爆发具有突然性，很多时候是毫无预兆的，舆情管理者很难在短时间内全面收集目标网络的信息，尤其当下愈发复杂的社交网络结构，使得网络中的节点信息具有一定的隐蔽性。本节介绍的 TOPSIS 和灰色关联度相结合的目标免疫策略(简称综合策略)，充分利用了 TOPSIS 算法的准确性和灰色关联度算法适用于贫信息的特点，采用 TOPSIS 和灰色关联度相结合的方案对网络节点进行排序，而后选取排名靠前的部分节点进行干预，提高了社交网络中干预节点选取的准确性。

本节依然使用 SIR 谣言传播模型作为舆情传播的基本模型，通过 NETLOGO 可视化平台进行仿真实验。本节实验数据集依然采用上节使用的 Facebook 数据集，网络舆情的有效传播效率 $\lambda=0.08$，网络的初始感染节点数量为 20，舆情传播分别采用自由扩散、目标免疫策略，以及 TOPSIS 和灰色关联度相结合的干预策略。为保证干预时机的一致，所有干预策略均从 0 时刻开始启用。三种策略控制下，舆情传播情况如图 8-9、图 8-10 所示。其中，图 8-9 为综合策略在感染节点占比上的优势对比，图 8-10 为综合策略在爆发规模上的优势对比。

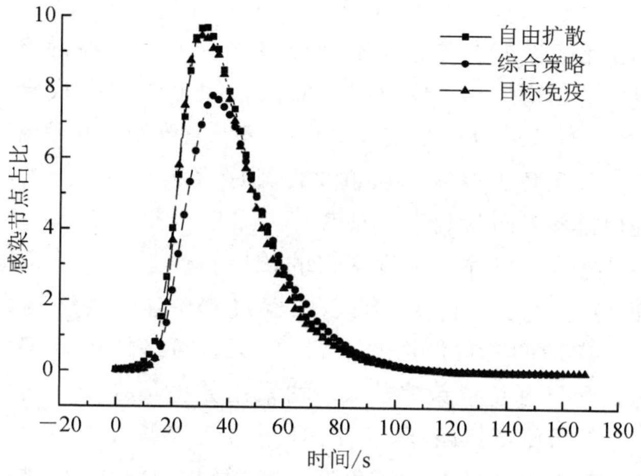

图 8-9　综合策略在感染节点占比上的优势对比

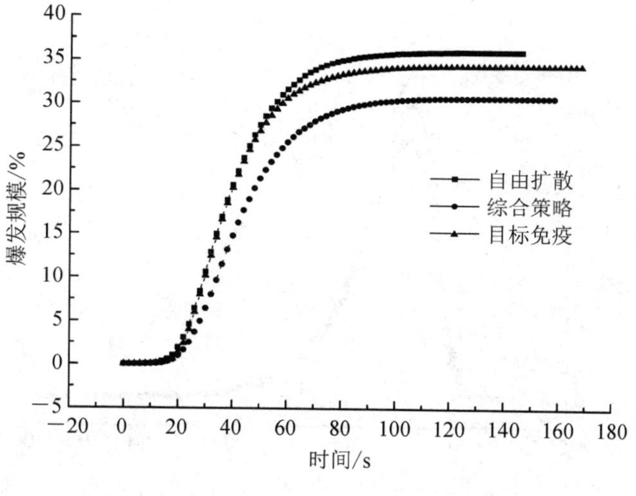

图 8-10　综合策略在爆发规模上的优势对比

从图 8-9 可以看出，在贫信息条件下的社交网络舆情传播过程中，采取了目标免疫策略的社交网络要比自由扩散条件下的社交网络，在各个时刻的感染节点占比略低；而采取综合策略的社交网络在各个时刻感染节点占比要明显低于目标免疫策略。这说明综合策略在各个时刻降低了具有舆情传播能力的节点数量，对舆情传播能力有明显抑制作用。另外，综合策略作用下的感染节点占比达到峰值的时间晚于自由扩散和目标免疫策略，延缓了舆情达到最大传播能力的时间，从而为管理者进一步采取措施争取了时间。从图 8-10 可以看出，综合策略对应的舆情爆发规模要明显低于自由扩散和采取目标免疫策略的情况，说明综合策略缩小了舆情传播范围，减小了舆情传播的潜在危害。

本节介绍的免疫策略对贫信息条件下社交网络的舆情传播效率以及爆发规模具有明显的抑制效果，限制了舆情在各个时刻的传播能力，延长了舆情达到最大传播能力的时间，给进一步精准干预赢得了一定的缓冲时间，达到了良好的干预效果。

8.3.4 基于三维灰色关联度的目标免疫策略

目标免疫策略是对节点按度进行排序后，选取靠前的一定数量节点进行干预的算法。近几年的研究发现，单纯依赖节点的度并不能准确评价该节点在网络中的重要程度，而且社交网络是在不断演化的动态网络，依靠单个时间快照下的网络状况确定免疫策略的干预对象，会存在较大误差。本节结合仿真实验，介绍基于三维灰色关联度的目标免疫策略。首先采用第五章介绍的三维灰色关联度节点重要性排序算法，对一段时间内动态社交网络中的节点重要性程度进行排序，而后确定干预节点并采取干预措施。

接下来，我们依据舆情信息在无标度网络的传播特性，构造 SIR 谣言传播模型的运行实例，通过 NETLOGO 平台进行仿真实验。实验过程中，网络结构数据采用第五章中的 Facebook 数据集，网络舆情的有效传播效率 $\lambda=0.08$，网络的初始感染节点数量为 20。网络舆情的自由扩散仿真和目标免疫策略仿真，均采用数据集在同一时间快照下的数据进行验证。图 8-11 所示为不同免疫策略下，不同时刻感染节点数量占总节点百分比的实验结果，显示出了基于三维灰色关联度的目标免疫策略（简称三维策略）在感染节点占比上的优势。图 8-12 为不同时刻不同免疫策略下网络舆情的爆发规模占比，显示出了三维策略在爆发规模上的优势。

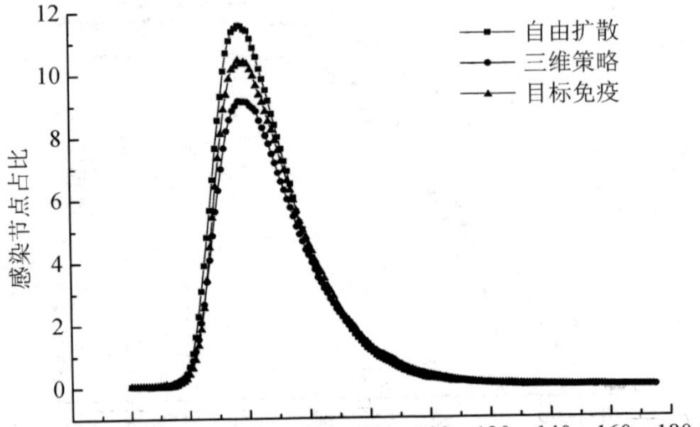

图 8-11 三维策略在感染节点占比上的优势对比

从图 8-11 可以看出，网络舆情自由扩散情况下，在各个时刻的感染者比例要明显高于受到免疫策略干预过的网络，说明受到干预的社交网络，其舆情传播能力明显降低。从图 8-12 可以看出，采取三维策略的网络，其舆情传播总时间虽然增加了，但舆情爆发规模要明显低于未经过目标免疫的情况。结合图 8-11 可以看出，在舆情传播增加的时间里，其传播过程变为低速和小范围传播，从而降低了舆情的潜在危害程度，增加了舆情的可控性。

综上可知：首先，网络中节点对舆情信息传播产生影响的并不只有节点的度，节点的位置、节点边的重要程度等也会对舆情信息产生影响，所以需综合考量；其次，网络是动态的，如果仅用一个时间快照下的网络状态来衡量或者预测整个网络的发展状况是不合理、不全面的。所以，在能够充分掌握动态社交网络信息的情况下，采用基于三维灰色关联度的目标免疫策略将会达到更好的免疫效果。

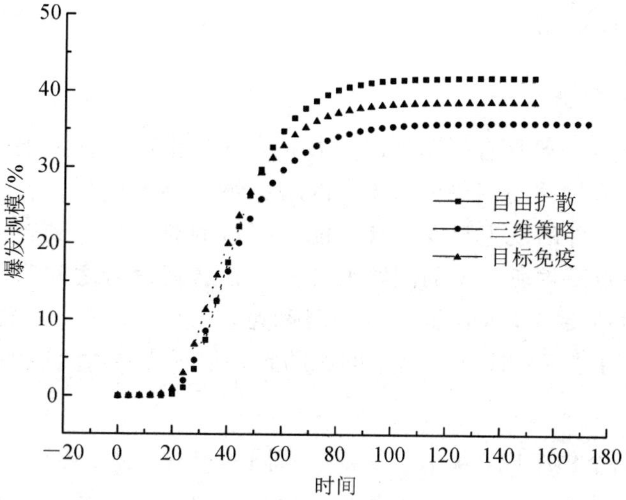

图 8-12 三维策略在爆发规模上的优势对比

对社交网络中的舆情传播进行干预，应依据目标网络中舆情爆发的具体特点，采取具有针对性的干预策略。对于短时间内突然爆发的舆情，若网络信息了解较少，可采取基于TOPSIS和灰色关联度的目标免疫策略，对网络中已知节点的多个属性信息进行度量，综合评价后选取目标节点进行干预；而对于已经监控一段时间的网络舆情，当收集到了比较充足的网络信息时，可采取基于三维灰色关联度的目标免疫策略，综合利用已掌握时段内的网络信息，挖掘出整个监控时间内网络中的重要节点，并对其采取干预措施。

8.4 社交网络舆情影响力扩散模型及其干预策略

在对社交网络舆情进行了话题检测和情感分析之后，对社交网络舆情信息影响力扩散进行研究是很有必要的。对社交网络舆情进行干预，首先是控制网络舆情的影响力，找出其中可以影响舆情演化的关键因素，对关键因素进行主动干预，防止出现舆情失管、失控的现象，而后根据相关理论在不同阶段由管理部门或官方媒体进行主动介入，对舆情发展进行有效监控，把握舆情发展趋势，结合具体情况进行对策研究。

社交网络中的热点事件是舆情影响力扩散的起因和原动力。随着因特网的飞速发展，针对当今社会中的一些热点问题，社交网络舆论的发展更是达到了一个前所未有的态势。国际、国内的重大事件和热点话题，人们都能通过网络以及相关媒体在第一时间获取、转发和评论。因此，对社交网络舆情中热点事件的影响力研究是一个亟待解决的问题。

本节重点针对热点事件中的舆论传播影响力，厘清相关概念，建立定量分析模型。在现有影响力模型的基础上，本节的建模过程依托复杂网络理论，结合信息自身敏感度以及节点自身的接受阈值特性，引入了一种新的影响力阈值计算方法。实验结果证明，在不同网络、不同敏感度信息以及不同节点阈值的舆情传播情况下，该模型模拟的舆情最终影响范围与真实传播情况符合。因此，该模型对信息传播规律的发现与抑制有一定的参考价值，借助该模型可以发现舆情传播过程的关键影响因素，对这些关键因素的干预可以有效地控制舆情传播的影响力范围。

8.4.1 相关概念及模型

1. 网络舆情热点事件

网络舆情热点事件一般具有鲜明的时代特征，它是生产力的发展带来的产物，是社会中存在的矛盾性问题在网络空间中的映射。网络舆情热点事件具体包含三个特点：一是突发性，网络舆情热点事件的发生与发展有可能在很短的时间内达到较大的传播范围；二是敏感性，网络舆情热点事件所反映的问题大部分是在普通民众之间产生的，代表了广大民众的诉求，不可避免地要涉及人民群众的切身利益；三是流动性，可能今天所谓的热点问题，到了明天就不是了，或者民众对这个问题的感兴趣程度会大大减弱。

2. 传播方式

互联网由无数的个体组成，每个个体都有不同的家庭背景、性格、习惯，因此每个人在得到信息后的处理方式也不同。当接收到自己比较感兴趣的信息时，个体通常会选择接受并且进行下一步的传播；当接收到自己不擅长或者不感兴趣的信息时，个体则会选择不接受、不传播；如果认为信息只对自己有利，对他人作用不大的时候，个体会选择只接受不传播。

如今社会舆情的传播方式比历史上的任何时期都要复杂，较之以往线下口口相传或传统媒体宣传的方式，现在的传播方式多趋于网络化，人们足不出户就可以获取自己想要的信息，这一切都得益于互联网的发展。然而，也正是互联网的便利性，使社会热点问题中舆论的传播方式越来越复杂，对舆情的管理难度也越来越大。

3. 社交影响力

社交影响力只能通过人们之间的相互活动体现出来，其定义有如下两种：

(1) 根据用户之间的行为及其产生的效果，将社交影响力定义成由于交互行为的存在而改变人的思想、感情、行为的现象。

(2) 根据统计学的特点，将其定义为在影响力度分布中度值较大的一部分人。

4. 敏感度

敏感度描述的是个体受他人影响的趋势，也用于表示用户本身被感染的程度。在部分社交软件中影响力的作用和敏感度的作用呈现反相关的关系，即同一个用户不可能同时具有高影响力和高敏感度。至于影响力和敏感度在传播过程中哪个能起到决定性作用，是一个难以有定论的问题。

5. 影响力的度量方法

影响力度量的传统方法是基于网络拓扑结构的度量，包括基于节点的度量和基于路径的度量。一般将社交网络定义为 $G=(V, E)$，其中，V 定义为节点的集合，每个节点表示社交网络中的用户；E 定义为边的集合，边用来表示用户之间的关系(如亲人、朋友、敌人

等）；节点的个数为 $n=|V|$。影响力的度量方法如表 8－1 所示。

表 8－1　影响力的度量方法

类型	度量方法	公式	方法描述
基于节点度	入度	$\mathrm{Deg}^{\mathrm{in}}(v_i)=\sum_j a_{j,i}$	反映该用户的受关注程度
	出度	$\mathrm{Deg}^{\mathrm{out}}(v_i)=\sum_j a_{i,j}$	反映该节点对其他节点的关注程度
	度中心度	$C^{\mathrm{DEG}}(v_i)=\dfrac{\mathrm{Deg}(v_i)}{n-1}$	反映一个节点对邻居节点的平均影响力
基于最短路径	紧密中心度	$C^{\mathrm{CLO}}(v_i)=\dfrac{1}{\sum_{v_j\in V\backslash v_i} g'_{ij}}$	反映一个节点被关注的程度，或该节点的社会关系强弱
	介数中心度	$C^{\mathrm{BET}}(v_i)=\dfrac{\sum_{s<t}\lvert\{g^i_{st}\}\rvert/\lvert\{g_{st}\}\rvert}{n(n-1)/2}$	反映社会网络中节点的位置重要程度

6. 影响力最大化模型

社交信息在社交网络中的传播过程简单来说就是从最初的已经被激活的群体扩散到最终没有可以被激活的节点为止的过程。节点只有激活和待激活两种状态，处于激活态的节点以一定概率 λ 通过激活行为激活待激活的节点，且这一激活过程是不可逆的。该过程用数学语言表达为：选定不同的 k 个节点，同时在网络中进行扩散传播，对比最后影响范围 $\mathrm{Inf}(k)$，选定影响范围最大的一种情况作为影响力最大化状态。目前研究影响力最大化问题的方法包括贪心算法、独立级联模型、线性阈值模型，以及基于贪心算法和线性阈值模型的“积累”特性的影响力最大化模型（HPG 算法）。在真实的信息传播中，当存在多方信息来源时，接收者总会倾向于选择对自己影响最大的一条信息并接受它，体现了信息传播的竞争机制。接下来基于该机制，将用户的相对权重 $R(x, y)$ 与信息的敏感度 P 相结合，构造影响力最大化模型。

1）线性阈值模型

线性阈值模型简称 LT 模型，是一种基于节点特异性的模型。在社交网络 $G=(V, E)$ 中，b_{uv} 为节点 u 对节点 v 的影响力；定义新的参数 θ 为特异性阈值，表示一个节点被激活时的临界权重值，且 θ 由节点本身决定；定义 $A(v)$ 为节点 v 已被激活的邻居节点集合，并且所有邻居节点对节点 v 的权重和不超过 1，即

$$\sum_{u\in A(v)} b_{uv}\leqslant 1 \tag{8-2}$$

每一个节点都有自己的特异性阈值，且满足 $0<\theta\leqslant 1$，只有当

$$\sum_{u\in A(v)} b_{uv}\geqslant \theta \tag{8-3}$$

时，节点 v 在下一时刻才转变为激活状态，且保持激活状态不变。需要指出的是，在 LT 模型中，当一个节点 u 尝试激活节点 v 而没有成功时，所产生的影响力 b_{uv} 会被积累下来，直到节点 v 被激活或传播过程结束。

2）HPG 算法

在现有的线性阈值模型中，b_{uv} 通常用式(8-4)表示，其中，$d(v)$表示节点 v 的度。

$$b_{uv}=\frac{1}{d(v)} \tag{8-4}$$

式(8-4)的计算方式忽视了节点本身的作用，将所有的邻居都视为拥有同等的地位，忽视了用户的差异性，与现实情况不符。在 HPG 算法中，假定节点 u 与节点 v 之间存在相互影响，且在同一网络中节点 u 对 v 的影响 b_{uv} 与节点 v 对 u 的影响 b_{vu} 不同。Tian 等人指出 b_{uv} 的大小是节点 v 自身的感受，反映的是对于指向它的节点的权威性体现，与其他节点没有关系，因此只需要考虑与之相连的节点即可，也就是邻接图的思想，即 b_{uv} 仅由节点 v 与指向它的邻居节点决定，下面给出它的计算方法。

$$\begin{cases}N(v)=G'(V',E')\\V'=\{v\}\cup N(v)\\E'=\{(u,v)\mid x,y\in V',(x,y)\in E\}\\b_{uv}=\dfrac{\mathrm{Deg}^{\mathrm{out}}(u)}{\sum\limits_{w\in N(v)}\mathrm{Deg}^{\mathrm{out}}(w)}\end{cases} \tag{8-5}$$

其中 $N(v)$为节点 v 的邻居节点集合，这里的邻居指的是节点 v 的入边邻居。由式(8-5)可知，节点 u 与节点 v 之间的影响力主要由 v 的邻接结构决定。

8.4.2 基于用户相对影响权重的阈值模型

1. 信息的敏感度 P

为了定量描述信息的敏感度，本节将信息的传播过程分为 3 个阶段，即信息的启发阶段、信息的渲染阶段和信息的传播阶段，在每一个阶段中信息的敏感度是不同的。为了简化讨论过程，将信息在传播过程中最为敏感时的敏感度记为 $P=1$，而信息的敏感度处于最高时的持续时间是很短的，因此将敏感度处在[0.5，1]这一区间内的信息定义为敏感信息。从图 8-13 可以看出，一条信息的传播具有明显的生命周期特征，在其敏感度达到最大后，随着时间的推移，其敏感度又会逐渐下降到 0。

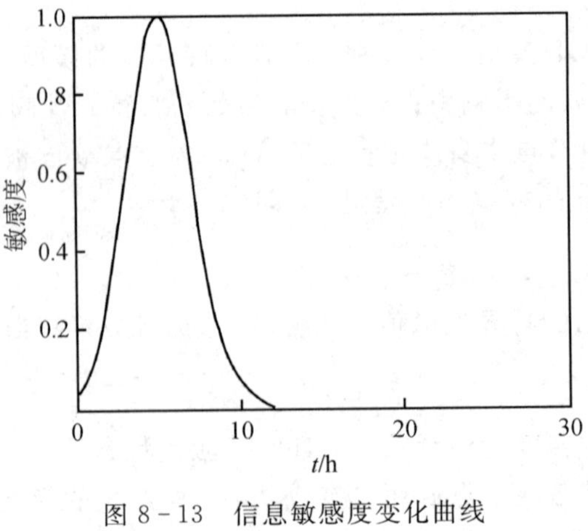

图 8-13　信息敏感度变化曲线

2. 节点的特异性阈值 θ

节点的特异性阈值描述用户对信息的接受程度，该值与节点自身属性有密切联系，即不同类型人群的阈值不同。为了方便实验论证，同时也考虑到大多数人的选择情况，将每个节点的特异性阈值 θ 设定为 0.5～1，阈值越小，该节点接受信息的可能性越大；反之，接受信息的可能性越小。下一小节的仿真实验对节点的不同阈值进行了对比，并验证了阈值与节点对信息接受程度之间的关系。

3. 算法定义

1）算法描述

在现有模型中计算用户影响力时，主要依据的是社交网络的拓扑结构，即将每个用户平等对待，在模型中赋予相同的权重，较少考虑用户自身的影响力。但在真实网络环境下，由于每个个体的自身经历、学历、经验水平各不相同，每个人的想法又被其邻居节点所影响，因此这里引入用户之间的影响函数 $R(u, v)$，用于表示节点 u 对节点 v 的相对影响权重。如果哪个节点的相对影响权重更大，那么它的影响力就更强。

结合式(8-5)，将影响函数定义为

$$R(u, v)=2\frac{b_{uv}}{b_{uv}+b_{vu}} \tag{8-6}$$

需要说明的是，$R(u, v)$一般不等于 $R(v, u)$，这是由节点 u 与节点 v 之间的相对影响权重决定的，与现实网络中的关注与被关注的关系相吻合。

2）实例分析

下面以具体实例说明节点相对权重的含义和计算方法。图 8-14 所示的有向网络拓扑图中，节点 1 与节点 7 的度较大，可以将其视为在网络中处于关键位置。对节点 1 而言，它的入边节点有 $N(v)=\{13, 18, 11, 7\}$，因此可以将其邻接图简化为图 8-15，其中节点 1 各入边节点的出度 $\mathrm{Deg}^{\mathrm{out}}$ 如表 8-2 所示。

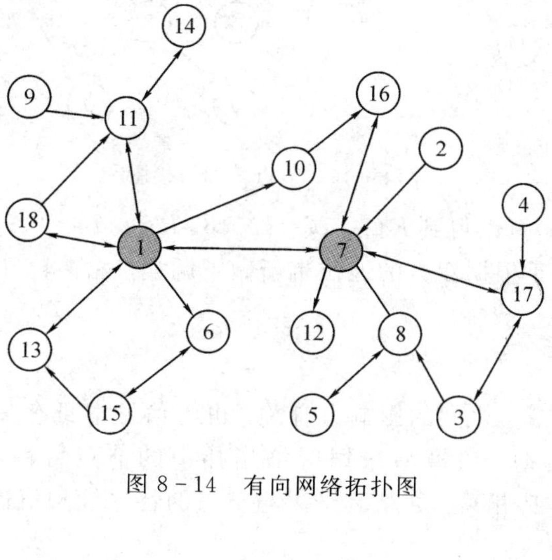

图 8-14　有向网络拓扑图

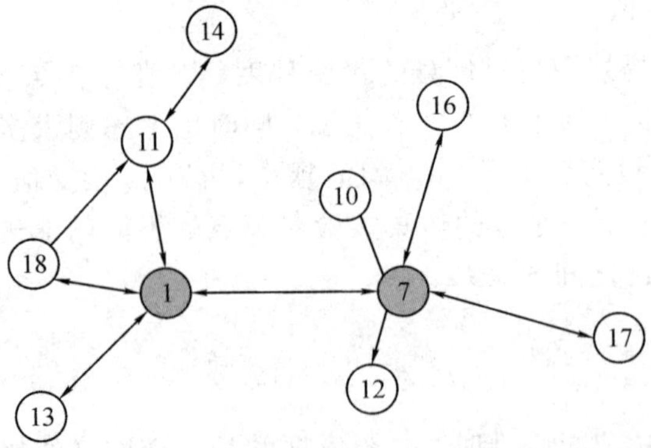

图 8-15　节点 1 的邻接图

表 8-2　节点 1 各入边节点的出度 $\mathrm{Deg}^{\mathrm{out}}$

u_i	13	18	11	7
$\mathrm{Deg}^{\mathrm{out}}(u_i)$	1	2	2	4

那么由公式(8-5)可以得到 $b_{u_i,1}$ 分别是 $b_{13,1}=0.111$，$b_{18,1}=0.222$，$b_{11,1}=0.222$，$b_{7,1}=0.444$。同样地，可以得到节点 7 的邻接图如图 8-16 所示，并计算得到 $b_{1,7}=0.428$，$b_{10,7}=0.143$，$b_{16,7}=0.071$，$b_{2,7}=0.071$，$b_{17,7}=0.143$，$b_{8,7}=0.143$。

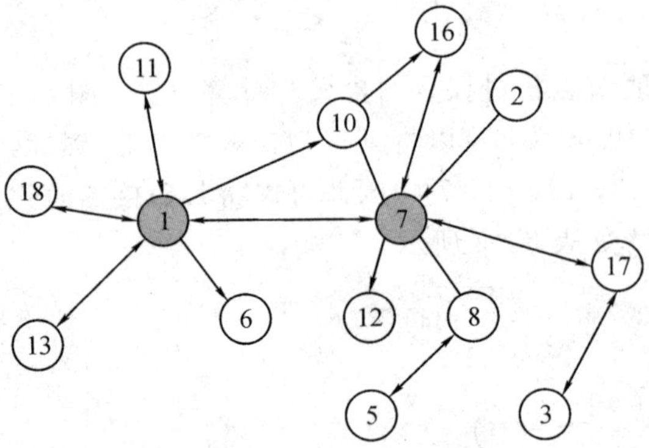

图 8-16　节点 7 的邻接图

接下来，由式(8-6)可以得到 $R(7,1)=1.018$，$R(1,7)=0.981$。显然，$R(u,v)$将连接节点 u 与节点 v 的权重根据双方的地位重新做了调整，能够较好地反映二者之间的相互影响的权重大小。

4. 阈值模型

信息的传播不仅与节点之间的影响力有关，也与信息本身有关。接下来介绍一种基于用户相对影响函数的模型，该模型依据网络拓扑中的节点特性，将用户相对权重函数 $R(x,y)$与信息敏感度 P 相乘，并将其结果与节点的特异性阈值进行比较，得到实际的传播概率 λ。

节点的激活规则如下：

(1) 如果与该节点相连的其他所有节点中 $R(x,y)P$ 的最大值没有超过节点的阈值 θ，则节点不被激活。

(2) 如果与该节点相连的其他所有节点中的 $R(x, y)P$ 的最大值大于等于节点的阈值，则认为该节点被成功激活。

(3) 如果与该节点相连的其他所有节点中的 $R(x, y)P$ 的最大值大于 1，则认为该节点必然被激活。

上述规则可表示为

$$\lambda=\begin{cases}1, & \mathrm{Max}(R(x, y)P)>1\\ 1, & \mathrm{Max}(R(x, y)P)\geqslant\theta\\ 0, & \mathrm{Max}(R(x, y)P)<\theta\end{cases} \tag{8-7}$$

以上规则可以反映出真实世界中的传播规律，当存在多方信息来源时，接收者总会选择对自己影响最大的一条信息并接受它，体现了信息传播的竞争机制。

8.4.3　仿真与分析

接下来对基于用户相对权重的阈值模型进行仿真验证。实验过程是：使用 MATLAB R2015b，在 Windows10 系统下，通过模拟 BA 无标度网络和 WS 小世界网络，观察上述模型在仿真网络中的传播情况，并对不同网络模型中的信息传播速率和最终影响力范围进行对比。

1. 不同网络中的传播对比

图 8-17 是在 BA 无标度网络中，信息敏感度 $P=0.5$、节点阈值 $\theta=0.5$ 时的传播情况。从图中可以看出，在不同初始节点的情况下，随着初始节点个数的增加，最终的影响范围呈现增长速度变慢的趋势，并且从图 8-17 的局部坐标来看，即使初始节点的个数增加了，也不一定导致最终的影响范围增加，可以比较客观地反映真实社会中的信息传播规律，即初始节点的数量与最终的影响范围并不存在必然的关系。

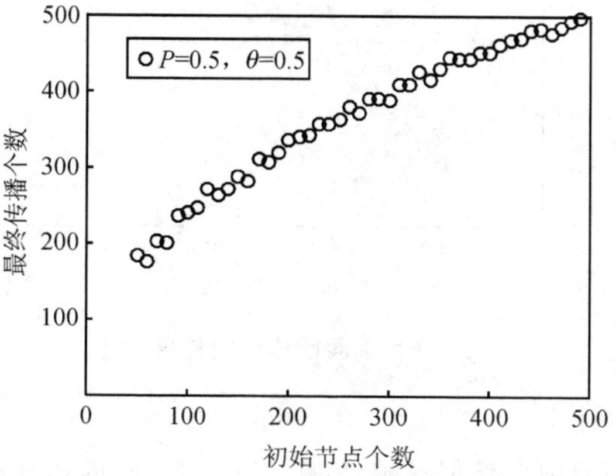

图 8-17　BA 无标度网络中的传播图

图 8-18 模拟的是在小世界网络中的传播情况。小世界网络节点与节点之间的耦合性较强，每个节点都有固定个数的邻居节点，因此信息的传播速度较 BA 无标度网络的信息传播速度要快。与图 8-17 相比，在网络规模为 500 的小世界网络中，仅 100 个初始节点就可以达到最大的影响范围，且随着初始节点个数的增加，所影响的范围也呈指数级快速增

长。这也反映了在人群密集的社交网络中，敏感信息的传播速度是极其迅速的。

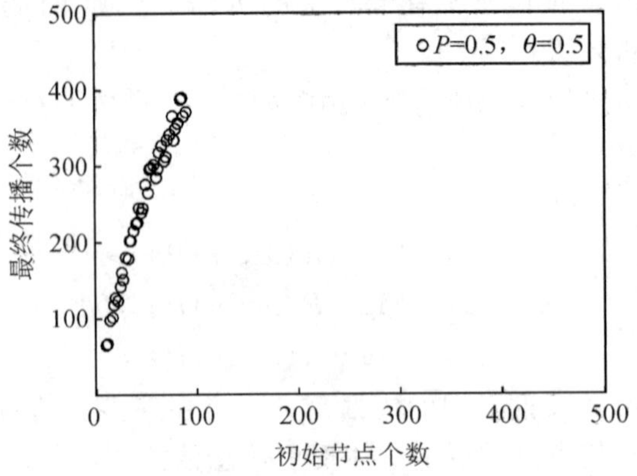

图 8-18　WS 网络中的传播情况

2. 不同敏感度信息的对比

如图 8-19 所示，在同一网络类型以及相同节点阈值的情况下，我们分别考察了不同敏感度的信息传播的情况。从图中可以看出，在初始节点个数相同的情况下，信息传播的最终影响范围不同，且高敏感度信息的传播速度明显快于低敏感度信息的传播速度。结合真实世界的传播规律，高敏感度的信息比低敏感度的传播速度快，但其传播速度的变化率逐渐减小；而低敏感度信息的最终影响范围呈现为斜率基本不变的直线，且随着初始节点数目的增加，其最终影响范围的增长速度保持不变，并逐渐趋于稳定。

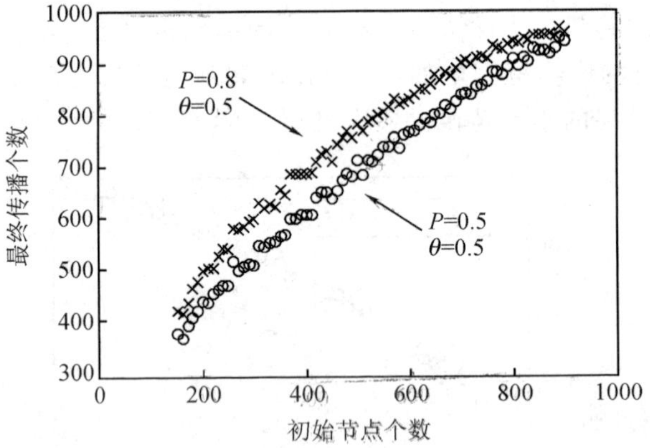

图 8-19　不同敏感度的传播对比

3. 在不同阈值中的对比

在图 8-20 中，我们分别选取信息敏感度 P 为 0.5、阈值 θ 分别为 0.5 和 1 的两组传播曲线，并用传播曲线的斜率变化作为信息传播速度的指标。结果表明，在阈值为 0.5，即当每个节点对信息的接受程度为半信半疑的时候，信息的传播速度是快速的；而当阈值为 1 时，传播速度随着初始节点的增加并没有明显的提升，即当节点自身对信息的判断能力较强时，信息传播是相对缓慢的。这个结论与真实社交网络的传播情形一致。

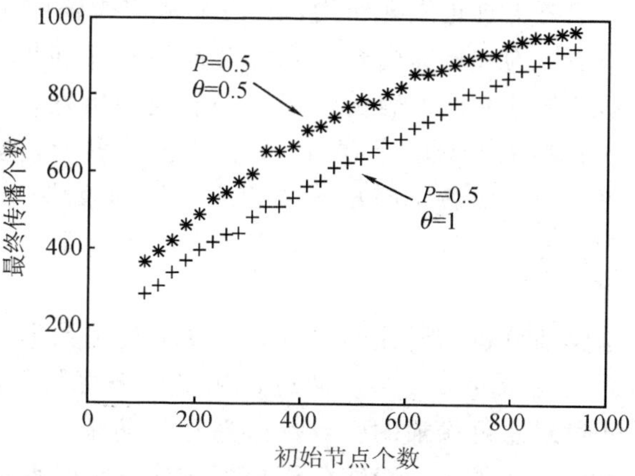

图 8-20 不同阈值的传播对比

8.4.4 社交网络舆情影响力干预策略

根据基于用户相对影响力的模型可知，在比较充分地掌握了社交网络结构的情况下，通过计算节点相互影响力水平，可以预测具有某个敏感度的信息在该网络中的最大传播范围和传播速度。因此，针对这种社交网络舆情的干预策略主要包含两个方面：

首先，从网络结构角度看，作为舆情监控和管理者，应密切关注某些社区的节点密度和信息传递方向，对某些通过恶意炒作吸引公众眼球的节点应给予相应惩罚，防止用户的影响函数出现大的波动，避免用户相对影响力过度集中。在没有明显敏感信息的情况下，应将影响函数控制在合理的范围内，从而使社交网络中各节点处于相对温和的影响关系中。

其次，舆情管理者需要对敏感度高的信息保持足够的警觉性，及时对信息进行全方位报道或澄清，避免因为“新鲜人、新鲜事”而引来大量围观，甚至持续发酵，以讹传讹，导致舆情观点极化。在社交网络中，降低信息敏感度的方式主要依赖信息的及时公开，通常借助官方的舆论领袖或权威媒体的深入解读，来提高公众的辨识能力，使广大受众对舆情事件产生信息免疫，在尽量短的时间内使舆情信息失去吸引力，从而降低信息敏感度，缩小最终的传播范围。

本节以社交网络舆情热点事件的传播作为研究背景，对相关概念进行了界定，并对已有的最新模型及其原理进行了阐述；在已有研究的基础上，介绍了舆情热点事件传播的影响因素，这些因素不仅包括网络拓扑结构，也包括节点之间的相互作用，即相对影响权重；而后结合已有的线性阈值模型，介绍了用户相对影响权重阈值模型，经过仿真实验分析，该模型可以较好地反映信息的传播规律；在基于用户相对影响权重阈值模型的指导下，本节提出了社交网络舆情影响力干预策略，主张针对用户相对影响力和信息敏感度两方面的要素，以降低传播速率和传播范围为目标，分别予以干预。

本章小结

研究社交网络舆情传播规律的实践落脚点就是实现舆情干预的及时性、针对性和有效性。舆情干预的策略和技术要想真正发挥作用，既需要从宏观策略上把握社交网络舆情的演化规律，也要从社交网络结构和传播内容上有针对性地感知和预测舆情走向。在前面介绍的技术方法基础上，本章从社交网络舆情传播的一般规律出发，分别从策略和技术两个方面介绍了社交网络舆情传播的干预。一方面，从社交网络舆情传播的过程角度，定性地将其划分为多个演化时期，并针对各个时期采取相应的干预策略；另一方面，从社交网络结构和节点关系等微观对象角度，阐述了基于关键节点的舆情干预技术和基于用户相对影响力的干预技术。

归纳起来，社交网络舆情分析与干预的过程，主要是利用数据工具实时获取当前主流社交网络的数据集，从群体受众角度出发，通过挖掘受众偏好特征的方式获取群体偏好，发现其中的意见领袖，通过对意见领袖的引导和改造达到防范突发舆情事件的目的。在舆情数据分析方面，采用事件信息抽取、情感分析挖掘方法，使得管理者能够更深入快捷地了解事件的进展，从不同角度把握舆情发展情况；在策略方面，通过对意见领袖的挖掘，来帮助政府管理人员或者网络舆情分析人员准确把握关键节点或关键社团所在，针对网络群体意见及事件的相关发展，提升舆情管理的准确性和群体意见发现的时效性，在此基础上，及时采取有效的外部干预，实现网络舆情的稳定健康发展。

参考文献

[1] 王伟. 统计自然语言处理与浅层语义分析. 北京大学计算机研究所网络信息处理研究组研究报告，2008.

[2] 孔利军. 社交网络舆情传播与控制策略研究[D]. 山西财经大学学位论文，2016.

[3] 郭世泽. 复杂网络基础理论[M]. 北京：科学出版社，2012.

[4] 张学武，沈浩东，赵沛然，等. 基于事件框架的社区进化预测研究[J]. 计算机学报，2017，40(3)：729 - 742.

[5] 孙玺菁，司守奎. 复杂网络算法与应用[M]. 北京：国防工业出版社，2015.

[6] 邓青，刘艺，马亚萍，等. 基于元胞自动机的网络信息传播和舆情干预机制研究[J]. 管理评论，2016，28(8)：106 - 114.

[7] 于会，刘尊，李勇军. 基于多属性决策的复杂网络节点重要性综合评价方法[J]. 物理学报，2013，62(2)：20204.

[8] 胡端. 基于社交网络的用户通信行为分析[D]. 华中科技大学学位论文，2015.

[9] 周海灯，王国华，方付建. 企业危机事件网络舆情传播机制研究：以思念水饺“致病门”事件为例[J]. 电子政务，2012，10：56 - 63.

[10] 谢科范，赵湜，陈刚，等，网络舆情突发事件的生命周期原理及集群决策研究[J]. 武汉理工大学学报，2010(4)：482 - 486

[11] 顾明毅，周忍伟. 网络舆情及社会性网络信息传播模式[J]. 新闻与传播研究，2009(5)：67 - 73.

[12] 李纲，董琦. Web 2.0 环境下企业网络舆情传播过程的研究及实证分析[J]. 情报科学，2011(12)：1810 - 1814.

[13] 李彪. 网络事件传播阶段及阈值研究[J]. 国际新闻界，2011(10)：22 - 27.

[14] 梁政. 面向在线社交网络舆情的信息传播分析关键技术研究[D]. 国防科学技术大学博士学位论文，2014.

[15] 张邵捷. 基于微博社交网络的舆情分析模型及实现[D]. 华南理工大学硕士学位论文，2011.

[16] 孔利军. 社交网络舆情传播与控制策略研究[D]. 山西财经大学硕士学位论文，2016.

[17] 中国互联网络信息中心，李静. 第 41 次《中国互联网络发展状况统计报告》发布[J]. 中国广播，2018(3)：96.

[18] 姚翠友，卢山. 网络舆情演化机理分析及计算机仿真[M]. 北京：首都经济贸易大学出版社，2013.

[19] 王莉，程学旗. 在线社会网络的动态社区发现及演化[J]. 计算机学报，2015，38

(2): 219-237.

[20] 黄阳江豪. 耦合网络视角下社交网络舆情传播机制研究[D]. 南京邮电大学学位论文, 2020.

[21] 顾秋阳, 吴宝. 基于马尔科夫链与生存理论的突发社交网络舆情传播控制方法研究[J/OL]. 控制理论与应用: 1-12[2021-02-09]. http://kns.cnki.net/kcms/detail/44.1240.TP.20210112.1248.014.html.